빌 게이츠, 기후재앙을 피하는 법

BILL GATES

빌 게이츠,
기후재앙을 피하는 법

HOW TO
AVOID A
CLIMATE
DISASTER

빌 게이츠 | 김민주·이엽 옮김

우리가 가진 솔루션과 우리에게 필요한 돌파구

김영사

빌 게이츠, 기후재앙을 피하는 법

1판 1쇄 발행 2021. 2. 16.
1판 8쇄 발행 2024. 7. 10.

지은이 빌 게이츠
옮긴이 김민주, 이엽

발행인 박강휘
편집 박민수 디자인 이경희 마케팅 이헌영 홍보 이한솔
발행처 김영사
등록 1979년 5월 17일(제406−2003−036호)
주소 경기도 파주시 문발로 197(문발동) 우편번호 10881
전화 마케팅부 031)955−3100, 편집부 031)955−3200 | 팩스 031)955−3111

값은 뒤표지에 있습니다. ISBN 978−89−349−9136−6 03300

홈페이지 www.gimmyoung.com   블로그 blog.naver.com/gybook
인스타그램 instagram.com/gimmyoung   이메일 bestbook@gimmyoung.com

좋은 독자가 좋은 책을 만듭니다.
김영사는 독자 여러분의 의견에 항상 귀 기울이고 있습니다.

이 책의 본문은 환경부 친환경 인증을 받은 재생지 그린Light에 콩기름 잉크를 사용하여 제작되었습니다.

길을 이끄는 과학자들, 혁신가들, 활동가들에게

520억에서 0으로

기후변화와 관련하여 당신이 기억해야 할 숫자가 두 개 있다. 하나는 520억이고 다른 하나는 제로(0)다.

우리는 매년 520억 톤의 온실가스를 대기권에 배출한다. 정확한 수치는 이보다 조금 더 많을 수도 있고 적을 수도 있지만, 크게 보면 온실가스 배출량은 꾸준히 증가한다. 이것이 바로 **오늘날 우리가 처해 있는 현실**˙이다.

제로는 우리가 **달성해야 할 목표**다. 지구온난화를 멈추고 기후변화가 불러올 최악의 상황을 피하려면—여기서 최악의 상황이란 매우 나쁜 상황이다—인류는 온실가스 배출을 멈추어야 한다.

이 목표가 어렵게 들리는가? 실제로도 매우 어려운 일이 될 것이다. 아직 세계는 이처럼 큰 규모의 일을 해본 적이 없다. 이

˙ 520억 톤은 가장 최근 데이터에 근거한 수치다. 전 세계 배출량은 2020년에 약 4.5퍼센트 줄었다. 코로나19 팬데믹으로 인해 경제활동이 크게 줄었기 때문이다. 하지만 경기가 회복되면서 2021년 배출량이 6퍼센트가량 늘어났기 때문에 나는 520억 톤을 계속 사용할 것이다. 이 책에서 나는 주기적으로 코로나19에 대해 언급할 것이다.

빌 게이츠, 기후재앙을 피하는 법

말은 앞으로 모든 나라가 지금까지의 삶의 방식을 바꿔야 한다는 뜻이다. 사실상 현대 사회에서 우리가 하는 모든 행동, 즉 무언가를 기르거나, 만들거나, 여기저기 이동하는 등의 모든 활동은 온실가스를 배출하기 때문이다. 시간이 지날수록 더 많은 사람이 이와 같은 현대적 삶을 살게 될 것이다. 물론 이 말은 사람들의 삶의 질이 향상된다는 것을 의미하기 때문에 좋은 소식이다. 하지만 아무것도 바꾸지 않는다면 우리는 계속 온실가스를 배출할 것이고, 지속된 기후변화는 재앙이 되고 말 것이다.

하지만 '아무것도 바꾸지 않는다면'이라는 말 자체가 큰 가정이다. 우리는 **변할 수 있다**. 이미 우리는 변화에 필요한 기술을 가지고 있다. 아직 갖추어야 할 기술도 많지만, 우리는 혁신을 일으킬 수 있다. 빠르게 대처할 수만 있다면 우리는 기후변화가 초래할 재앙을 피할 수 있다. 이것이 내가 기후변화와 대응 기술을 공부하면서 느낀 점이다.

우리가 무엇을 해야 하는지, 우리가 어떻게 할 수 있는지를 이 책에서 밝혔다.

20년 전만 해도 나는 기후변화에 대해 책을 쓰기는커녕 공개 석상에서 강의를 할 거라는 상상도 하지 못했다. 내 전공은 소프트웨어이지 기후학이 아니다. 그리고 아내인 멀린다Melinda 와 함께 운영하는 게이츠 재단Gates Foundation은 주로 세계 공중보건과 미국의 교육 문제에 집중하고 있다.

기후변화에 대한 내 관심은 에너지 빈곤이라는 문제를 고민

멀린다와 나는 나이지리아 라고스에 사는 아홉 살 소년인 오불루베 치나치Ovulube Chinachi와 같이 촛불에 의지한 채 공부하는 아이들을 만나고는 한다.[1]

하다 생겼다.

　게이츠 재단이 설립된 지 얼마 안 되었던 2000년대 초반, 나는 사하라사막 이남의 아프리카와 남아시아의 저소득 국가로 여행을 떠났다. 게이츠 재단에서 연구하던 아동 사망률과 HIV(후천성면역결핍증 유발 바이러스)를 포함한 여러 문제를 배우기 위해서였다. 하지만 항상 이런 질병과 관련된 문제에 집중하지 못했다. 나는 여러 도시를 방문해 창 밖으로 비친 도시의 모습을 바라보면서 이렇게 생각했다. **여기는 왜 이렇게 어둡지? 내가 뉴욕, 파리, 그리고 베이징에서 본 빛들은 다 어디에 있는 거지?**

　나는 어두컴컴한 나이지리아 라고스Lagos의 거리에서 불이 붙은 낡은 기름통 주위에 옹기종기 모인 사람들을 지나친 적이 있다. 시골에서 멀린다와 나는 집에서 음식을 하기 위해 장작을 모으던 모녀를 만나기도 했다. 집에 전기가 들어오지 않아 촛불을 켜놓고 숙제를 하던 아이들도 만났다.

우리는 10억여 명의 사람들이 안정적인 전기를 공급받지 못한다는 것과 그중 절반가량이 사하라사막 이남의 아프리카에 산다는 사실을 알게 되었다. 우리 재단의 모토는 "모든 사람은 건강하고 생산적인 삶을 살 수 있는 기회가 있어야 한다"이지만, 인근 병원에 제대로 작동되는 냉장고가 없어 백신을 차갑게 유지하지 못하면 어떻게 건강하게 살 수 있단 말인가? 또 전기가 공급되지 않아 책을 읽을 수 없다면 어떻게 생산적인 삶을 살 수 있단 말인가? 사무실, 공장, 콜센터에 안정적이고 값이 싼 전기가 대량으로 공급되지 않는다면 모든 사람이 괜찮은 직장을 다니는 탄탄한 경제를 구축하기란 불가능하다.

내가 이런 생각을 하고 있을 때, 과학자이자 케임브리지 대학교의 교수였던 고故 데이비드 맥케이David MacKay는 한 국가의 1인당 국민소득과 전기 사용량의 관계를 나타내는 그래프(12쪽)를 나에게 보여주었다. 그래프 한 축에는 국가들의 1인당 국민소득을, 다른 축에는 에너지 소비량을 표시했다. 그래프가 보여주듯이 둘 사이의 관계는 명확하다.

이런 모든 사실이 분명해지자, 나는 세계가 어떻게 가난한 사람들을 위해 저렴하고 안정적으로 공급되는 에너지를 만들 수 있을지 고민하기 시작했다. 하지만 나는 우리 재단의 힘만으로 이

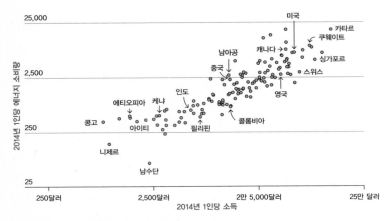

소득과 에너지 소비량은 서로 밀접한 관계가 있다. 데이비드 맥케이는 1인당 에너지 소비와 1인당 소득의 관계를 나타내는 그래프를 보여주었다. 이 둘의 상관관계는 너무나도 명확하다. (IEA, World Bank)[2]

거대한 문제를 다룬다는 것은 말이 안 된다고 생각했다. 우리는 우리의 핵심 임무에 집중해야 했기 때문이다. 하지만 나는 과학자 친구들과 여러 아이디어를 놓고 의견을 나누기 시작했다. 나는 과학자이자 역사학자인 바츨라프 스밀Vaclav Smil의 놀라운 책들을 포함하여 에너지 관련 책들을 더욱 주의 깊게 읽기 시작했다. 스밀은 나에게 현대 문명에 에너지가 얼마나 중요한지에 대해 일깨워주었다.

당시에 나는 우리가 제로를 달성해야 한다는 것을 이해하지 못했다. 탄소 배출에 책임이 큰 부자 나라들은 기후변화에 주의를 기울이기 시작했는데, 나는 이 정도면 충분하지 않을까 생각했다. 가난한 사람들을 위해 안정적인 에너지를 저렴하게 공급하는 일을 목소리 높여 지지하는 것이 내가 할 일이라고 생각했다.

빌 게이츠, 기후재앙을 피하는 법

저렴하고 안정적인 전기 공급은 누구보다도 가난한 사람들에게 가장 큰 도움이 될 것이라는 점은 확실하다. 저렴한 에너지는 밤을 밝혀주는 불빛, 농사일에 쓸 수 있는 비료, 집을 지을 수 있는 시멘트를 의미한다. 그리고 기후변화가 심화된다면 가난한 사람들이야말로 잃을 것이 가장 많다. 가난한 사람들 대부분은 더 이상의 가뭄이나 홍수를 감당할 수 없는, 하루 벌어 하루 사는 농사꾼들이기 때문이다.

그러다 2006년 말, 마이크로소프트에서 같이 일했고 당시 에너지 및 기후와 관련된 비영리단체를 설립한 두 명의 동료를 만난 뒤 상황이 바뀌기 시작했다. 이 둘은 기후변화 문제에 매우 정통한 두 명의 기후학자와 함께 나를 방문했다. 이들은 온실가스 배출량과 기후변화가 연관이 있음을 데이터로 보여주었다.

물론 나는 온실가스가 기온 상승에 영향을 준다는 사실을 알고 있었다. 하지만 기후재앙을 자연적으로 피할 수 있는 다른 요인이나 주기적 변화도 있을 것이라 생각했다. 그리고 인류가 온실가스를 배출하는 한 기온이 계속해서 올라갈 것이라는 예측도 받아들이기 어려웠다.

나는 질문거리가 생길 때마다 이들을 찾아갔고, 결국 이 주제에 완전히 빠져들었다. 세계는 가장 가난한 사람들이 자립할 수 있도록 더 많은 에너지를 공급할 의무가 있지만, 그 에너지는 온실가스를 더 이상 배출하지 않는 방식으로 제공해야 한다.

이제 문제는 어느 때보다 더 어려워 보였다. 가난한 사람들에게 싸고 안정적인 에너지를 공급하는 것만으로는 충분하지 않았다. 그 에너지는 깨끗하기도 해야 했다.

　나는 기후변화에 대해 내 능력이 허락하는 만큼 공부했다. 기후, 에너지, 농업, 해양과 해수면, 빙하, 전선電線 전문가 등 수많은 사람들을 만났다. 기후변화에 대한 과학적 합의를 도출하기 위해 UN이 설립한 전문가 기구인 기후변화에 관한 정부 간 협의체IPCC가 발간하는 보고서들도 읽었다. 그레이트 코스The Great Courses(미국의 교육 전문 업체인 티칭 컴퍼니Teaching Company가 제작한 대학교 수업 수준의 비디오·오디오 강의─옮긴이) 시리즈를 통해 리처드 울프슨Richard Wolfson 교수가 강연한 '지구의 기후변화Earth's Changing Climate'라는 아주 훌륭한 강의도 봤다. 그리고 《바보들을 위한 기후학Weather for Dummies》이라는 책도 읽었다. 내가 읽은 기후 관련 책 가운데 여전히 가장 훌륭한 책으로 손꼽는 책이다.

　현재 우리가 가장 많이 사용하는 재생에너지─대부분이 풍력에너지와 태양광에너지다─는 이 문제에 큰 영향을 줄 수 있다. 하지만 한 가지 분명한 것은 현재 우리는 재생에너지를 충분히 활용하지 않고 있다는 사실이다.* 그리고 재생에너지만으로는 우리가 제로를 달성하는 데 충분하지 않다는 사실도 알게 되었다. 바람이 언제나 부는 것도 아니고, 해가 항상 떠 있는 것도 아니기 때문이다. 또한 도시 전체가 사용할 수 있을 만큼의

---

* 　수력발전─댐에서 물의 힘을 이용해 생산하는 전기─은 또 다른 재생에너지원이다. 실제로 수력은 미국에서 가장 큰 재생에너지원이기도 하다. 하지만 우리는 이미 사용 가능한 대부분의 수력을 활용했고 여기서 더 이상 우리가 할 수 있는 일은 많지 않다. 더 많은 청정에너지를 활용하려면 다른 에너지원을 찾아야 할 것이다.

에너지를 저장하면서도 저렴한 배터리는 없다. 게다가 전기 생산은 온실가스 배출량의 26퍼센트밖에 차지하지 않는다. 따라서 우리가 배터리 분야에서 엄청난 성공을 거두더라도 나머지 74퍼센트의 온실가스 배출량을 제거해야 한다.

나는 수년 안에 다음의 세 가지를 반드시 달성해야 한다고 확신하게 되었다.

1. 기후재앙을 피하기 위해 제로를 달성해야 한다.
2. 태양광과 풍력 등 이미 보유한 수단들을 더 빨리, 그리고 더 현명하게 사용해야 한다.
3. 나머지 목표 달성에 필요한 획기적인 기술을 개발하고 출시해야 한다.

우리가 제로를 달성해야 하는 이유는 그때도, 지금도 분명하다. 우리가 온실가스 배출을 멈추지 않는 이상 온도는 계속해서 올라갈 것이다. 독자들에게 도움이 될 만한 비유가 있다. 기후는 물이 서서히 차오르는 욕조와 같다는 것이다. 우리가 수도꼭지를 돌려 물이 조금씩만 흐르게 해도 욕조는 언젠가는 물로 가득 찰 것이고, 물은 바닥으로 흘러내리게 될 것이다. 이것이 바로 우리가 피해야 할 재앙이다. 하지만 탄소를 '제거'하지 않고 단순히 배출량을 줄이는 것만으로는 충분하지 않다. 우리가 추구해야 할 유일한 목표는 제로를 달성하는 것이다(제로의 구체적인 의미와 기후변화의 영향에 대해서는 1장에서 더욱 상세하게 다룰 예정이다).

내가 기후변화를 배우고 있다고 해서, 해결해야 할 또 다른 문젯거리를 찾는 것은 아니었다. 멀린다와 나는 이미 세계 공중 보건과 미국의 교육 문제에 집중하기로 결정한 뒤였다. 우리는 이 두 분야를 깊이 공부하기로 했고, 전문가들을 고용하고 자원을 사용해 마땅히 해결해야 할 과제로 결정했다. 더욱이 우리 말고도 많은 유명인들이 기후변화를 심각한 문제로 받아들이고 화두로 삼기 시작했다.

따라서 나는 기후변화에 더 많은 관심을 쏟기 시작했지만, 이 주제를 내가 해야 할 일 중에서 가장 높은 우선순위에는 두지 않았다. 그럼에도 시간이 날 때마다 기후변화 전문가들을 만났고 많은 책을 읽었다. 나는 청정에너지 기업에 투자했고, 매우 적은 양의 핵폐기물로 깨끗한 전기를 생산하는 차세대 원자력발전소를 만드는 회사에 수억 달러를 투자했다. '제로를 향한 혁신!Innovating to Zero!'이라는 제목의 테드TED 강연을 하기도 했다. 하지만 대부분의 시간을 게이츠 재단 일에 투자했다.

그러다 2015년 봄, 나는 기후변화와 관련해 더 많은 일을 하고 목소리를 높여야겠다고 생각했다. 화석연료에 대한 학교의 투자에 항의하는 연좌시위를 벌인 대학생들의 뉴스를 접했을 때였다. 이 시위가 격화되던 중 영국의 일간지 〈가디언The Guardian〉은 게이츠 재단이 화석연료 기업에 투자한 사실을 비판하면서 투자금을 회수하라는 기사를 내보냈다. 그리고 세계 각지의 유명 인사들이 게이츠 재단에 화석연료 관련 기업에 대한 투자금을 회수하라고 요구하는 비디오를 만들어 공개했다.

나는 왜 〈가디언〉이 우리 재단과 나를 꼭 집어 비판했는지 이해한다. 그리고 활동가들의 열정도 존경한다. 베트남 전쟁이 한창일 때 그들은 반전운동을 벌였고, 그 후에는 남아공에서 아파르트헤이트apartheid(인종차별 정책—옮긴이)에도 반대했다. 그들은 분명한 차이를 만들어냈다. 나는 그들의 열정이 드디어 기후변화에도 향하기 시작한 것에 고무되었다.

하지만 나는 여행에서 목격한 것들이 계속 떠올랐다. 인도를 예로 들어보자. 인도는 14억 인구를 자랑하지만 이 중 많은 사람은 세계에서 가장 가난한 축에 속한다. 전기를 생산하거나 에어컨을 설치하는 것이 환경에 나쁘다는 이유로, 인도인들에게 그들의 자녀들이 밤에도 공부할 수 있게 전기를 가져서도 안 되고 수천 명의 인도인들이 폭염 속에서 죽어야 한다고 말하는 것은 공정하지 않다. 내가 생각한 유일한 해결책은 청정에너지를 아주 싸게 만들어 모든 국가가 화석연료를 버리고 청정에너지를 선택할 수 있게 하는 것이다.

나는 운동가들의 열정을 높이 산다. 하지만 투자금을 회수하는 것으로 어떻게 기후변화를 멈추거나 가난한 나라의 어려운 사람들을 도울 수 있을지는 모르겠다. 모르기는 지금도 마찬가지다. 경제적 압박에 대응할 수밖에 없는(결국에는 굴복한) 정치제도인 아파르트헤이트와 싸우기 위해 관련 기업의 투자금을 회수하는 것은 올바른 일이다. 하지만 화석연료와 관련된 기업의 주식을 파는 것으로 세계 에너지 산업, 다시 말해 5조 달러

규모의 산업이자 현대 경제의 근간이 되는 산업을 바꾸는 것은 다른 문제다.

나는 여전히 그렇게 생각한다. 그러나 나는 화석연료 기업들의 주식을 보유하지 말아야 할 다른 이유들을 깨닫게 되었다. 제로 탄소 기술 개발이 안 돼 상승한 화석연료 기업들의 주가로 이득을 보고 싶지 않기 때문이다. 제로 달성이 늦어짐에 따라 내가 이득을 보면 기분이 썩 좋을 것 같지는 않다. 그래서 2019년 게이츠 재단의 기금을 관리하던 신탁과 함께 나는 직접 보유하고 있는 석유 및 가스 회사들의 주식을 처분했다(나는 이미 몇 년 동안 석탄 회사들의 주식을 보유하고 있지 않았다).

이것은 개인적인 선택이며, 이런 선택을 할 수 있어 개인적으로 행운이었다. 하지만 주식을 처분하는 것으로는 탄소 배출량을 줄이는 데 실질적인 영향을 끼치지 못한다는 것을 잘 알고 있다. 제로를 달성하는 데는 정부 정책, 첨단 기술, 혁신적인 신제품, 그리고 수많은 사람에게 필요한 제품을 전달하는 민간 시장의 능력 등 가능한 모든 수단을 동원해 대대적인 변화를 추진해야 하는, 보다 거시적인 접근 방식이 필요하다.

2015년 말에 드디어 혁신과 새로운 투자를 위한 새로운 기회가 찾아왔다. 바로 그해 11월 프랑스 파리에서 UN기후변화협약 당사국총회인 COP21이 열린 것이다. 이 회의가 열리기 몇 달 전, 나는 당시 프랑스 대통령이었던 프랑수아 올랑드François Hollande를 만났다. 올랑드 대통령은 개인 투자자들을 회의에 참여시키기 위해 노력했고, 나는 혁신을 회의 의제에 올려

놓기를 원했다. 우리 둘은 여기에서 기회를 봤다. 그는 투자자들을 회의장에 데려오는 데 내가 도움이 될 거라고 생각했다. 나는 그의 의견에 동의하면서, 정부가 에너지 연구에 더 많은 돈을 투자한다면 더 쉬울 것이라고 덧붙였다.

그러나 이 일은 그렇게 쉬운 일만은 아니었다. 심지어 에너지 연구에 대한 미국의 투자도 보건과 국방 분야 등 다른 필수 분야보다 훨씬 낮다. 몇몇 나라들은 에너지 연구에 대한 투자를 조금씩 늘리고 있지만 그 수준은 여전히 매우 낮은 편이다. 더욱이 실험실 아이디어를 바탕으로 실용적인 제품을 만드는 과정에서 투자가 충분히 이뤄질 것이라는 점이 불확실하다면, 에너지 연구에 대한 투자는 더욱 요원할 터다.

2015년이 되자 민간 투자는 줄어들기 시작했다. 그린테크Greentech에 투자했던 벤처캐피털 기업 중 상당수가 낮은 수익률 때문에 손을 떼기 시작한 것이다. 과거에 이들은 정부 규제가 적고 성공이 상대적으로 빠르게 찾아오는 바이오테크와 IT 산업에 투자했다. 하지만 청정에너지 산업은 완전히 다른 산업이다. 여기에 익숙하지 않은 기업들은 철수하기 시작했다.

우리는 청정에너지만을 위한 새로운 투자금이 필요했고, 이 투자금을 모으기 위한 색다른 접근 방식도 필요했다. 파리에서 회의가 열리기 두 달 전인 2015년 9월, 나는 청정에너지에 대한 세계 각 나라들의 국책 연구비를 확충하기 위해 부유한 지인 스물네 명에게 이메일을 보내 벤처 투자를 요청했다. 그들의 투자는 장기적인 안목에서 집행되어야 하며—에너지 산업의 돌파구가 마련되는 데에는 수십 년이라는 오랜 기간이 걸리기 때문이다—동시에 위험을 감수해야 한다. 벤처 투자자들이 종종 빠지는 어려움을 피하기 위해, 나는 투자 대상 회사들을 심사하고 그들이 에너지 산업의 복잡성을 탐색하는 일을 집중적으로 도울 전문가 팀을 만들기로 약속했다.

결과는 고무적이었다. 이메일을 보낸 지 채 네 시간이 안 되어 첫 번째 투자자로부터 '예스'라는 답변을 받았다. 두 달 후 파리에서 회의가 시작되었을 때 26명의 투자자들이 합류했고, 우리는 이 모임을 '획기적 에너지 연합Breakthrough Energy Coalition'이라고 부르기 시작했다. 오늘날 이 모임은 유망한 아이디어를 가진 85개 이상의 기업에 투자한 개인 투자자들과 인도주의 단체와 시민 단체로 구성되어 있다.

그러자 각국 정부들도 반응을 보이기 시작했다. 20명의 국가 수장들이 파리에 모여 투자금을 두 배로 증액하기로 약속한 것이다. 특히 이런 과정에서 프랑스의 올랑드 대통령, 미국의 버락 오바마 대통령, 인도의 나렌드라 모디 총리가 주도적인 역할을 맡았다. 인도의 모디 총리는 이 그룹에 '미션 이노베이션Mission Innovation'이라는 이름을 붙여주었다. 오늘날 미션 이노베이션에는 24개 국가와 유럽위원회European Commission가 있으며, 청정에너지 연구에 들어가는 투자 금액을 46억 달러 확보하는 데 기여했다. 이는 몇 년 전에 비해 약 50퍼센트가 증가된 금액이었다.

이제 암울하지만 독자들에게 친숙한 이야기를 할까 한다.

2020년 신종 코로나바이러스 감염증이 세계를 덮쳤다. 팬데

파리에서 열린 2015년 UN 기후변화협약 회의에서 세계 지도자들과 함께 미션 이노베이션을 시작했다.[3]

믹의 역사를 아는 사람들에게 코로나19가 초래한 피해는 놀랄일도 아니었다. 세계 보건에 관심이 있던 나는 지난 몇 년 동안질병에 대해 공부했는데, 스페인 독감이 수천만 명의 사망자를냈던 1918년 당시와 마찬가지로 세계가 아직 팬데믹에 대응할준비가 안 됐다는 점에 대해 나는 크게 우려하고 있었다. 2015년 나는 테드 강연과 언론 인터뷰에서 대규모 유행병을 감지하고 대응할 수 있는 시스템을 만들어야 한다고 말했다. 전 미국대통령인 조지 W. 부시를 비롯한 많은 사람도 나와 비슷한 주장을 펼쳤다.

하지만 불행히도 세계는 준비에 소홀했고 코로나19가 창궐했을 때 엄청난 인명 손실과 대공황 이후 볼 수 없었던 규모의경제적 고통을 겪어야만 했다. 나는 여전히 기후변화에 집중하고 있었지만 멀린다와 함께 코로나19를 게이츠 재단의 최우선

과제로 삼았다. 나는 매일 대학교와 중소기업의 과학자들, 제약
회사의 CEO들, 정부 고위 관료들과 대화를 나누면서 게이츠 재
단이 임상실험과 치료, 백신 개발에 어떻게 도움을 줄 수 있을
지 고민했다. 2020년 11월까지 우리는 전염병 퇴치에 4억 4,500
만 달러를 보조금 형태로 기부했다. 그리고 백신과 진단키트 등
의 중요한 제품들을 저소득 국가에 전달하기 위해 다양한 방식
으로 수억 달러를 추가적으로 기부했다.

코로나19로 인해 경제활동이 크게 줄어들면서 2020년 온실
가스 배출량은 2019년보다 낮아졌다. 다시 말해 약 4.5퍼센트
줄어들었다. 이 말은 520억 톤의 온실가스 대신 500억 톤의 온
실가스를 배출했다는 의미다. 이는 물론 유의미한 수준의 감축
이며 매년 이 정도로 감축할 수 있다면 좋을 것이다. 하지만 쉽
지 않을 것이다.

우리가 2020년 한 해 동안 온실가스 배출량을 4.5퍼센트 감
축하는 데 어떤 대가를 치렀는지 생각해보자. 수백만 명의 사람
이 죽었고 수천만 명의 사람이 실직했다. 다시 말해서 누구라도
다시 반복하고 싶지 않은 상황이었다. 그럼에도 세계의 온실가
스 배출량은 기껏해야 5퍼센트도 안 되는 만큼만 감축됐을 뿐
이다. 코로나19로 온실가스 배출량이 이 정도 감축된 것이 놀라
운 게 아니라, 이 정도 '밖에' 감축되지 않은 것이 실로 놀랍기만
하다.

온실가스 배출 감축량에서도 보듯이 단순히 비행기를 덜 띄
우고 운전을 덜 한다고 해서 제로 탄소zero-carbon를 달성하지는 못

할 것이다. 신종 코로나바이러스를 퇴치하는 데 새로운 치료법과 백신이 필요하듯, 기후변화에 대응하는 데도 새로운 도구가 필요하다. 즉, 탄소를 배출하지 않고도 전기와 물건을 만들고, 음식을 재배하며, 건물을 시원하고 따뜻하게 유지하고, 사람과 물건이 전 세계를 움직일 수 있는 새로운 방식 말이다. 그리고 우리는 세계에서 가장 가난한 사람들, 즉 소작농들이 더 따뜻한 기후에 적응할 수 있게 새로운 혁신의 씨앗을 뿌려야 한다.

그리고 과학이나 자금과는 관련이 없는 장애물도 많다. 특히 미국의 경우 기후변화에 대한 담론은 정치적 논리에 의해 방해를 받는다. 이런 일이 닥치면 우리에게는 희망이 없는 것처럼 보이기도 한다.

나는 엔지니어이지 정치학자가 아니다. 나에게는 기후변화의 정치학에 대한 해결책이 없다. 그래서 나는 우리가 제로를 달성하기 위해 무엇이 필요한지에 대해 사람들과 대화를 나누는 데 집중하고자 한다. 우리는 이미 개발된 청정에너지 솔루션을 효율적으로 사용하고 신기술을 개발하는 데 열정과 과학 지식을 쏟아야 한다. 그래야 대기권에 온실가스를 배출하는 일을 멈출 수 있을 것이다.

나는 기후변화에 대해 대중에게 알리는 데 완벽한 사람은 아닐 것이다. 세계에는 다른 사람들에게 무엇을 해야 할지 알려주는 위대한 아이디어를 가진 부자가 없는 것도 아니요, 기술이 모든 문제를 해결할 것이라는 '기술 만능론자'가 없는 것도 아니다. 사실 나는 집도 크고 심지어 개인 전용기까지 가지고 있다. 실제로 파리에서 열리는 기후변화 회의에 전용기를 타고 갔다. 도대체 누가 누구에게 환경에 대해 강의를 한단 말인가?

나는 다음 세 가지 혐의에 대해 모두 유죄를 인정한다.

첫째, 나는 나만의 뚜렷한 의견을 가진 부자라는 점을 인정한다. 하지만 내 의견은 정보에 바탕을 둔 의견이며, 나는 항상 더 배우려고 노력한다.

나는 또한 기술 찬양론자다. 내 앞에 놓인 문제를 보면 그 문제를 해결할 수 있는 기술을 찾을 것이다. 기후변화와 관련하여 우리는 혁신 말고도 많은 것이 필요하다. 혁신만이 유일한 해결책은 아니다. 하지만 혁신이 없다면 이 지구는 살기 좋은 곳이 되지 못한다. 기술로 문제를 해결하려는 태도만으로는 충분하지 않지만, 이런 태도는 분명 필요하다.

마지막으로 나의 탄소발자국 수치가 터무니없을 정도로 높다는 것 또한 사실이다. 나는 오랫동안 이 사실에 대해 죄책감을 느꼈다. 내가 배출하는 탄소량이 얼마나 많은지 이미 잘 알고 있다. 더욱이 이 책을 쓰면서 탄소 배출량 감소에 대해 책임이 있다는 것을 더욱 의식하게 되었다. 탄소발자국을 줄이는 것은 기후변화에 대해 공개적으로 집단 행동을 요구하는 나와 같은 사람들이 할 수 있는 최소한의 일이다.

2020년, 나는 지속 가능한 제트연료를 구매하기 시작했고 이는 2021년에 우리 가족이 비행을 하면서 내뿜는 탄소를 완전히 상쇄할 것이다. 그리고 비행과 관련 없는 탄소 배출을 줄이기 위해서는 공기에서 이산화탄소를 제거하는 기업에 투자를 함으로써 상쇄할 것이다(직접공기포집DAC, direct air capture이라고 불리는 이 기술에 대해서는 4장을 참고하기 바란다). 또한 나는 시카고의 저렴한 주택에 청정에너지를 설치하는 비영리단체를 지원하고 있다. 그리고 나는 계속해서 탄소발자국을 줄일 수 있는 다른 방법을 고민할 생각이다.

나는 제로 탄소 기술에도 투자하고 있다. 이것으로 나의 높은 탄소 배출량을 어느 정도 상쇄할 수 있기를 바란다. 지금까지 저렴하고 안정적인 청정에너지와 저배출low-emissions 시멘트, 철강, 고기 등을 포함해 제로 탄소로 갈 수 있는 다양한 방법을 위해 10억 달러 이상을 투자했다. 대기권에서 이산화탄소를 제거하는 기술에 나보다 더 많은 투자를 하는 사람을 나는 알지 못한다.

물론 내가 하는 이런 투자들이 내 탄소발자국을 줄여주지는 않는다. 하지만 내 투자로 인해 누군가가 성공한다면, 나와 내 가족이 배출한 탄소보다 더 많은 양의 탄소를 제거할 수 있을 것이다. 게다가 우리의 목적은 단순히 지금까지 배출된 탄소를 상쇄하는 것이 아니라 기후재앙을 피하는 것이다. 내가 초기 단계의 청정에너지 연구를 지원하고, 유망한 청정에너지 관련 기업들에 투자하며, 전 세계에 걸쳐 돌파구를 유도할 정책들을 지지하고, 자원이 넉넉한 다른 사람들도 나와 비슷한 일을 할 수 있도록 격려하는 이유다.

핵심은 다음과 같다. 나처럼 탄소를 많이 배출하는 사람들은 개인적으로 에너지 사용량을 줄여야겠지만, 전 세계적으로는 탄소를 배출하지 않는 에너지라면 **더 많이** 써도 된다. 청정에너지를 화석연료로 만드는 에너지와 비슷한 수준으로 싸고 안정적으로 만드는 것이 기후변화 대응 전략의 핵심이다. 나는 이 단계까지 도달하는 데 필요한 것을 얻고 결과적으로 520억에서 제로를 달성하는 과정에서 의미 있는 차이를 만들기 위해 노력하고 있다.

이 책에서 나는 기후재앙을 피하는 최선의 방식을 위해 우리가 할 수 있는 일련의 조치를 제시한다. 책은 크게 다섯 부분으로 구성되어 있다.

왜 제로인가? 1장에서 왜 우리가 제로를 달성해야 하는지를 더욱 자세히 설명할 것이다. 그러면서 현재까지 우리가 아는 것과 알지 못하는 것, 그리고 기온 상승이 전 세계 모든 사람에게 어떤 영향을 끼치는지도 설명할 것이다.

제로 달성은 매우 어려울 것이라는 나쁜 소식. 무언가를 달성하기 위해 가장 먼저 해야 할 일은 우리 앞에 놓인 장애물을 파악하고 현실적으로 평가하는 것이다. 따라서 2장에서는 제로를 달성하기 위해 어떤 도전 과제가 우리 앞에 있는지 살펴볼 것이다.

기후변화에 대한 지적인 대화를 하는 방법. 3장에서는 독자들이 여기저기에서 들었을 법한 혼란스러운 몇몇 통계를 가지치기하고, 기후변화에 관한 모든 대화에서 명심해야 할 몇 가지 질문을 공유할 것이다. 나는 이런 질문들을 되새긴 덕에 잘못된 생각으로 빠지지 않을 수 있었다. 독자들에게도 마찬가지이기를 바란다.

제로 달성은 가능하다는 좋은 소식. 4장부터 9장까지는 현대 기술이 당장 유용하게 쓰일 수 있는 분야와 기술적 돌파구가 필요한 분야를 구분하여 설명할 예정이다. 이 부분은 이 책에서 가장 긴 부분이 될 것이다. 해야 할 이야기가 많기 때문이다. 우리에게는 지금 당장 대규모로 도입해야 할 솔루션이 있으며, 앞으로 몇십 년 안에 개발되고 확산되어야 할 **수많은** 혁신도 필요하다.

앞으로 나는 개인적으로 기대되는 몇몇 기술들을 소개할 예정이지만, 특정 기업의 이름을 직접적으로 거론하는 일은 자제할 것이다. 나는 이미 이들 중 일부에 투자를 하고 있기에 이런 기업들을 홍보한다는 오해를 불러일으킬 수 있기 때문이다. 하지만 그보다 더 중요한 이유는 특정 기업이나 산업군에 초점을 맞추는 것이 아니라 아이디어와 혁신에 집중하고 싶기 때문이다. 몇몇 기업은 앞으로 몇 년 안에 사라질 수 있다. 특히 최첨단 기술을 다루는 기업일수록 흥망성쇠는 흔한 일이다. 하지만 사라진다고 해서 반드시 실패라고 할 수는 없다. 핵심은 내가 마이크로소프트에서 그랬고 내가 아는 다른 혁신가들도 그랬던 것처럼 실패로부터 배운 교훈을 다음 도전에 활용하는 것이다.

우리가 당장 해야 할 일. 내가 이 책을 쓴 것은 단지 기후변화의 문제점만을 보았기 때문이 아니다. 기후변화를 해결할 기회 역시 보았기 때문이다. 대책 없는 낙관론이 아니다. 우리는 이미 이 어려운 과제를 시작하는 데 필요한 세 가지 요소 가운데 두 가지를 갖추고 있다. 첫째, 기후변화에 대처하자는 세계적 운동과 열정이 점점 고조되고 있다. 이는 기후변화 문제에 매우 공감하는 젊은이들이 주도한 덕이다. 둘째, 더 많은 국가와 지도자들이 자신들이 해야 할 몫을 수행하면서 기후변화 대응이라는 거대한 문제를 해결하려는 공통의 목표를 공유하고 있다.

이제 우리에게는 세 번째 요소가 필요하다. 바로 우리의 목표를 달성하기 위한 구체적인 계획 말이다.

기후변화에 대응하려는 우리의 목표가 기후 과학의 발전에 힘입어 추진된 것처럼 배출량을 줄이기 위한 실질적인 계획은 물리학, 화학, 생물학, 공학, 정치학, 경제학, 재무학 등 다른 분야의 도움을 받아야 한다. 따라서 이 책의 마지막 부분에서 나는 이 모든 분야의 전문가들에게서 얻은 조언을 바탕으로 세운 계획을 제시할 것이다. 10장과 11장에서는 정부가 채택할 수 있는 정책들을 소개할 것이다. 12장에서는 우리 모두가 제로 달성을 위해 실행할 수 있는 조치를 제안할 것이다. 당신이 정부 고위직이든 기업가이든 자유 시간이 별로 없는 바쁜 삶을 사는 평범한 유권자이든 상관없이 기후재앙을 피하기 위해 할 수 있는 일은 많다.

자, 이제 본론으로 들어가보자.

1

왜 제로인가?
Why Zero?

우리가 제로를 달성해야 하는 이유는 단순하다. 온실가스는 열을 가두어 지구 표면의 온도를 높이기 때문에 온실가스가 많을수록 온도가 더 많이 올라간다. 그리고 한번 대기권에 배출된 온실가스는 아주 오랜 시간 동안 대기권에 머무른다. 오늘날 배출되는 온실가스 가운데 5분의 1은 1만 년이 지난 후에도 계속 대기권에 남는다고 한다.

우리가 탄소를 계속 배출해도 지구가 더워지지 않을 수 있을까? 안타깝게도 그런 시나리오는 없다. 지구가 계속 더워지면 인류는 번영은커녕 생존조차도 힘들어진다. 기온 상승으로 인한 피해가 얼마나 클지는 아직 확실하지 않지만, 이런 상황을 걱정해야 할 이유는 많다. 온실가스는 오랫동안 대기권에 남아 있기 때문에 우리가 제로를 달성한다고 해도 지구는 한동안 계속 따뜻할 것이기 때문이다.

내가 지금까지 '제로'라는 단어를 모호하게 사용한 것은 사실이다. 여기서 내가 말하는 제로가 정확히 어떤 의미로 쓰이는지 짚고 넘어가야겠다. 산업화 이전의 시대, 즉 18세기 중반 전

　　　　　　　　　　　　빌 게이츠, 기후재앙을 피하는 법

까지 지구의 탄소순환carbon cycle은 아마도 균형을 유지했을 것이다. 다시 말해 생물계는 지구가 배출하는 이산화탄소의 양만큼 흡수했을 것이다.

그러다 우리는 화석연료를 태우기 시작했다. 화석연료는 지하 깊숙한 곳에 묻혀 있던 탄소로 만들어진다. 수백만 년 전의 식물들은 압축되어 석유나 석탄 또는 천연가스가 된다. 우리가 이런 연료를 시추해 태우면 우리는 과거보다 더 많은 탄소를 배출하게 되고, 이렇게 배출되는 탄소가 대기권에 이미 존재하는 탄소에 더해지면서 결국 대기권에 잔존하는 탄소의 총량이 늘어나게 된다.

연료 사용을 완전하게 포기하거나 온실가스를 배출하는 모든 활동(시멘트를 만들거나 비료를 사용하거나, 또는 천연가스발전소에서 메탄이 누출되는 것 등)을 완전하게 멈춘다고 해도 제로를 달성할 수 있는 현실적인 방법은 아직까지 없다. 아마도 제로 탄소가 실현된 미래에도 우리는 계속 탄소를 배출할 것이다. 하지만 배출되는 탄소의 양만큼 탄소를 제거하는 방법은 찾을 것이다.

바꿔 말하면 우리가 말하는 '제로'는 탄소 배출이 제로가 된다는 뜻이 아니다. 여기서 내가 말하는 제로는 '거의 순 제로near net zero'를 의미한다(순 제로는 배출되는 양과 제거되는 양이 같은 상황을 의미한다. 탄소 중립과 상통한다—옮긴이). 물론 탄소를 100퍼센트 제거하면 모든 것이 완벽해지는 것도 아니고, 99퍼센트만 제거한다 해서 기후재앙이 시작되는 것도 아니다. 그렇지만 탄소를 제거하는 양이 커질수록 우리가 누리는 혜택은 더 커진다.

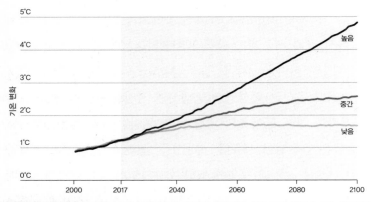

당신이 알아야 할 3개의 선. 이 세 개의 선들은 우리가 아무것도 하지 않을 경우 (높음), 지금까지 도출된 합의를 모두 지킬 경우(중간), 그리고 우리가 배출하는 탄소의 양보다 더 많은 양의 탄소를 제거할 경우(낮음)를 나타낸다. (KNMI Climate Explorer)[1]

탄소 배출량을 50퍼센트 줄인다 해도 기온 상승을 멈출 수 없을 것이다. 단지 기온이 상승하는 속도를 늦춰 기후재앙을 연기할 뿐 기온 상승 자체를 막지는 못한다.

우리가 탄소 배출량을 99퍼센트 줄인다고 가정해보자. 이 경우 어느 국가 또는 어느 경제 분야에서 남은 1퍼센트를 사용해야 할까? 이런 결정을 어떻게 내린다는 말인가?

기후변화로 인한 최악의 시나리오를 피하기 위해 언젠가 우리는 온실가스 배출을 멈춰야 할 뿐만 아니라 이미 배출된 온실가스 중 일부를 제거해야 한다. 이 단계를 '마이너스 순 배출net-negative emissions'이라고 부를 수도 있다. 이 말은 기온 상승을 억제하기 위해 우리가 대기권에 배출하는 온실가스의 양보다 더 많은 양의 온실가스를 제거해야 한다는 말이다. 다시 욕조 비유로 돌아가보자. 우리는 물을 잠그는 것뿐만 아니라 배수구를 열어 물이 빠지게 해야 한다.

독자들은 제로 달성에 실패했을 경우 우리에게 닥칠 수 있는 위험에 대해서는 이미 다른 곳에서도 읽었을 것이다. 변화는 매일같이 뉴스에 등장한다. 당연한 일이다. 기후변화는 매우 시급한 문제이고 마땅히 신문의 헤드라인을 장식해야 한다. 하지만 언론 보도는 복잡하고 심지어 모순적이기까지 하다.

이 책에서 나는 기후변화와 관련한 불필요한 소음을 배제할 것이다. 지난 몇 년 동안 나는 세계 최고의 기후 및 에너지 전문가들로부터 많은 것을 배웠다. 이들과 하는 논의는 만날 때마다 새로웠다. 기후변화에 대한 새로운 데이터가 등장하고 여러 시나리오를 예측하는 데 사용되는 컴퓨터 모델링 기법이 개선되면서 기후변화에 대한 우리의 이해도가 깊어졌기 때문이다. 이런 기술들의 도움을 받아 나는 기후변화로 인해 일어날 수 있는 모든 일 중에서 실제로 일어날 법한 일들을 구분할 수 있었다. 그 결과 우리가 재앙을 피할 수 있는 유일한 길은 제로를 달성하는 것이라고 확신하게 되었다. 이 장에서는 내가 배운 내용 중 일부를 독자와 나누고자 한다.

작다고 작은 것이 아니다

나는 지구 기온이 약간만, 그러니까 섭씨 1도나 2도 정도만 올라가더라도 실제로는 큰 문제가 발생할 수 있다는 사실을 알고 매우 놀랐다.* 사실이다. 기후학에서 1~2도는 매우 심각한 문제다. 가장 최근의 빙하기 때 지구의 온도는 지금보다 겨우 섭씨 6도 낮았을 뿐이었다. 공룡이 지구를 지배하던 시절 지구의 평균 온도는 지금보다 섭씨 4도 높았을 뿐인데, 이때 북극권 북쪽에는 악어도 살았다.

또한 '평균'이 주는 착시 효과에 속아서도 안 된다. 지역별로 나타나는 상당히 큰 기온 차이를 보이지 않게 만들 수 있기 때문이다. 오늘날 전 세계 평균 기온은 산업화 이전 시대와 비교해 단지 섭씨 1도 올랐을 뿐이지만, 지역별로 보면 이미 2도 이상 기온이 상승하기 시작한 곳들도 있다. 그리고 이런 지역들은 세계 인구의 20~40퍼센트가 살고 있는 곳이다.

왜 어떤 지역은 다른 지역보다 더 더워지는 걸까? 일부 대륙의 내륙 지방은 토양이 다른 곳보다 더 건조해 과거처럼 땅이 잘 식지 않는다. 쉽게 말해, 대륙은 과거보다 땀을 흘리지 않는다.

그렇다면 온난화는 온실가스 배출과 어떤 관계가 있을까? 가장 기초적인 것부터 시작해보자. 이산화탄소는 가장 흔한 온실가스이지만, 이 외에 아산화질소와 메탄 같은 다른 온실가스도 있다. 아산화질소는 웃음가스라고도 불리는데, 당신은 이것

• 대부분의 기후변화 보고서들은 기온 변화를 언급할 때 섭씨를 사용한다. 다른 보고서에서도 섭씨를 사용하므로 나도 이 책에서 섭씨를 사용할 것이다. 하지만 대부분의 미국인은 화씨에 더 익숙하기 때문에 일상적인 온도를 언급할 때는 화씨를 사용할 예정이다(이 책에서는 섭씨로 표기했다 —옮긴이).

을 치과에서 이미 접했을 수도 있다. 메탄은 난로나 온수기를 작동시키기 위해 사용하는 천연가스의 주성분이다. 분자 단위로만 본다면 이런 가스들은 이산화탄소보다 지구온난화에 더 큰 영향을 끼친다. 메탄의 경우 대기권에 진입하는 순간 이산화탄소보다 120배나 더 심한 온난화를 초래한다. 하지만 메탄은 이산화탄소만큼 대기에 오래 머물지 않는다.

복잡한 내용을 쉽게 풀어 말하기 위해, 우리는 여러 온실가스를 이산화탄소 배출량으로 환산한 '이산화탄소 환산톤carbon dioxide equivalents(줄여서 CO₂e라고도 부른다)'이라는 측정 방식을 사용한다. 어떤 가스는 더 많은 열을 가두지만 대기권에 머무는 시간이 짧다는 사실을 고려해 이산화탄소 환산톤이라는 개념을 만들어 사용하는 것이다. 하지만 불행하게도 이산화탄소 환산톤은 불완전한 측정 방식이다. 결과적으로 정말 중요한 것은 배출된 온실가스의 양이 아니라 기온 상승과 그것이 인류에 끼치는 영향이기 때문이다. 이런 면에서 메탄은 이산화탄소보다 훨씬 더 나쁜 가스다. 배출 즉시 기온을 높이기 때문이다. 그것도 상당히 높게. 따라서 이산화탄소 환산톤을 사용할 때 우리는 이런 중요한 단기적 효과를 충분하게 고려하지 않는 셈이다.

그럼에도 이산화탄소 환산톤은 배출량을 측정하는 가장 훌륭한 측정 방식이며 기후변화에 대한 논의에서 자주 사용되는 개념이기 때문에 나는 이 책에서 이산화탄소 환산톤을 사용할 것이다. 이 책에서 계속 언급하는 520억 톤은 이산화탄소 환산톤으로 측정한 연간 배출량이다. 몇몇 독자들은 다른 곳에서

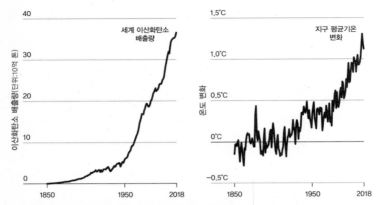

이산화탄소 배출량이 증가할수록 지구의 기온도 상승하고 있다. 왼쪽의 그래프는 1850년 이후 이산화탄소 배출량이 얼마나 크게 늘었는지를 보여주며, 오른쪽 그래프는 지구의 평균 기온이 얼마나 상승했는지를 보여준다. (Global Carbon Budget 2019, Berkeley Earth)[2]

370억 톤이 배출된다는 말을 들었을 것이다. 370억 톤은 이산화탄소의 배출량이고, 100억 톤이 배출되었다는 자료는 탄소 배출만을 의미하는 것이다. 언어의 다양성을 위해서, 그리고 '온실가스'를 수백 번 읽게 될 독자들의 눈 피로를 줄여주기 위해서 나는 앞으로 이산화탄소를 비롯한 여러 가스의 동의어로 '탄소'를 사용할 것이다.

온실가스 배출량은 1850년대 이후 화석연료를 태우는 등 인간의 활동에 의한 결과로 급격하게 증가했다. 위 그래프를 확인해보라. 왼쪽 그래프는 1850년 이후 이산화탄소 배출량이 얼마나 크게 늘었는지를 보여준다. 오른쪽 그래프는 지구의 평균 기온이 얼마나 상승했는지를 보여준다.

그렇다면 온실가스는 어떻게 온난화를 초래할까? 간단하게

빌 게이츠, 기후재앙을 피하는 법

말해서 온실가스는 열을 흡수해 대기권에 가둔다. 온실가스라는 이름에서 알 수 있듯이 이런 가스들은 온실과 비슷하게 작동하는 것이다.

햇볕이 잘 드는 곳에 차를 주차해본 사람은 이미 작은 규모의 온실효과를 경험한 셈이다. 자동차 앞유리가 햇볕을 받아들이고 자동차 내부에 열을 가둔다. 그래서 자동차 내부의 온도가 외부의 온도보다 훨씬 뜨거워지는 것이다.

하지만 이 설명에는 더 많은 질문이 뒤따른다. 태양에서 방출된 열이 온실가스를 뚫고 지구에 도달할 수는 있지만, 왜 바로 그 온실가스에 의해 지구 대기권에서 벗어나지 못하고 갇히게 되는 걸까? 이산화탄소는 거대한 반투명 거울인가? 그리고 이산화탄소와 메탄이 열을 가둔다면, 산소는 왜 열을 가두지 않는가?

이 질문들에 대한 답은 화학과 물리학에서 찾을 수 있다. 물리학 수업에서 분자는 진동한다고 배운 것을 기억하는가? 분자는 더 빨리 진동할수록 더 뜨거워진다. 특정 종류의 분자들이 특정 파동의 복사선과 충돌하면 이 분자들은 복사선은 막고 에너지는 흡수하며 더 빠르게 진동한다.

그렇다고 모든 파장의 모든 복사선이 이런 효과를 내는 것은 아니다. 예를 들어 태양열은 흡수되지 않고 대부분의 온실가스를 그대로 통과한다. 지난 수억 년 동안 그랬던 것처럼 대부분의 햇빛은 지구 표면에 도달해 지구를 따뜻하게 한다.

문제는 여기에 있다. 이 모든 에너지들은 지구에 영구히 잔존하지 않는다. 만약 그랬다면 지구는 이미 참기 힘들 정도로 뜨거워졌을 것이다. 대신 지구는 이런 에너지의 일부를 다시 방출한다. 이렇게 방출된 에너지 중 파장이 긴 에너지는 온실가스에 흡수된다. 아무런 피해를 끼치지 않고 그저 사라지면 좋겠지만, 이렇게 온실가스에 흡수된 에너지는 온실가스 분자와 충돌하고 이들이 더 빨리 진동하게 만들어 대기의 온도를 높인다. (그럼에도 우리는 온실효과에 감사해야 할 부분이 있다. 온실효과가 없다면 지구는 우리가 살기에 너무 추운 행성이 되었을 것이다. 문제는 필요 이상으로 많은 온실가스가 배출되어 온실화가 과도하게 진행된다는 점이다.)

그렇다면 왜 모든 가스는 이런 방식으로 움직이지 않을까? 질소나 산소와 같이 동일한 원자 두 개로 구성된 분자는 복사선을 그대로 통과시킨다. 이산화탄소나 메탄과 같이 두 개의 다른 원자로 구성된 분자는 복사선을 흡수하고 열을 발산할 수 있는 구조를 가지고 있다.

이것이 '왜 우리는 제로를 달성해야 하는가?'라는 질문에 대한 답의 첫 부분이다. 우리가 대기권에 배출하는 모든 탄소는 온실효과를 가중시킨다는 엄중한 물리학 이론을 피할 수 없다.

다음으로 온실가스가 기후와 그 외의 것들에 끼치는 영향을 살펴보겠다. 이것이 '왜 우리는 제로를 달성해야 하는가?'라는 질문에 대한 답의 두 번째 부분이다.

빌 게이츠, 기후재앙을 피하는 법

우리가 아는 것과 모르는 것

과학자들은 기후변화가 왜 일어나는지, 그리고 어떻게 일어나는지에 대해 아직 모르는 것이 많다. 예를 들어 IPCC 보고서에서는 온도가 얼마만큼, 그리고 얼마나 빨리 상승할지는 아직도 확실하지 않으며, 이런 기온 상승이 어떤 영향을 끼칠지도 불확실하다는 점을 인정한다.

한 가지 문제는 우리가 사용하는 컴퓨터 모형이 완벽하지 않다는 것이다. 기후는 엄청나게 복잡하며 구름이 온난화에 어떤 영향을 주는지, 그리고 지나치게 상승한 기온이 생태계에 어떤 영향을 끼칠지에 대해서도 아직 모르는 부분이 많다. 연구자들은 우리가 알지 못하는 부분을 계속 찾아내고 그 간극을 메우기 위해 노력하고 있다.

그러나 과학자들은 적어도 우리가 제로를 달성하지 못하면 어떤 일들이 일어날지에 대해서는 자신 있게 말할 수 있다. 여기 몇 가지 중요한 점이 있다.

지구는 인간 행동의 결과로 따뜻해지고 있다. 기온 상승은 지구에 악영향을 끼칠 것이고 이는 시간이 갈수록 악화될 것이다. 기온 상승이 언젠가는 치명적이 될 거라고 믿는 데에는 여러 이유가 있다. 그 시점이 30년 후에 올 것인지, 아니면 50년 후에 올 것인지는 정확하게 알 수 없다. 하지만 이것이 매우 풀기 어려운 문제라는 점을 생각하면 우리에게 50년이라는 시간이 있다 하더라도 지금 행동에 옮겨야 한다.

우리는 이미 산업혁명 시기 이전에 비해 지구의 온도를 최소 섭씨 1도 상승시켰다. 그리고 우리가 이산화탄소 배출을 멈추지 않는다면 21세기 중반 지구의 온도는 섭씨 1.5~3도 상승할 것이고, 세기말이 되면 섭씨 4~8도가량 상승할 것이다.

이렇게 인위적으로 상승한 기온은 기후에 여러 가지 변화를 일으킬 것이다. 어떤 일이 벌어질지 설명하기 전에 한 가지 주의 사항이 있다. 우리는 '더운 날이 더 많아질 것이다'라거나 '해수면이 상승할 것이다'와 같이 광범위한 추세를 예측할 수 있지만, 특정 사건이 기후변화의 결과라고 단정 지을 수는 없다. 예를 들어 폭염이 있다고 해서 이 폭염의 원인이 기후변화에 있다고 단정 지을 수 없다는 말이다. 하지만 기후변화가 폭염의 가능성을 증가시켰다고는 말할 수 있다. 마찬가지로 바다가 따뜻해졌기 때문에 폭풍의 수가 증가했는지는 확실하지 않지만, 기후변화로 인해 폭풍의 강도가 세지고 강한 폭풍의 발생 빈도가 높아진다는 근거가 증가하고 있다. 그리고 이런 극단적인 사건이 서로 맞물리면서 더 심각한 영향을 끼칠 것인지, 끼친다고 하면 그 파괴력은 얼마나 증폭될 것인지도 확실히 알지 못한다.

우리가 알고 있는 것에는 또 무엇이 있을까?

한 가지 확실한 것은 정말로 더운 날이 더 많아질 것이라는 점이다. 이와 관련하여 나는 미국 모든 도시의 통계를 제시할 수 있지만 뉴멕시코주 앨버커키시의 통계를 사용하겠다. 이 도시와 나는 특별한 인연이 있다. 바로 나와 폴 앨런Paul Allen이 1975년 마이크로소프트를 설립한 곳이기 때문이다(당시 회사의

빌 게이츠, 기후재앙을 피하는 법

이름은 Micro-Soft였지만, 우리는 중간에 하이픈을 빼고 S를 대문자에서 소문자로 바꿔 Microsoft로 회사명을 변경했다. 현명한 결정이었던 것 같다). 1970년대 중반 우리가 앨버커키에서 창업했을 때, 앨버커키의 기온이 섭씨 32도가 넘는 날이 매년 평균 36일 정도 되었다. 21세기 중반이 되면 앨버커키에서 온도계가 섭씨 32도 이상을 가리키는 날은 1970년대에 비해 최소 두 배는 증가할 것이다. 21세기 말이 되면 섭씨 32도를 넘는 날이 최대 114일이 될 수도 있다. 쉽게 말해 이렇게 더운 날이 1년에 약 한 달에서 세 달로 증가한다는 말이다.

하지만 더운 날과 습한 날이 많아진다고 해서 모두가 똑같이 고통받는 것은 아니다. 어떤 곳은 다른 곳보다 더 큰 타격을 입을 것이다. 예를 들어 나와 폴이 1979년 마이크로소프트를 옮긴 시애틀은 상대적으로 타격을 덜 입을 것이다. 1970년대에는 섭씨 32도가 넘는 날이 연 평균 하루나 이틀에 그쳤으며, 21세기 말에도 최대 14일에 그칠 것이다. 어떤 지역은 따뜻한 날씨로 이득을 볼 수도 있다. 예를 들어 추운 지방에서는 저체온증과 독감으로 사망하는 사람의 수가 줄어들 것이다. 그리고 집과 사무실의 난방 비용이 줄어들 것이다.

하지만 전반적으로 보면 기후가 더워질수록 문제가 많아진다. 인위적으로 상승한 기온은 더 파괴적인 폭풍을 일으키는 등 연쇄 반응을 불러온다. 기온이 올라가기 때문에 폭풍이 더 빈번하게 발생하는 것인지는 아직 과학자들의 논쟁 대상이지만, 전반적으로 볼 때 폭풍들은 더 강력해지고 있다. 평균 기온이 상승하면 더 많은 물이 지구 표면에서 대기로 증발한다. 수증기는 온실가스이지만 이산화탄소나 메탄처럼 대기 중에 오래 잔존하지 않는다. 시간이 지나면 수증기는 비나 눈의 형태로 되돌아온다. 수증기가 비로 응축되는 과정에서 거대한 에너지가 방출된다. 큰 뇌우를 가까운 거리에서 경험한 사람들은 바로 알 것이다.

아무리 강한 폭풍이라도 보통은 며칠 이상 지속되지 않지만, 경제에 끼치는 영향은 수년에 걸쳐 지속된다. 폭풍으로 인명 피해가 발생하고 재산을 잃는 사람도 생긴다. 물리적 피해가 크지 않더라도 피해자들이 받는 정신적 고통은 작지 않다. 또한 허리케인과 홍수는 건설에 몇 년씩 걸리는 빌딩과 도로, 전선을 파괴한다. 물론 파괴된 인프라는 언젠가는 복구되겠지만, 경제성장에 도움이 되는 새로운 투자처에 투입될 수 있었던 돈과 시간을 낭비하게 된다. 한 연구에 따르면 2017년 푸에르토리코를 강타한 허리케인 마리아는 푸에르토리코의 인프라를 20년 이상 후퇴시킨 것으로 추정된다.[3] 언제 다음 폭풍이 몰아쳐 새로 복구할 인프라를 얼마나 후퇴시킬지는 아무도 모른다.

이렇게 강력한 폭풍은 이상한 극단적 상황을 만들어낸다. 어떤 지역에서는 강수량이 증가하지만 또 어떤 곳에서는 가뭄이 빈번해지고 심해진다. 뜨거운 공기는 더 많은 수분을 머금을 수 있고, 따뜻해질수록 더 갈증을 느껴 땅에서 더 많은 물을 필요로 한다. 세기말이 되면 미국 남서부 지역 토양의 수분은 10~20퍼센트 정도 감소할 것이고 가뭄의 위험은 최소 20퍼센트 증가할 것이다. 가뭄은 또한 약 4,000만 명에게 식수를 공급하고 미국 농작

한 연구에 따르면 허리케인 마리아는 푸에르토리코의 전력망과 다른 인프라를 20년 전 수준으로
돌려놓았다.[4]

물의 7분의 1 이상에 물을 대는 콜로라도강을 위협할 것이다.

기후가 더울수록 산불은 더 빈번하게 발생하고 더 파괴적이
된다. 따뜻한 공기는 식물과 토양에서 수분을 흡수하기 때문에
화재에 더 취약한 환경이 조성된다. 지역마다 조건이 매우 다르
므로 산불의 발생 과정과 양상은 곳곳에서 큰 차이를 보인다. 캘
리포니아가 대표적인 예다. 1970년대 이후 산불은 더 자주 일어
나고 있는데, 이는 산불이 일어날 수 있는 화재 취약 계절이 더
길어지고 있고 숲에는 쉽게 불에 탈 수 있는 마른 나무가 훨씬
더 많아졌기 때문이다. 미국 정부에 의하면 산불 증가의 절반은
기후변화에 의한 것이며, 21세기 중반이 되면 미국의 산불 피해
는 지금보다 두 배로 증가할 수 있다.[5] 2020년 미국에서 연달아

일어난 산불을 기억하는 사람이라면 크게 걱정할 만한 일이다.

인위적 기온 상승의 또 다른 영향은 해수면 상승이다. 해수면이 상승하는 이유는 북극의 빙하가 녹고 바닷물이 따뜻해지면서 팽창하기 때문이다(금속도 마찬가지인데, 손가락을 따뜻한 물에 담그면 반지를 쉽게 뺄 수 있는 것과 같은 이치다). 비록 2100년까지 예상되는 지구 평균 해수면 상승 폭은 몇십 센티미터 수준으로 커 보이지 않을 수 있지만, 어떤 곳은 다른 곳보다 더 큰 타격을 입을 것이다. 해변가가 위험해질 수 있다는 것은 놀랄 만한 일도 아니지만, 다공질 토양 인근의 도시들 역시 위험하다. 마이애미에서는 비가 내리지 않을 때에도 바닷물이 배수관을 통해서 거품처럼 올라온다. '건조한 홍수dry weather flooding'라고 불리는 이런 현상은 계속 악화될 것이다. IPCC의 온건한 시나리오에 따르면 2100년까지 마이애미의 해수면은 약 60센티미터 상승할 것이다. 이미 도시의 몇몇 부분은 실질적으로 가라앉고 있어 해수면이 30센티미터 더 상승할 수도 있다.

해수면 상승은 세계에서 가장 가난한 사람들에게 특히 더 심각할 것이다. 빠른 경제 발전을 이루고 있는 방글라데시가 대표적인 예다. 방글라데시는 항상 혹독한 기후에 시달려왔다. 수백 킬로미터에 달하는 방글라데시 해안선은 벵골만에 인접해 있으며, 국토의 대부분은 홍수에 취약한 저지대 삼각주에 위치해 있고 매년 많은 비가 내린다. 하지만 기후변화로 인해 방글라데시에서의 삶은 더욱 어려워지고 있다. 사이클론, 폭풍해일, 그리고 강 홍수 때문에 방글라데시의 20~30퍼센트가 침수되고 농작물과 집이 물에 잠겨 수많은 사람이 목숨을 잃고 있다.

마지막으로 인위적으로 상승한 온도와 그것을 유발한 이산화탄소 때문에 식물과 동물이 영향을 받는다. IPCC가 인용한 한 연구에 따르면 섭씨 2도가 올라갈 때마다 척추동물의 서식 범위가 8퍼센트, 식물의 서식 범위가 16퍼센트, 곤충의 서식 범위가 18퍼센트 줄어든다.[6]

우리가 먹는 음식의 미래에 대해서는 이런저런 예상이 혼재하지만, 대부분은 암울한 예상이다. 밀을 포함한 많은 식물은 대기 중에 탄소가 많을 때 더 빨리 자라고 물을 더 필요로 한다. 반면에 미국에서 가장 많이 소비되는 작물로 1년에 약 500억 달러 이상의 가치를 생산하는 옥수수는 열에 특히 민감하다.[7] 아이오와주만 해도 1,300만 에이커의 땅에서 옥수수를 재배하고 있다.[8]

전 세계적으로 1에이커의 농장에서 얻을 수 있는 농작물 총량이 기후변화로 인해 얼마나 바뀔지는 지역마다 편차가 매우 크다. 몇몇 북부 지역에서 생산되는 농작물의 양은 증가할 수 있지만 대부분의 지역에서는 최소 2~3퍼센트에서 최대 50퍼센트까지 감소할 것이다. 기후변화로 남유럽의 밀 생산량과 옥수수 생산량이 21세기 중반까지 절반 수준으로 줄어들 수 있다. 사하라사막 이남의 아프리카에서 농부들은 농작물이 자랄 수 있는 시간이 20퍼센트 줄어들고 수백만 에이커의 농지가 심하게 건조해지는 광경을 보게 될 것이다. 이미 소득의 절반 이상을 식료품에 소비하는 사람이 많은 가난한 동네에서는 식료품 가격이 20퍼센트 이상 오를 수 있다. 중국의 극심한 가뭄은 전 세계 인구의 5분의 1이나 되는 사람들에게 밀, 쌀, 옥수수 등의 음식을 제공하는 중국의 농업 시스템을 어렵게 만들어 대규모 식량 위기를 일으키는 기폭제가 될 수 있다.

인위적으로 상승한 기온은 동물들에게도 좋지 않다. 기온이 상승하면 동물들의 생산성이 떨어지고 더 빨리 죽어 고기와 계란, 유제품이 더 비싸진다. 해산물에 의존하는 지역들도 위험에 빠진다. 바다가 따뜻해지고 있을 뿐만 아니라 산소가 부족한 바다가 확대되면서 해안 지역의 발전 양상도 극명하게 갈릴 것이다(기후변화로 인해 태평양 인근에 산소가 부족해 생물체가 살 수 없는 '데드존'이 확대되고 있다—옮긴이). 결과적으로 물고기와 해양 생물들은 다른 바다로 이동하거나 아니면 단순히 사라지고 있다. 온도가 섭씨 2도만 올라도 산호초가 완전히 사라져 바다 생태계가 파괴되고, 수십억 명의 사람들이 먹을 해산물도 위험해질 수 있다.

비는 내리지 않지만 폭우는 쏟아진다

1.5도와 2도의 차이는 그렇게 크지 않아 보일 수 있다. 하지만 기후 과학자들이 두 시나리오를 상정하고 시뮬레이션을 진행한 결과는 그다지 희망적이지 않다. 여러 면에서 볼 때 2도 상승은 1.5도 상승보다 단순히 33퍼센트 더 나빠지는 것이 아니라 100퍼센트

더 나빠지는 것이다. 지금보다 두 배가 넘는 사람들이 깨끗한 물을 얻는 데 어려움을 겪게 될 것이다. 열대 지역에서는 옥수수 생산량이 최대 절반 수준으로 떨어질 것이다.

기후변화가 초래할 이런 현상들은 그 자체만으로도 충분히 나쁘다. 그러나 기후변화의 영향은 그저 뜨거운 날씨와 홍수에만 그치지 않는다. 기후는 이보다 복잡하다. 기후변화가 끼치는 영향은 서로 간에 악순환을 만들어낸다.

예를 들어 날씨가 더워질수록 모기들은 더 쉽게 번식할 것이다(습한 지역을 좋아하는 모기들은 건조한 지역에서 습한 지역으로 이동한다). 따라서 우리는 말라리아를 포함해 곤충들이 옮기는 질병이 도처에서 발생하는 모습을 보게 될 것이다.

열사병도 큰 문제가 된다. 열사병은 무엇보다 습도와 연관성이 높다. 공기는 일정량의 수분만 머금을 수 있는데, 어느 수준을 넘어서면 공기는 더 이상의 수분을 머금을 수 없는 포화 단계에 도달한다. 이것이 왜 중요할까? 왜냐하면 인체의 열이 얼마나 식을 수 있는지는 땀이 증발할 때 공기가 얼마만큼 흡수할 수 있는지에 달려 있기 때문이다. 공기가 땀을 흡수할 수 없다면 당신이 얼마나 땀을 흘리건 간에 인체는 열을 식힐 수 없다. 체온이 계속 높은 상태로 지속되고 열을 식힐 수 없으면 당신은 몇 시간 안에 열사병으로 죽게 된다.

물론 열사병은 새로운 것이 아니다. 하지만 대기가 더 뜨거워지고 습해질수록 열사병은 더 큰 문제가 될 것이다. 페르시아만, 남아시아, 그리고 중국의 일부 지역 등 가장 위험한 지역에서는 매년 수백만 명의 사람이 목숨을 잃을 수 있다.

이런 현상들이 누적되면 어떤 일이 벌어질지 한번 생각해보자. 당신이 2050년 네브라스카에서 옥수수와 콩을 재배하고 소를 키우는 젊고 성공한 농부라고 상상해보라. 기후변화는 당신과 당신의 가족에게 어떤 영향을 끼칠까?

당신은 해안가에서 멀리 떨어진 미국 중부에 살기 때문에 해수면 상승은 당신에게 직접적으로 영향을 끼치지 않는다. 하지만 더위는 다르다. 당신이 아직 어린아이였을 2010년대에는 기온이 섭씨 32도를 넘는 날이 1년에 33일 있었다. 지금은 이 정도로 더운 날이 매년 65~70일이나 된다. 예상 강수량도 믿을 것이 못 된다. 당신이 어렸을 때는 매년 63.5센티미터 정도의 비가 내렸지만, 이제는 최소 55.9센티미터에서 최대 73.7센티미터로 널뛰기를 한다.

어쩌면 당신은 더운 날씨와 예측할 수 없는 강수량에 적응해 사업을 운영할 수도 있다. 몇 년 전 당신은 뜨거운 열에 더 잘 견디는 새로운 농작물에 투자했고, 날씨가 가장 나쁠 때 굳이 밖에 나가지 않아도 되는 해결책을 찾았다. 비록 새로운 농작물이나 이런 해결책에 더 많은 돈을 쓰게 된 것은 탐탁지 않았지만, 별 수 있겠는가?

그러던 어느 날, 예고도 없이 강력한 폭풍이 몰아쳤다. 근처의 강이 범람하면서 몇십 년 동안 강물을 막아주었던 제방이 무용지물이 되었다. 당신의 농장은 이미 침수되었다. 당신의 부모라면 이 홍수를 100년에 한 번 일어날까 말까 하는 홍수라고 불렸겠지만, 이제 당신은 이런 규모의 홍수가 10년에 한 번 일어나면 오히려 다행이라고 생각한다. 홍수로 인해 당신의 옥수수와 콩이 강물에 씻겨 내려갔고 저장해둔 곡물은 흠뻑 젖고 썩기 시작해 폐기 처분을 해야만 한다. 이론적으로 당신은 손실을 만회하기 위해 소를 팔 수도 있겠지만, 소들이 먹을 여물도 강물과 함께 사라졌기 때문에 소들이 팔릴 때까지 버텨줄지도 걱정이다.

물이 빠지고 나면 마을의 도로와 다리, 철도는 더 이상 사용할 수 없다는 사실을 알게 된다. 이런 상황에서는 당신이 안전하게 지킨 곡물을 마을 밖으로 보낼 수도 없을 뿐만 아니라 다음 모내기철에 필요한 씨를 트럭에 실어 가져오는 것도 매우 힘들다. 물론 이 모든 것은 당신의 농지가 완전하게 망가지지 않았을 때를 가정한 이야기다. 이 모든 것들로 인해 당신은 농사일을 끝내고 당신 가족이 수 세대 동안 일구었던 땅을 팔아야 할 수도 있다.

내가 극단적인 사례만 취사선택한 것처럼 보일 수도 있다. 하지만 이런 일들은 특히 가난한 농부들에게 이미 벌어지고 있다. 그리고 몇십 년 안에 훨씬 더 많은 사람에게 이런 일들이 벌어질 것이다. 나쁘게 들리겠지만, 전 세계적인 관점에서 바라본다면 기후변화는 세계에서 가장 가난한 10억 명의 사람들에게 훨씬 더 혹독하다는 사실을 알게 될 것이다. 이들은 이미 하루하루 버겁게 살아가는 사람들이며, 기후변화는 이들의 상황을 더 악화시킬 것이다.

이제 당신이 인도 시골 지역에 사는 자급자족 농민이라고 생각해보자. 자급자족 농민이란, 당신의 가족은 당신이 기르고 재배한 곡식을 먹는다는 말이다. 풍년일 때는 가족들이 먹고 남은 곡식을 시장에 내다 팔아 아이들에게 필요한 약을 구입하고 아이들을 학교에 보낼 수 있다. 하지만 불행히도 폭염이 너무 심해지면서 당신의 마을은 더 이상 살기 힘든 동네가 되어간다. 섭씨 48.9도가 넘는 날이 며칠이나 계속되었으며, 곡물을 먹어치우는 곤충들이 들끓기 시작하면서 곡물을 재배하기란 불가능에 가까워졌다. 우기 때 인도의 다른 지역들은 홍수를 겪지만, 당신의 마을은 평상시보다 훨씬 적은 양의 비가 내려 사람들이 마실 물을 얻기가 매우 힘들어졌다. 가족이 먹을 음식을 준비하는 것조차 점점 버거워진다.

당신은 이미 큰아들을 몇백 킬로미터 떨어진 대도시에 일을 하도록 보냈다. 더 이상 먹일 음식이 없기 때문이다. 당신 이웃 중 한 명은 가족을 더 이상 부양할 수 없다는 이유로 스스로 목숨을 끊었다. 당신과 당신의 가족은 익숙한 땅에서 삶을 이어가기 위해 계속 노력해야 할까, 아니면 땅을 버리고 새로운 일을 찾을 수 있는 대도시로 옮겨 가야 할까?

이는 고통스러운 결정이다. 하지만 이런 선택은 이미 전 세계의 많은 사람이 직면하고 있는 일이며, 가슴 아픈 결과로 이어지고 있다. 시리아에서는 2007년부터 2010년까지 계속된 최악의 가뭄 때문에 약 150만 명의 사람들이 고향에서 쫓겨나 도시로 이주했으며, 이는 2011년에 발발한 시리아 내전의 씨앗이 되었다(시리아 내전이 일어난 데에는 여러 이유가 있지만 물 부족으로 인한 정치적 불안도 그중 하나였다—옮긴이). 기후변화로 인해 발생 가능성이 세 배로 증가한 가뭄이었다.[9] 2018년 기준 약 1,300만 명의 시리아 난민이 발생했다.

이 문제는 더 악화될 것이다. 기후변화의 충격과 유럽연합으로의 망명 신청 수 사이의 상관관계를 살펴본 한 연구에서는 적정 수준의 온난화가 진행된다 하더라도 21세기 말이 되면 망명 신청자 수는 최대 28퍼센트 증가해 매년 45만 명의 망명자가 발생할 것이라고 주장했다.[10] 또한 2080년이 되면 곡물 수확량이 낮아져서 멕시코 성인 인구의 2~10퍼센트가 미국 국경을 넘을 것이라고 예측했다.

이 모든 것을 더 쉽게 이해할 수 있도록 코로나19 상황으로 바꿔서 설명해보겠다. 기후변화가 초래할 피해를 알고 싶다면 코로나19가 훨씬 더 오랜 기간 동안 지속돼 고통을 가중시키는 상황을 상상해보라. 이 팬데믹이 초래한 인명 피해와 경제적 어려움은 탄소 배출량을 제거하지 않으면 주기적으로 일어나게 될 피해와 동일한 수준이다.

인명 피해부터 시작해보자. 코로나19로 인한 인명 피해와 기후변화로 인한 인명 피해 중 어떤 것이 더 큰 피해를 초래할까? 코로나19 팬데믹은 2020년에 일어났으며 기후변화는 그보다 미래의 일(예컨대 2030년이라고 해보자)로 다른 시점에 일어날 일이며, 그 사이 세계 인구도 변할 것이기 때문에 직접적인 수치를 비교하기는 어렵다. 대신 10만 명당 사망자 수를 나타내는 사망률을 사용해보자.

1918년 스페인 독감과 코로나19 팬데믹의 데이터를 사용해 평균을 내면, 글로벌 팬데믹이 세계 사망률을 얼마만큼 증가시키는지 추정할 수 있다. 분석 결과, 팬데믹으로 인해 매년 10만 명당 14명이 사망하는 것으로 나타났다.

　　기후변화와 비교하면 어떨까? 21세기 중반이 되면 기온 상승으로 인한 세계 사망률은 10만 명당 14명으로 팬데믹과 같은 수준으로 올라갈 것으로 예상된다. 21세기 말에 탄소 배출량 증가율이 계속 높게 유지된다면, 기후변화로 인한 추가 사망률은 10만 명당 75명에 이를 것이다.

　　다시 말해 21세기 중반까지 기후변화는 코로나19만큼 치명적일 것이며, 2100년이 되면 다섯 배나 더 큰 사망률을 기록하게 될 것이다.

　　경제 전망 역시 암울하다. 기후변화와 코로나19가 경제에 어떤 영향을 끼치는지는 어떤 경제 모델을 사용하느냐에 따라 상당히 다르게 나타난다. 하지만 결론은 분명하다. 앞으로 10년이나 20년 내로 기후변화가 경제에 끼치는 영향은 코로나19 규모의 팬데믹이 10년마다 발생하는 것만큼이나 심각할 것이다. 그리고 현재의 배출량을 계속 유지한다면 훨씬 더 나빠질 것이다.*

---

* 논리는 이렇다. 최근 경제 모델에 따르면 2030년까지 기후변화로 인해 미국은 매년 GDP의 0.85퍼센트에서 1.5퍼센트의 피해를 입을 것이다. 한편 코로나19로 인해 미국 GDP는 7퍼센트에서 10퍼센트의 피해를 입을 것으로 추정된다. 만약 비슷한 전염병이 10년에 한 번 발생한다고 가정하면 매년 평균적으로 GDP의 0.7퍼센트에서 1퍼센트의 피해를 입는 것과 같으며, 이는 기후변화로 인한 피해와 거의 같다.

만약 당신이 기후변화 뉴스를 관심 있게 봐왔다면 이런 이야기의 대부분은 익숙하게 들렸을 것이다. 하지만 기온이 상승할수록 이런 문제들은 더욱 빈번하고 심각하게 발생할 것이며, 더 많은 사람이 피해를 입을 것이다. 기후변화로 인해 상대적으로 갑작스러운 재앙이 발생할 가능성도 있다. 예를 들어 땅이 계속 얼어 있는 영구동토층(평균 온도가 영하 이하로 유지되는 땅—옮긴이)이 따뜻해져 갑자기 녹으면 그 속에 매장되어 있던 어마어마한 양의 온실가스(대부분이 메탄일 것이다)가 배출될 수도 있다.

아직 과학적으로 불확실하다 해도 우리는 나쁜 일이 다가온다는 것을 충분히 알고 있다. 이와 관련해서 우리가 할 수 있는 일이 두 가지 있다.

적응. 우리는 이미 벌어졌거나 앞으로 벌어질 기후변화의 영향을 최소화하기 위해 노력할 수 있다. 기후변화는 세계에서 가장 가난한 사람들에게 큰 영향을 미칠 것이고, 세계에서 가장 가난한 사람들은 대부분 농부들이다. 따라서 적응은 게이츠 재단의 농업팀에게 가장 중요한 업무다. 예를 들어 우리는 앞으로 수십 년 동안 더 빈번하고 가혹하게 일어날 가뭄과 홍수를 견딜 수 있는 새로운 종류의 농작물 연구에 많은 투자를 하고 있다. 적응에 대해서, 그리고 이를 위해 우리가 무엇을 해야 하는지는 9장에서 소개할 것이다.

완화. 하지만 이 책의 주된 내용은 적응이 아니다. 이 책은 우리가 해야 할 또 다른 일, 즉 대기권에 온실가스를 더 이상 배출하지 않는 것에 대한 책이다. 재앙을 막기 위해서는 세계에서 가장 큰 배출자들, 즉 부자 나라들이 2050년까지 순 제로net-zero를 달성해야만 한다. 중간소득 국가들도 곧이어 순 제로 달성에 동참해야 하며, 궁극적으로는 나머지 나라들도 뒤따라야 한다.

나는 부자 나라들이 먼저 시작해야 한다는 말에 어떤 사람들은 반대한다고 들었다. "우리가 왜 짐을 먼저 짊어져야 하나요?" 단순히 우리가 문제를 가장 크게 일으켰기 때문은 아니다(그렇지만 사실이기는 하다). 이는 또한 엄청난 경제적 기회이기도 하다. 훌륭한 제로 탄소 기업과 산업을 구축한 나라가 다음 세대에 세계 경제를 이끌어갈 것이기 때문이다.

부자 나라들은 혁신적인 기후 솔루션을 개발하기에 가장 적합하다. 이들 국가에는 정부의 지원과 전 세계에서 최고의 인재를 끌어들이는 연구 대학, 국립 연구원, 그리고 기업들이 있기 때문이다. 따라서 이들이 앞장서야 한다. 어느 나라든 중요한 에너지 기술 혁신을 이뤄내고, 이런 혁신을 전 세계에 저렴하게 공급할 방법을 개발한다면 신흥국에서 잠재적 고객을 찾을 수 있을 것이다.

나는 제로로 갈 수 있는 다양한 길이 있다고 생각한다. 상세한 내용으로 들어가기 전에 우리는 이 여정이 얼마나 힘들지 살펴볼 필요가 있다.

빌 게이츠, 기후재앙을 피하는 법

2

어려울 것이다
This Will Be Hard

이 장의 제목이 우울하다고 생각하지 않았으면 한다. 나는 제로 탄소가 달성할 수 있는 목표라고 믿으며, 이제 곧 독자들도 알게 되리라 생각한다. 앞으로 내가 왜 이렇게 생각하는지, 그리고 그 목표를 달성하기 위해 무엇이 필요한지 설명할 것이다. 하지만 우리가 얼마나 많은 일을 해야 하는지, 그리고 극복해야 할 장애물은 무엇인지에 대해서 솔직하게 의논하지 않으면 기후변화와 같은 문제를 해결할 수 없다. 우리는 분명 해결책(물론 여기에는 화석연료에서 빠르게 벗어나는 방법이 포함된다)을 찾을 것이지만, 우선 우리 앞에 놓인 어려운 과제들을 살펴보자.

화석연료는 물과 같다. 나는 작가 고故 데이비드 포스터 월리스David Foster Wallace의 팬이다. 그는 2005년 케니언 칼리지 졸업 연설에서 이렇게 말했다.

두 젊은 물고기가 물속에서 함께 헤엄치고 있었습니다. 그러다가 반대편에서 나이 든 물고기를 만나게 되죠. 그 물고기는 젊은 물고기들에게 고개를 끄덕이며 "좋은 아침이야. 오늘은 물 깨

도대체 물이란 게 뭐지?[1]

꿋하지?"라고 하며 지나갑니다. 두 젊은 물고기는 조금 더 헤엄
치다가 한 물고기가 다른 물고기에게 이렇게 물어봅니다. "도대
체 물이란 게 뭐지?"*

월리스는 "물고기 이야기의 요점은 무엇일까요? 가장 명백
하고 흔하며 중요한 현실은 종종 보기도 어렵고 이야기하기도
어렵다는 것입니다"라고 설명했다.

화석연료도 마찬가지다. 화석연료를 포함한 모든 온실가스
는 너무 광범위하게 사용되어 이들이 우리 삶에 어떤 영향을 주
는지 파악하기 어렵다. 화석연료가 우리 삶에 얼마나 깊이 스며
들었는지는 우리에게 친숙한 일상적인 물건들을 예시로 들면

---

* 〈이것이 물이다This is Water〉 전문은 bulletin-archive.kenyon.edu에서 확인 가능하다. 아주 멋진
연설이다.

이해하기 쉬울 것이다.

오늘 아침에 양치를 했는가? 당신이 사용한 칫솔에는 아마도 화석연료인 석유로 만들어진 플라스틱이 포함되어 있을 것이다. 오늘 아침 당신이 먹은 토스트와 시리얼을 만드는 데 사용된 곡물은 비료를 사용해 재배되는 과정에서 온실가스를 배출했다. 그리고 강철(강철을 만드는 과정에서 화석연료가 사용되고 탄소가 배출된다)로 만들어지고 휘발유로 움직이는 트랙터로 재배되었을 것이다. 나는 종종 점심으로 햄버거를 먹는데, 햄버거 패티에 들어가는 고기를 만들 때도 온실가스가 배출된다. 소가 트림을 하고 방귀를 뀌면서 메탄이 방출되기 때문이다. 그리고 햄버거 빵을 만드는 밀을 재배하고 수확할 때도 온실가스가 배출된다.

오늘 당신이 입은 멋진 옷은 역시 비료와 트랙터로 재배된 면화로 만들어졌을지도 모른다. 혹은 에틸렌으로 만들어진 폴리에스테르 옷일 수도 있다. 에틸렌은 석유에서 나온다. 만약 당신이 화장지를 사용했다면 당신은 너무나도 많은 나무를 베고 탄소를 배출한 셈이다.

당신이 학교나 회사에 가기 위해 차를 탔다면 그 차가 설령 전기차라고 해도 그 전기를 생산하는 데 화석연료가 사용되었을 것이다. 당신이 탄 기차는 강철로 만들어진 선로를 따라 움직였을 것이고, 제조 과정에서 탄소가 배출된 시멘트로 지어진 터널을 지났을 것이다. 당신이 탄 차나 버스는 강철과 플라스틱으로 만들어졌다. 지난 주말 당신이 탔던 자전거 또한 마찬가지다. 당신이 자전거로 달렸던 도로는 시멘트뿐 아니라 석유로 만

빌 게이츠, 기후재앙을 피하는 법

들어진 아스팔트로 되어 있을 것이다.

아파트에 사는 사람들은 시멘트 더미 속에서 사는 것과 같다. 설사 당신이 나무로 만들어진 주택에 산다 하더라도, 그 나무는 강철과 플라스틱으로 만들어졌고 휘발유로 작동되는 기계들에 의해 베어지고 다듬어졌을 것이다. 당신이 집이나 사무실에서 사용하는 난방 기기와 에어컨은 상당한 양의 에너지를 사용하고 있을 뿐만 아니라, 에어컨의 냉각수는 강력한 온실가스가 될 수 있다. 당신이 지금 편하게 앉아 있는 금속이나 플라스틱으로 된 의자를 만드는 과정에서도 온실가스가 배출된다.

또한 칫솔부터 건축 자재까지 위에서 언급했던 물건들은 화석연료를 사용해 만들어지고 화석연료로 움직이는 트럭이나 비행기, 기차, 또는 배 등으로 운반되었다.

쉽게 말해 화석연료는 어디에나 존재한다. 석유를 예로 들어보자. 세계는 매일 40억 갤런(약 150억 리터)이 넘는 석유를 사용한다. 비단 석유가 아니라 그 정도 양의 다른 무언가를 사용하고 있다 하더라도, 그것이 안 좋다는 이유로 당장 하룻밤 만에 사용하기를 멈출 수 있겠는가?

이것만이 아니다. 화석연료를 사용하는 또 다른 중요한 이유가 있다. 매우 저렴하기 때문이다. **석유는 탄산음료보다 싸다**고 할 수 있을 정도다. 이 말을 들었을 때 나는 믿을 수가 없었다. 하지만 사실이다. 계산을 해볼까? 석유 한 배럴은 42갤런(약 160리터)이다. 2021년 기준 한 배럴당 가격은 70달러였고 따라서 석유 1갤런(약 3.8리터)은 1.67달러였다.[2] 한편 코스트코에서 파는 8리터짜리 탄산음료는 6달러인데, 갤런으로 단위를 바꾸면 갤런당 2.85달러(리터당 약 0.75달러)다.

유가의 변동 폭이 크다는 점을 감안해도 결론은 같다. 매일같이 전 세계 사람들은 다이어트 콜라보다도 싼 제품을 40억 갤런이나 사용하고 있다.

화석연료가 싼 것은 우연이 아니다. 화석연료는 풍부하며 쉽게 운반할 수 있다. 그동안 우리는 석유를 시추하고 가공한 뒤 운반하면서도 유가를 계속 낮게 유지할 수 있는 혁신을 꾸준하게 이뤄내는 거대한 산업을 키웠다. 그리고 유가에는 석유가 시추되고 태워지면서 초래하는 기후변화, 오염, 환경 파괴와 같은 피해는 반영되지 않는다. 이 문제에 대해서는 10장에서 더욱 자세하게 다룰 예정이다.

이 거대한 문제를 생각하는 것만으로도 골치가 아플 수 있다. 그렇다고 두 손 놓고 가만히 있을 수는 없다. 만약에 우리가 이미 보유한 깨끗하고 재생 가능한 에너지원을 사용하는 동시에 제로 탄소 에너지 기술 분야에서 혁신을 일으킨다면, 탄소의 순 배출량을 제로로 줄일 수 있는 방법을 찾을 수 있을 것이다. 핵심은 위에서 언급한 방식을 지금의 기술과 비슷한 수준으로 저렴하게 만드는 것이다.

하지만 우리는 서둘러야 한다. 왜냐하면……

부자 나라들만의 문제는 아니다. 거의 모든 곳에서 사람들은 더 건강하고 오래 산다. 삶의 질은 개선되고 있다. 자동차, 도로, 빌딩, 냉장고, 컴퓨터, 에어컨에 대한 수요는 증가하고 있다.

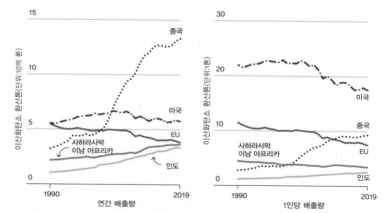

배출량 현황. 미국과 유럽 같은 선진국의 탄소 배출량은 정체되었거나 심지어 감소하기도 했다. 하지만 개발도상국의 배출량은 빠르게 증가하고 있다. (UN Population Division, Rhodium Group)[3]

그러면서 이들을 작동시키는 에너지의 수요도 증가하고 있다. 그 결과 1인당 사용하는 에너지양은 증가할 것이고, 1인당 배출하는 온실가스양 역시 증가할 것이다. 심지어 이 모든 에너지를 만들기 위해 필요한 풍력 발전용 터빈, 태양광 전지판, 원자력발전소, 그리고 전력 저장 시설 등의 인프라를 구축하는 과정에서도 온실가스가 많이 배출된다.

1인당 에너지 사용량만 늘어나는 것이 아니다. 세계 인구 또한 늘어나고 있다. 세계 인구는 21세기 말이 되면 100억 명으로 증가할 것으로 전망된다. 그리고 인구 증가의 대부분은 탄소를 많이 사용하는 도시에 집중되고 있다. 도시의 성장 속도는 놀랄 만하다. 중국, 인도, 나이지리아와 같은 개발도상국의 성장에 힘입어 2060년이 되면 세계의 빌딩은 지금보다 두 배가 될 것이

향후 40년 동안 매월 뉴욕시와 동일한 수준의 도시가 만들어질 것이다.[4]

다. 이는 앞으로 40년 동안 매월 뉴욕시와 같은 규모의 도시가
세워지는 것과 같다.

빌 게이츠, 기후재앙을 피하는 법

경제성장과 도시화는 많은 사람의 삶의 질을 향상시키기에 좋은 소식이지만, 기후변화에는 나쁜 소식이다. 세계에서 가장 부유한 16퍼센트의 사람들이 세계 배출량의 약 40퍼센트를 배출한다는 점을 생각해보자. 이 수치는 다른 지역에서 생산되지만 부자 나라에서 소비되는 제품을 만드는 데 나오는 배출량을 포함하지 않은 수치다. 그렇다면 더 많은 사람들이 가장 부유한 16퍼센트의 사람들처럼 살기 시작하면 어떤 일이 일어날까? 2050년까지 전 세계 에너지 수요는 50퍼센트 증가할 것이며, 우리가 아무것도 하지 않는다면 탄소 배출 역시 이 정도 증가할 것이다. 심지어 오늘날 부유한 국가들이 마법처럼 제로 탄소를 달성한다 하더라도 나머지 국가들이 더 많은 양의 탄소를 배출할 것이다.

사다리 아래에서 올라오려고 발버둥 치는 사람들을 막는 것은 부도덕할 뿐만 아니라 비현실적이기도 하다. 부자 나라들이 지금까지 너무 많은 온실가스를 배출했다고 해서 가난한 사람들에게 계속 가난하게 살라고 할 수는 없다. 우리가 원한다고 해서 그렇게 될 일도 아니다. 대신에 우리는 저소득층 사람들이 기후변화를 악화시키지 않고 사다리를 올라올 수 있도록 해야 한다. 우리는 대기권에 더 이상의 탄소를 배출하지 않으면서도 더 많은 에너지를 생산해야 하고, 더군다나 최대한 빨리 제로를 달성해야 한다는 현실에 직면해 있다. 하지만 불행히도……

역사는 우리 편이 아니다. 과거에 일어났던 역사적 전환이 얼마나 오래 걸렸는지를 생각하면 '최대한 빨리'라는 말은 굉장

세계의 많은 농부들은 아직도 고대의 기술을 사용하는데, 이는 그들이 빈곤에서 벗어나오지 못하는 이유 중 하나다. 그들도 현대적 장비를 갖추고 최신 농사법을 배워야 한다. 하지만 그러면 더 많은 온실가스가 배출된다.[5]

히 오랜 시간을 일컫는 말이다. 우리가 에너지 전환을 아예 못 했던 것은 아니지만 이런 과정이 몇십 년씩이나 걸렸던 것은 사실이다(이 주제에 대해 읽은 책 중 가장 훌륭한 책은 바츨라프 스밀의《에너지 전환Energy Transitions》과《에너지 신화와 현실Energy Myths and Realities》이다. 다음의 내용은 이 책에서 빌려 온 내용이다).

인류 역사의 대부분 동안 우리의 주된 에너지원은 우리의 근육, 쟁기를 끌 수 있는 동물들, 그리고 우리가 태운 식물들이었다. 1890년대 후반까지만 해도 화석연료는 세계 에너지 소비량의 절반도 안 되었다. 중국에서는 1960년대가 되어서야 화석연료가 전체 에너지 소비의 절반을 차지하기 시작했다. 그리고 아

시아의 일부 지역과 사하라사막 이남의 아프리카에는 아직 이런 변화가 일어나지 않은 곳들도 있다.[6]

석유가 우리가 사용하는 에너지의 큰 부분을 차지하기까지 얼마나 긴 시간이 걸렸는지 생각해보자.[7] 우리는 1860년대부터 석유를 상업적 목적으로 생산하기 시작했다. 반세기가 지난 후에도 석유는 세계 에너지 공급의 10퍼센트만을 차지했다. 그 수치가 25퍼센트가 되기까지는 30년이라는 시간이 더 걸렸다.

천연가스도 비슷한 길을 걸었다.[8] 1900년에 천연가스는 세계 에너지 사용량의 1퍼센트에 불과했다. 이 수치가 20퍼센트가 되기까지는 그 후로 70년이 걸렸다. 핵분열은 이것보다 빨라서 0퍼센트에서 10퍼센트까지 가는 데 27년이 걸렸다.

다음 그래프는 에너지원이 처음 사용되기 시작했을 때부터 60년이 지나는 동안 얼마나 사용 비중이 증가했는지를 보여준다. 1840년부터 1900년까지 석탄은 세계 에너지 공급의 5퍼센트에서 거의 50퍼센트로 성장했다. 하지만 천연가스는 1930년부터 1990년까지 60년이 지나는 동안 20퍼센트까지밖에 올라가지 못했다. 이처럼 에너지 전환에는 오랜 시간이 걸린다.

연료만 문제가 아니다. 새로운 유형의 자동차를 도입하는 데에도 오랜 시간이 걸린다. 내연기관은 1880년대에 최초로 개발되었다. 그렇다면 도심에 거주하는 모든 가정의 절반이 차를 구매하는 데 얼마나 걸렸을까? 미국에서는 30~40년이 걸렸고, 유럽에서는 70~80년이 걸렸다.

더욱이 우리에게 지금 필요한 에너지 전환은 과거에는 전혀

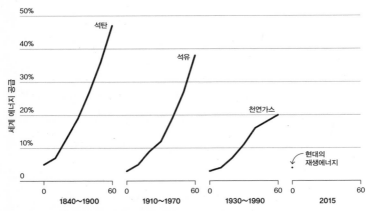

새로운 에너지원을 도입하기까지는 굉장히 오랜 시간이 걸린다. 석탄이 세계 에너지원의 5퍼센트에서 거의 50퍼센트로 증가하는 데 60년이 걸린 것을 주목해보라. 천연가스는 같은 기간에 20퍼센트까지밖에 증가하지 못했다.(바츨라프 스밀, 《에너지 전환》)[9]

문제가 되지 않았던 요소에 의해 추진되고 있다. 과거에 우리가 한 에너지원에서 다른 에너지원으로 전환했던 이유는 새로운 에너지원이 더 싸거나 더 효율적이기 때문이었다. 예를 들어 우리가 나무 대신 석탄을 더 많이 사용하기 시작한 이유는 1킬로그램의 나무보다는 1킬로그램의 석탄에서 더 많은 열과 불빛을 얻을 수 있기 때문이었다.

좀 더 최근에 미국에서 일어난 일을 예로 들어보자. 우리는 전기를 생산하는 데 석탄보다 천연가스를 더 많이 사용하기 시작했다. 왜 그럴까? 새로운 시추 기술의 발전으로 천연가스 가격이 훨씬 더 싸졌기 때문이다. 즉, 환경의 문제가 아니라 경제의 문제였던 것이다. 사실 천연가스가 석탄보다 더 나쁜지 더 좋은지는 이산화탄소 환산톤이 계산되는 방식에 달렸다. 일부

과학자들은 천연가스가 처리되는 동안 누출되는 양에 따라 천연가스가 실제로는 석탄보다 기후변화에 더 나쁠 수 있다고 주장해왔다.[10]

시간이 지날수록 우리는 자연스럽게 재생에너지를 더 많이 사용하게 될 것이다. 하지만 현재의 제도와 기술에만 맡긴다면 이 변화는 우리가 원하는 속도로 빠르게 이루어지지 않을 것이며, 4장에서 살펴볼 내용처럼 혁신이 없다면 제로를 달성하는 데 충분하지 않을 것이다. 우리는 부자연스러울 정도로 빠른 에너지 전환을 강제하다시피 해야 한다. 이런 과정에서 공공 정책과 기술이 우리가 과거에 경험해보지 않았던 수준으로 복잡해질 수 있다.

그런데 에너지 전환은 왜 이렇게 오래 걸리는가? 왜냐하면……

석탄발전소는 컴퓨터 칩과 다르다. 무어의 법칙을 들어봤는가? 이 법칙은 1965년 고든 무어가 마이크로프로세서의 성능이 2년마다 두 배씩 향상될 것이라고 예측한 데서 생겨났다. 고든 무어는 옳았다. 무어의 법칙은 컴퓨터 산업과 소프트웨어 산업이 지금까지의 방식으로 성장한 중요한 이유로 꼽힌다. 프로세서의 성능이 향상될수록 우리는 더 나은 소프트웨어를 만들 수 있고, 이는 컴퓨터의 수요를 이끌어 하드웨어 컴퓨터 생산업체들이 제품을 계속 향상시킬 동기를 제공한다. 더 나은 컴퓨터는 더 좋은 소프트웨어가 개발될 수 있는 토대가 된다. 이렇게 선순환이 일어난다.

무어의 법칙은 기업들이 트랜지스터(컴퓨터를 작동시키는 작은 스위치)를 더 작게 만드는 새로운 방법을 계속 발견해왔기 때문에 유지되는 것이다. 작은 트랜지스터가 개발되면 트랜지스터들을 서로의 위에 쌓을 수 있다. 오늘날 개발된 컴퓨터 칩에는 1970년대에 만들어진 것보다 약 100만 배 더 많은 트랜지스터가 들어가 있다. 물론 그만큼 성능도 월등하다.

어쩌면 에너지 산업도 컴퓨터 기술처럼 빠르게 발전할 수 있지 않을까? 실제로 몇몇 사람들은 무어의 법칙의 예를 들어 에너지 산업도 컴퓨터 칩과 같이 기하급수적으로 발전할 수 있다고 말한다. 컴퓨터칩이 이렇게 빨리 이렇게 크게 발전했다면 자동차나 태양광 전지판이 발전하지 못할 이유가 있을까?

불행히도 그럴 이유가 있다. 컴퓨터 칩은 특별한 경우다. 컴퓨터 칩이 발전한 이유는 트랜지스터를 작게 만들어 위에 계속 쌓아 올리는 기술을 개발했기 때문이다. 하지만 자동차가 백만 배나 더 적은 휘발유를 사용할 수 있도록 하는 기술은 없다. 1908년 헨리 포드의 공장에서 처음으로 개발되어 출시된 모델 T의 주행거리는 갤런당 21마일(리터당 약 9킬로미터)이었다. 이 책을 쓰는 현재, 시장에 나온 가장 좋은 하이브리드 차의 주행거리는 갤런당 58마일(리터당 약 25킬로미터)이다. 한 세기가 넘는 기간 동안 연비는 세 배가 약간 안 되게 발전한 셈이다.

태양광 전지판도 백만 배 향상되지 않았다. 1970년대에 개발된 최초의 결정질 태양전지는 태양광의 약 15퍼센트를 전기로 전환했다. 오늘날 이 수치는 25퍼센트 정도다. 이 정도만 해도 발전이긴 하지만 무어의 법칙과 비교하기에는 무리가 있다.

기술은 에너지 산업이 컴퓨터 산업처럼 빠르게 변할 수 없는 한 가지 이유일 뿐이다. 규모도 문제다. 에너지 산업은 5조 달러 규모의 거대한 산업이며 세계에서 가장 큰 산업 중 하나다. 이 정도로 크고 복잡한 것은 변화에 저항한다. 의식적이든 아니든 에너지 산업은 관성에 젖어 있다.

이해를 돕기 위해 소프트웨어 비즈니스가 어떻게 운영되는 지 알아보자. 우선 소프트웨어 비즈니스에서는 당신의 제품을 승인할 규제 당국이 없다. 설령 당신이 완벽하지 않은 소프트웨어를 출시하더라도 소비자들은 그 소프트웨어의 편익이 높다고 느끼면 열정적으로 개선 방법에 대한 피드백을 해줄 것이다. 게다가 제품 개발에 투입되는 비용은 선불이나 마찬가지다. 제품이 한번 개발되면 대량 생산 하는 데 투입되는 한계비용은 0에 가깝기 때문이다.

이제 소프트웨어 산업을 제약 산업과 비교해보자. 나는 게이츠 재단의 업무 때문에 제약 산업에 대해 자세히 공부할 기회가 있었다. 신약을 시장에 출시하는 과정은 새로운 소프트웨어를 시장에 출시하는 것보다 훨씬 더 복잡하다. 결함이 있는 애플리케이션보다는 사람들을 아프게 하는 약이 훨씬 더 나쁘다는 점을 고려하면 당연하다. 기초 연구를 수행하고, 약을 개발하고, 임상 실험을 위해 규제 당국의 승인을 받는 등 필요한 모든 단계를 거친 뒤 개발된 신약이 소비자들의 손에 들어가게 될 때면 몇 년이 훌쩍 지난다. 하지만 일단 약의 효과가 입증되면 그

다음부터는 일사천리다. 추가 생산에는 큰돈이 들지 않는다.

이제 에너지 산업과 비교해보자. 우선 매몰비용으로 치부될 거대한 자본비용이 필요하다. 만약 10억 달러를 석탄발전소 건설에 사용해도 두 번째 석탄발전소를 더 싸게 지을 수 있는 것은 아니다. 그리고 투자자들은 석탄발전소가 30년 정도는 문제없이 운영될 것이라는 기대감을 가지고 투자한다. 만약 10년 후 누군가가 더 나은 기술을 개발한다고 해도 이미 건설한 석탄발전소를 폐쇄하고 새로운 발전소를 바로 짓지는 않을 것이다. 최소한 막대한 금전적 보상이나 강제성이 있는 정부 규제가 없다면 말이다.

우리 사회는 에너지 산업에서 큰 리스크를 용납하려 하지 않는다. 충분히 이해할 만하다. 우리는 안정적인 전기를 필요로 하기 때문이다(스위치를 누르는 순간 전기가 들어와야 한다). 특히 안전은 절대 무시할 수 없는 요소다. 실제로 안전에 대한 우려 때문에 미국에서는 새로운 원자력발전소 건설이 거의 중단되었다. 스리마일섬(1979년 미국 펜실베이니아주 스리마일섬에 위치한 원자력발전소에서 발생한 방사능 누출 사고는 7년 후 체르노빌 사건이 발생하기 전까지 원전 사고의 대명사로 꼽혔으며, 그 후 30년 동안 원전에 대한 미국인들의 인식을 완전히 바꿨다―옮긴이)과 체르노빌 사고 이후, 미국에서는 단 두 기의 원자력발전소만 건설되었다. 한 해에 모든 원자력 관련 사고로 사망하는 사람보다 석탄발전소에 의한 오염으로 사망하는 사람의 수가 더 많음에도 말이다.

우리가 알고 있는 것이 설령 틀렸더라도, 우리는 '알고 있는 것'을 바꾸지 않고 계속 고집하려는 동기가 강하다. 우리가 해야 할 일은 그 동기를 바꾸어 원하는 바(안정적이고 안전한)를 모두 충족하고 원하지 않는 바(화석연료에 대한 의존도)를 모두 제거한 에너지 시스템을 구축하는 것이다. 하지만 이는 쉽지 않을 것이다. 왜냐하면……

우리의 법과 규제는 지나치게 시대에 뒤떨어져 있다. '정부 정책'이라는 말은 사람들에게 직접적으로 와닿지 않는 경우가 많다. 하지만 세금부터 환경 규제까지 망라하는 정부 정책은 사람들과 기업들의 행동 양식에 큰 영향을 끼친다. 제대로 된 정부 정책을 내놓지 못하면 우리는 제로를 달성하지 못할 것이다. 하지만 아직 갈 길이 멀다(여기서 내가 말하는 정부는 미국 정부를 의미하지만, 다른 나라에도 똑같이 적용된다).

한 가지 문제는 오늘날의 많은 환경법과 규제는 기후변화를 염두에 두고 설계되지 않았다는 점이다. 이런 법과 규제는 다른 문제를 해결하기 위해 도입되었고, 이제 우리는 이런 법과 규제를 온실가스 배출을 줄이는 데 사용하려 하고 있다. 1960년대에 만들어진 컴퓨터로 인공지능을 만드는 격이다.

예를 들어 대기질과 관련하여 가장 대중에게 잘 알려진 법인 대기청정법Clean Air Act에서는 온실가스라는 단어를 거의 언급하지 않는다. 놀랄 일도 아닌 게, 이 법은 기온 상승에 대처하기 위해서가 아니라 대기오염으로 인한 건강상의 위험을 줄이기 위해 1970년대에 제정되었기 때문이다.

아니면 기업 평균 연비 기준CAFE, Corporate Average Fuel Economy으

로도 알려진 자동차 연비 기준을 생각해보자. 이 기준은 치솟는 유가 때문에 미국인들이 연비가 더 효율적인 자동차에 눈을 돌리기 시작하던 1970년대에 도입되었다. 효율적인 연비는 그 자체로도 훌륭하지만, 더 많은 전기차가 필요한 지금 이 시점에 기업 평균 연비 기준은 크게 도움이 되지 않는다. 전기차를 위한 것이 아니기 때문이다.

구시대적인 정책만이 문제가 아니다. 기후변화와 에너지에 대한 우리의 태도는 선거 주기에 따라 계속 변한다. 4년이나 8년마다 새로운 정권이 자신만의 에너지 우선순위를 가지고 워싱턴에 들어선다. 정책상의 우선순위가 바뀌는 것은 당연하다고 볼 수 있지만—새로운 정부가 수립될 때마다 반복되는 현상이다—정부의 연구 자금이나 세금 혜택 등에 의존하는 연구원들은 큰 피해를 입는다. 수년 동안 해오던 연구를 멈추고 새로운 프로젝트를 처음부터 다시 시작하는 관행이 지속되면 진정한 발전을 이루기 어렵다.

정부 정책의 변화는 민간 시장의 불확실성으로 이어진다. 정부는 더 많은 기업들이 청정에너지 기술에 투자하도록 하기 위해 다양한 세금 혜택을 제공한다. 하지만 에너지 혁신은 매우 어렵고 결실을 맺기까지 몇십 년이 걸리기 때문에 실제로 이런 혜택은 제한적으로만 사용되었다. 당신이 몇 년 동안 연구하던 프로젝트가 성공해 이런저런 혜택을 받을 수 있다고 생각하는 순간, 새로운 행정부가 정책을 수정하면서 당신이 기대하던 다양한 혜택을 없앨 수도 있다.

결론적으로 현재 우리의 에너지 정책은 온실가스 배출에 미미한 영향만을 끼칠 것이다. 정부에서 내놓은 에너지 정책의 효과는 2030년까지 감소할 것으로 예상되는 온실가스 배출량을 합산하여 측정할 수 있다. 이렇게 합산한 예상 감소량은 약 3억 톤으로 추정되는데,[11] 이는 2030년에 예상되는 미국 배출량의 5퍼센트에 불과하다. 비웃을 수준은 아니지만 순 제로로 가기 위해서는 충분하지 않다.

그렇다고 배출량을 크게 줄일 수 있는 올바른 정책이 불가능하다는 말은 아니다. 기업 평균 연비 기준과 대기청정법은 효율적인 자동차와 깨끗한 공기라는 목표를 제대로 수행했다. 비록 아직은 서로 유기적인 효과를 내지 못하고 있고 실질적인 차이를 만들 만큼 상호 보완적이지는 않지만, 현재 몇몇 효과적인 배출 관련 정책들이 시행되고 있다.

우리는 할 수 있다. 하지만 어려울 것이다. 한 가지 확실한 점은 기존의 법을 개정하는 일이 완전히 새로운 법을 도입하는 일보다 훨씬 쉽다는 것이다. 새로운 정책을 개발하고, 대중의 의견을 구하고, 법적 문제가 있을 경우를 대비해 법원 제도를 거친 뒤 최종적으로 시행하는 데에는 오랜 시간이 소요된다. 이외에도 여러 문제가 있는데……

기후변화에 대한 대중의 합의는 생각보다 부족하다. 나는 인간의 활동 때문에 기후변화가 일어나고 있다는 데 동의하는 97퍼센트의 과학자들에 대해 말하는 것이 아니다. 아직 과학을 믿지 못하는 사람들이 있다는 것은 사실이다. 이들은 소수이지만 매우 큰 목소리를 내며, 종종 정치적으로도 강력한 힘을 발휘한다. 그러나 기후변화가 사실이라는 것을 받아들여도 이를 해결하기 위해 혁신에 많은 돈을 투자해야 한다는 생각에는 동의하지 않는 사람들도 있다.

예를 들어 어떤 사람들은 이렇게 주장한다. "그래, 기후변화는 거짓말이 아니야. 하지만 기후변화를 막거나 거기에 적응하는 데 많은 돈을 투자해야 할 정도는 아니야. 대신 우리는 보건이나 교육과 같이 인류 복지에 더 큰 영향을 끼칠 수 있는 부분에 집중해야 해."

위 주장에 대한 나의 답변은 이렇다. 우리가 제로를 빠르게 달성하지 못하면 우리가 죽기 전에 나쁜 일들이(아마도 수많은 나쁜 일들이) 벌어질 것이고, 다음 세대는 우리가 겪을 일보다도 더 나쁜 일들을 겪을 것이다. 만약 기후변화가 인류에 대한 실존적 위협이 아니라 해도 대부분의 사람들은 기후변화로 인해 더 힘든 삶을 살게 될 것이며, 특히 세계에서 가장 가난한 사람들이 더욱 가난해질 것이다. 우리가 더 이상 온실가스를 대기에 배출하지 않을 때까지 상황은 악화되기 때문에 기후변화는 보건과 교육만큼 관심을 받아야 한다.

또 다른 주장에는 이런 것도 있다. "그래, 기후변화는 사실이고 분명 나쁜 영향을 끼칠 거야. 하지만 우리는 이미 기후변화를 막기 위해 필요한 모든 수단을 가지고 있어. 태양광, 풍력, 수력, 그 외에도 더 있지. 그래서 우리는 아직 괜찮아. 진짜 중요한 것은 과연 우리가 가진 것들을 실제로 사용할 의지가 있는지 여부야."

4장에서 8장까지 나는 위의 주장에 동의하지 않는 이유를 설명할 것이다. 분명 필요한 몇 가지는 있지만, 전부 가지려면 아직은 멀었다.

　기후변화에 대한 합의를 이루는 데 또 다른 어려움이 있다. 기후변화를 위한 세계적 협력은 어려운 것으로 악명이 높다. 어떤 주제이든 간에 세계의 모든 국가가 의견 일치를 이루기란 쉬운 일이 아니다. 특히 탄소 배출을 억제하는 것처럼 새로운 비용이 투입되는 일이라면 더욱 그렇다. 모든 나라가 동참하지 않는 한 배출량을 줄이기 위해 혼자만 돈을 쓰려는 나라는 없을 것이다. 그렇기 때문에 190개국 이상이 배출량을 제한하기로 합의한 파리협정은 대단한 성공이었다. 파리협정이 엄청난 수준의 배출량 감소를 이뤄줄 수 있기 때문이 아니라—모든 국가가 파리협정의 감축 조약을 준수해도 2030년까지 30억~60억 톤을 줄일 수 있는데 이는 현재 배출량의 12퍼센트보다 낮은 수치다—세계적 협력이 가능하다는 것을 입증한 첫 사례이기 때문이다. 미국이 2015년 파리협정을 탈퇴한 일—미국 대통령으로 당선된 조 바이든은 재가입하겠다고 발표했다—은 세계적 협력을 시작하는 것만큼이나 유지하기도 어렵다는 점을 보여줄 뿐이다.

　요약하자면, 우리는 이전까지 하지 않았던 거대한 무언가를 우리가 지금까지 했던 것보다 훨씬 더 빨리 달성해야 한다. 그러기 위해서는 과학과 공학 분야에서 큰 돌파구를 만들어내야 한다. 존재하지도 않는 합의를 구축해야 하고, 이 변화를 이끌어낼 수 있는 공공 정책을 만들어야 한다. 이런 노력 없이는 아무런 변화도 일어나지 않을 것이다. 우리에게 필요한 에너지 시스템은 '우리가 좋아하는 것은 지속하고 우리가 싫어하는 것은 멈추는' 시스템이다. 다시 말해 바꿀 것은 완전하게 바꾸고 유지할 것은 유지해야 한다.

하지만 절망하지 마라. 우리는 할 수 있다. 우리에게는 어떻게 할 것인가에 대한 많은 아이디어가 있다. 이 중 몇몇은 다른 것보다 더 유망하다. 다음 장에서는 내가 어떻게 그것들을 구별하는지 설명하겠다.

우리가 물어야 할 다섯 가지 질문

Five Questions to Ask
in Every Climate Conversation

내가 기후변화를 공부할 때 이해하기 어려웠던 점이 한두 개가 아니었다. 그중 하나는 숫자들이 너무 컸다는 것이다. 520억 톤의 가스가 어느 정도인지 짐작이나 가는가?

전체적인 맥락 없이 데이터가 등장하는 것 또한 어려운 점이었다. 내가 읽은 한 기사에 의하면 유럽의 탄소 배출권 거래제는 항공 산업이 배출하는 탄소발자국을 1,700만 톤 줄였다. 1,700만 톤은 매우 큰 숫자처럼 보인다. 그렇지 않은가? 그런데 이 정도 규모의 탄소는 전체 온실가스의 몇 퍼센트일까? 기사에서는 몇 퍼센트인지 나오지 않는다. 이 같은 맥락 없는 데이터는 놀랄 만큼 흔하게 등장한다.

결국 나는 '사고의 틀'을 만들었다. 이 사고의 틀 덕분에 어느 정도가 많고 적은 건지 파악할 수 있게 되었고, 어떤 것이 얼마나 비싼지도 알 수 있게 되었다. 이처럼 사고의 틀은 '무엇이 중요한지'를 파악해 새로운 주제를 배우는 데 도움이 된다. 무언가를 배울 때는 항상 큰 그림을 먼저 이해하려고 노력해야 한다. 그래야 새로운 정보를 습득할 때 전체적인 맥락에서 그 정

빌 게이츠, 기후재앙을 피하는 법

보를 이해할 수 있기 때문이다. 물론 기억하기도 더 쉽다.

나는 사고의 틀을 유지하기 위해 '다섯 가지 질문'을 만들었다. 이 질문들은 에너지 회사로부터 투자 발표를 듣는다거나 아니면 마당에서 친구들과 바비큐를 구워 먹으면서 대화를 할 때도 매우 유용하다. 언젠가 독자들은 기후변화에 대한 신문 사설을 읽거나 정치인들이 기후변화에 대한 계획을 시끄럽게 홍보하는 것을 듣게 될 것이다. 기후변화처럼 어려운 주제는 우리를 혼란스럽게 만들 수 있지만, 앞으로 제시할 사고의 틀과 다섯 가지 질문은 이런 혼란을 헤쳐나가는 데 도움이 될 것이다.

1. 520억 톤 중 얼마일까?

나는 온실가스 관련 글에서 언급되는 온실가스의 양이 매년 배출되는 520억 톤의 몇 퍼센트인지를 항상 계산한다. 이런 계산법은 흔히 볼 수 있는 "이 정도의 온실가스를 제거하면 도로에서 자동차 한 대를 제거하는 것과 같습니다"와 같은 비교법보다는 더 이해하기 쉽다. 애초에 도로에 몇 대의 자동차가 있는지 누가 알까? 아니면 우리는 도대체 몇 대의 자동차를 도로에서 제거해야 기후변화에 대처할 수 있는 정도가 되는 걸까?

우리의 가장 큰 목표는 매년 배출되는 520억 톤의 온실가스를 제거하는 것이다. 따라서 나는 항상 520억 톤과 비교해 생각하려고 한다. 앞에서 언급한 유럽의 탄소 배출권 거래제는 매년

1,700만 톤을 제거한다. 1,700만 톤은 전체 배출량의 0.03퍼센트에 불과하다.

이 정도면 의미 있는 수치라고 할 수 있을까? 의미가 있는지 아닌지는 '이 수치가 올라갈 것인가 아니면 그대로 유지될 것인가?'라는 질문에 대한 대답에 따라 달라진다. 지금은 1,700만 톤을 제거하지만 앞으로 훨씬 더 많은 온실가스를 제거할 수 있는 잠재력이 있다면 이 제도는 분명 의미가 있다. 하지만 1,700만 톤에서 정체된다면 그것은 또 다른 이야기다. 이처럼 답이 언제나 명확한 것은 아니다. 마찬가지로 내가 위의 기사를 읽었을 때도 명확하지 않았다. 하지만 반드시 물어봐야 할 중요한 질문이다.

이 책의 앞부분에서 언급한 획기적 에너지 연합은 개발이 완료되고 자금 지원을 온전하게 받을 경우 매년 5억 톤 이상의 온실가스를 제거할 수 있는 기술에만 자금을 지원한다. 5억 톤은 매년 배출되는 총량의 약 1퍼센트다. 이 1퍼센트를 절대 넘지 못할 것으로 평가되는 기술은 제로 탄소를 위한 투자 자금을 차지하기 위해 다른 기술들과 경쟁해서는 안 된다. 물론 이런 기술들이 투자 자금을 받으면 안 되는 것은 아니지만, 탄소 배출을 줄이기 위해 투자금을 받았다고 하기에는 잠재력이 너무 미약한 것이 사실이다.

마지막으로, 독자들은 다른 곳에서 기가톤gigaton의 온실가스를 언급한 기사나 자료를 읽은 적이 있을 것이다. 기가톤은 10억 톤(10^9톤)이다. 대부분의 사람들은 직관적으로 기가톤의 온실가스가 어느 정도인지 바로 파악하지 못할 것이다. '52기가톤의 온실가스'를 제거하자는 말이 '520억 톤의 온실가스'를 제거하자는 말보다 더 쉬워 보이지만, 52기가톤과 520억 톤은 같은 양이다. 이 책에서는 계속 520억 톤으로 쓸 예정이다.

팁: '몇 톤의 온실가스'라는 글을 볼 때마다 그 숫자가 세계 연간 총 이산화탄소 배출량(이산화탄소 환산톤)인 520억 톤의 몇 퍼센트인지를 계산하라.

2. 시멘트에 대한 계획은 무엇인가?

기후변화에 대처하기 위한 종합적인 계획을 논의할 때는 온실가스를 배출하는 인간의 모든 활동을 고려해야 한다. 이런 논의에서는 전기나 자동차 같은 것들이 주목을 받지만, 그것들은 시작에 불과하다. 자동차는 교통수단으로부터 배출되는 모든 온실가스 중에서 절반 미만을 차지하며, 이는 전 세계 총 배출량의 16퍼센트에 불과하다.

한편 철강과 시멘트 생산만 해도 전체 배출량의 약 10퍼센트를 차지한다. 따라서 "시멘트에 대한 계획은 무엇인가?"라는 질문은 기후변화에 대한 종합적인 계획에는 전력 생산과 자동차 외에도 고려해야 할 것이 많다는 점을 압축적으로 보여주는 질문이라고 할 수 있다.

다음 표는 온실가스를 배출하는 인간의 활동을 항목별로 분류한 것이다. 모든 사람이 아래의 표에서 보이는 것과 정확하게 같은 비율로 온실가스를 배출하지는 않지만, 어느 정도 큰 그림을 그리는 데에는 도움이 될 것이다. 이 표는 획기적 에너지 연합의 투자팀이 실제 업무에 사용하는 도표이기도 하다.[•]

제로를 달성하는 것은 아래의 각 항목을 제로로 만드는 것이다.

온실가스 배출량 중 각각의 인간 행위가 차지하는 비중

무언가를 만드는 것(시멘트, 철, 플라스틱)	29%
전기(전력생산)	26%
무언가를 기르는 것(식물, 동물)	22%
어딘가로 이동하는 것(비행기, 트럭, 화물선)	16%
따뜻하고 시원하게 하는 것(냉난방 시설, 냉장고)	7%

전력 생산이 전체 온실가스 배출량의 약 4분의 1만 차지한다는 사실에 놀라는 독자도 있을 것이다. 나도 깜짝 놀랐다. 내가 읽은 기후변화에 대한 기사들은 대부분 전력을 생산하는 것과 기후변화를 연관시켰기 때문에, 나는 전기가 주된 요인이라고 생각했다.

좋은 소식은 전력 생산이 문제의 26퍼센트밖에 차지하지 않

[•] 특정 제품으로 '무언가를 만들 때'와 '사용할 때' 모두 온실가스가 배출된다면 이 제품은 어느 항목에 포함되어야 할까? 예를 들어 우리는 석유를 휘발유로 정제할 때 온실가스를 배출하고, 휘발유를 태울 때 다시 한번 온실가스를 배출한다. 이 책에서 나는 무언가를 만드는 과정에서 배출되는 온실가스를 '무언가를 만드는 것' 항목에 포함했고, 이렇게 만들어진 것을 사용하는 과정에서 배출되는 온실가스를 각각 해당하는 항목으로 집계했다. 따라서 석유정제는 '무언가를 만드는 것'에 포함되었고, 휘발유를 태울 때 배출되는 이산화탄소는 '이동하는 것'으로 집계된다. 자동차, 비행기, 배도 마찬가지다. 이들을 만드는 데 필요한 강철은 '무언가를 만드는 것', 그리고 연료를 태우면서 배출되는 온실가스는 '이동하는 것'에 포함된다.

빌 게이츠, 기후재앙을 피하는 법

지만 해결책의 26퍼센트 이상을 의미할 수 있다는 점이다. 깨끗한 전기만 있다면 연료를 얻기 위해 탄화수소를 태울 필요가 없기 때문이다. 탄화수소는 이산화탄소를 배출한다. 전기차와 전기버스, 집과 사무실의 냉난방 시스템을 생각해보라. 그리고 공장들도 제품을 생산하기 위해 천연가스 대신 전기를 사용할 수 있다. 깨끗한 전기만으로는 제로를 달성할 수 없지만, 중요한 단계가 될 것임은 분명하다.

팁: 위에서 언급된 다섯 항목 모두에서 온실가스가 배출되고, 각 항목별로 기후변화에 대처할 수 있는 해결책이 필요하다는 것을 기억하라.

3. 얼마나 많은 전력을 말하는 걸까?

이 질문은 전기에 대한 기사를 읽을 때 많이 떠오른다. 어떤 기사에서 새로운 발전소가 500메가와트를 생산한다고 읽었다고 해보자. 500메가와트면 어느 정도의 전력일까? 아니, 그보다 메가와트가 정확하게 무엇일까?

메가와트megawatt는 100만 와트watt이고, 1와트는 1초당 1줄joule(에너지 단위―옮긴이)이다. 이 책의 목적상 줄은 소량의 에너지라는 점을 제외하면 자세하게 알 필요가 없다. 1와트는 1초당 소량의 에너지라는 점만 기억하면 된다. 편의상 이렇게 생각하자. 주방 수도꼭지에서 나오는 물의 세기를 측정할 때, 1초당 몇 컵의 물이 나왔는지를 셀 수 있다. 물이 아닌 에너지를 측정하는 것일 뿐 전력을 측정하는 방법도 이와 비슷하다. 와트는 '1초당 몇 컵'과 동일한 개념이라고 생각하면 된다.

1와트는 매우 작다. 작은 백열전구 하나는 40와트를 사용한다. 헤어드라이어는 1,500와트를 사용한다. 발전소는 수억 와트를 생산할 수 있다. 세계에서 가장 큰 발전소인 중국의 싼샤댐은 220억 와트를 생산할 수 있다(와트라는 단위에는 이미 '초당'이라는 의미가 포함되어 있으므로 '초당 와트' 또는 '시간당 와트'라는 말은 중의적이다. 그냥 와트라고 하면 된다).

이런 숫자는 지나치게 커질 수 있으니 줄여서 사용하는 게 더 편하다. 킬로와트kilowatt는 1,000와트이고 메가와트는 100만 와트다. 그리고 기가와트gigawatt는 10억 와트다. 뉴스에서 이런 용어를 자주 사용하니, 앞으로 나도 이런 용어를 사용하겠다.

더 쉽게 이해하기 위해서는 다음 비교표를 참고하기 바란다.

얼마나 많은 전력을 소비할까?(시간당)[1]

세계	**5,000**기가와트
미국	**1,000**기가와트
중간 크기의 도시	**1**기가와트
작은 마을	**1**메가와트
평균적인 미국 가정	**1**킬로와트

물론 각 항목 내에서도 큰 차이가 존재한다. 예를 들어 어떤 집은 다른 집보다 훨씬 더 많은 전기를 사용한다. 계절에 따라 다르지만 뉴욕시는 12기가와트의 전력을 사용한다. 뉴욕보다 인

구가 많은 도쿄는 평균적으로 23기가와트를 소비하지만, 사용량이 많은 여름에는 최대 50기가와트 이상을 소비할 때도 있다.

1기가와트를 요구하는 중간 크기의 도시에 전력을 공급한다고 가정해보자. 단순히 1기가와트를 생산하는 발전소를 짓는다면 도시가 필요로 하는 모든 전기 공급이 보장되는 걸까? 반드시 그런 것은 아니다. 이 질문에 대한 답은 발전소의 종류에 따라 다르다. 어떤 종류의 발전소는 다른 발전소들보다 운영 시간이 짧다. 가령 원자력발전소는 24시간 운영되며 정비를 하거나 연료를 재장전할 때만 일시적으로 멈춘다. 하지만 풍력발전소와 태양열발전소는 바람이 언제나 부는 것이 아니고 해가 언제나 떠 있는 것도 아니기 때문에 유효 생산량이 30퍼센트나 그 이하라고 봐야 한다. 즉, 평균적으로 이 발전소들은 당신이 필요한 1기가와트의 30퍼센트만을 생산할 것이고, 안정적으로 1기가와트를 공급받으려면 다른 에너지원이 부족분을 채워야 한다.

팁: '킬로와트'라는 말을 들으면 '가정'을 떠올리면 된다. 기가와트는 '도시', 그리고 수백 기가와트나 그 이상은 '나라'라고 생각하면 된다.

4. 얼마나 큰 땅이 필요할까?

어떤 전력원은 다른 전력원보다 더 많은 공간을 차지한다. 공간이 중요한 이유는 우리에게 주어진 땅과 물(바다, 강 등—옮긴이)이 제한적이기 때문이다. 물론 이것이 우리가 고려해야 할 유일한 문제는 아니지만, 지금보다 더 많은 관심을 가져야 하는 중요한 문제라는 것은 사실이다.

전력밀도power density는 여기서 중요한 개념이다. 전력밀도란 주어진 크기의 땅이나 물(바다에 풍력 터빈을 설치한다면)에서 서로 다른 전력원으로 얻을 수 있는 전력의 양을 의미한다. 전력밀도는 제곱미터당 와트로 측정된다. 아래에 몇 가지 예시가 있다.

제곱미터당 생산 가능한 전력

에너지원	제곱미터당 와트
화석연료	500~10,000
원자력	500~1,000
태양광*	5~20
수력(댐)	5~50
풍력	1~2
나무와 기타 바이오매스	1 미만

*태양광의 전력밀도는 이론적으로 제곱미터당 100와트가 될 수 있지만 아직 달성된 바는 없다.

태양광의 전력밀도가 풍력의 전력밀도보다 더 크다는 점이 주목할 만하다. 태양광 대신 풍력을 이용하고 싶다면, 다른 조건이 동일할 때 더 많은 토지가 필요하다는 의미다. 풍력이 나쁘고 태양광이 좋다는 말이 아니다. 전력원마다 요구되는 것이 서로 다를 수 있다는 점을 잊지 말아야 한다는 의미다.

팁: 만약 누군가가 특정 전력원(풍력, 태양광, 원자력 등)으로 세계의 에너지 수요를 충족할 수 있다고 말한다면, 필요한 양의 에너지를 생산하기 위해 얼마나 큰 장소가 필요할지를 계산해야 한다.

빌 게이츠, 기후재앙을 피하는 법

5. 돈이 얼마나 들어갈까?

현재 세계가 이토록 많은 온실가스를 배출하는 이유는 (장기적으로 우리에게 끼칠 피해를 무시했을 때) 지금 우리가 사용하는 에너지 기술이 청정에너지 기술보다 저렴하기 때문이다. 바꿔 말해 우리가 탄소를 배출하는 '더러운' 기술에서 벗어나 탄소를 배출하지 않는 깨끗한 에너지 경제로 전환하려면 많은 비용이 든다.

그렇다면 비용이 얼마나 들까? 쉽게 확인할 수 있는 경우도 있다. 예를 들어 동일한 수준의 에너지를 생산하는 '더러운' 에너지 기술과 '깨끗한' 에너지 기술이 있다면, 두 기술의 가격을 비교하기만 하면 된다.

거의 대부분의 제로 탄소 기술은 화석연료 기술보다 비싸다. 화석연료 기술에는 환경에 끼치는 피해가 반영되어 있지 않은 것도 그 이유 중 하나다. 이처럼 화석연료에 기반을 둔 현재의 에너지 기술은 대안보다 더 싸다(10장에서 더 자세히 설명하겠다). 깨끗한 그린에너지 기술에 붙는 가격 프리미엄을 나는 그린 프리미엄Green Premiums이라고 부른다. *

기후변화와 관련된 대화나 논의를 할 때면 나는 항상 그린 프리미엄을 염두에 둔다. 앞으로 이 책에서 그린 프리미엄이라

---

* 그린 프리미엄과 관련하여 나는 로디움 그룹Rhodium Group, 이볼브드 에너지 리서치Evolved Energy Research, 그리고 기후 연구자인 켄 칼데이라Ken Caldeira 박사의 조언을 구했다. 이 책에서 언급되는 그린 프리미엄이 어떻게 계산되는지에 대한 정보를 보고 싶은 독자들은 breakthroughenergy.org에 방문하면 된다.

는 개념을 거듭 이야기할 예정이므로, 여기서 그린 프리미엄이 무엇인지 짚고 넘어가겠다.

그린 프리미엄에는 하나만 있는 것이 아니다. 수많은 그린 프리미엄이 존재한다. 전기에도 여러 그린 프리미엄이 있고 다양한 연료, 시멘트 등에도 그린 프리미엄이 존재한다. 그린 프리미엄의 크기는 '무엇을 대체하는지'와 '무엇으로 대체하는지'에 따라 달라진다. 가령 제로 탄소 제트연료의 값은 태양광 전기의 값과는 다르다. 그러면 현실에서 그린 프리미엄이 어떻게 작동하는지 예를 들어보겠다.

지난 몇 년간 미국에서 휘발유 1갤런당 평균 소매가격은 2.22달러였다. 첨단 바이오연료는(비록 사용 가능한 총량이 제한적이지만) 1갤런당 평균 5.35달러다. 따라서 제로 탄소 연료에 대한 그린 프리미엄은 이 두 값의 차이인 3.13달러다. 그린 프리미엄이 140퍼센트가 넘는 것이다(7장에서 더 자세히 설명하겠다).

드문 경우이지만 그린 프리미엄은 마이너스가 될 수 있다. 이 말은 그린에너지 기술이 화석연료 기술보다 **더 싸다는 의미**다. 예를 들어 당신이 어디 사는지에 따라 천연가스로 작동되는 보일러나 에어컨을 전기 냉난방 시설로 바꾸면 돈을 절약할 수 있다. 오클랜드에서 전기 냉난방 시설을 설치하면 그렇지 않을 때보다 14퍼센트를 절감할 수 있다. 휴스턴에서는 17퍼센트다.

이 같은 마이너스 그린 프리미엄 기술이 이미 전 세계적으로 개발되었을 거라 생각하는 독자도 있을 것이다. 대체적으로 사실이지만, 새로운 기술이 도입되어 실제로 사람들이 광범위하게 사용하게 되기까지는 시간이 걸린다. 특히 우리가 자주 교체하지 않는 가정 냉난방 시설의 경우는 더욱 그렇다.

일단 모든 제로 탄소 기술의 그린 프리미엄을 계산했다면, 이제는 기술들의 상호 대체trade-off를 진지하게 고민해야 한다. 우리는 친환경 기술을 도입하는 데 얼마나 지불할 용의가 있을까? 가스보다 두 배 비싼 첨단 바이오연료를 구매할 의향이 있을까? 우리가 과연 기존의 시멘트보다 두 배 정도 비싼 친환경 시멘트를 살 수 있을까?

여기서 하나 더 덧붙이자면, '우리가 얼마만큼 지불할 용의가 있을까'라는 질문에서 '우리'는 전 세계를 의미한다. 미국인들이나 유럽인들에게만 묻는 것이 아니다. 그린 프리미엄은 인도, 중국, 나이지리아, 멕시코와 같은 나라들이 감당할 수 없으면 안 된다. 이상적으로 그린 프리미엄은 모든 나라들이 탈脫탄소를 할 수 있도록 낮아야 한다.

물론 그린 프리미엄은 계산하기 어렵고 계산하는 과정에서 우리는 많은 가정을 해야만 한다. 이 책에서 나는 내가 생각하기에 합리적으로 여겨지는 가정을 했지만, 전문가들은 나와 다른 가정을 하고 때로는 다른 결과물을 얻는다. 사실 그린 프리미엄이 정확하게 얼마인지를 확인하는 일은 그다지 중요하지 않다. 더 중요한 것은 특정 그린에너지 기술이 화석연료 기술과 비교해 얼마나 저렴한지, 그리고 만약 둘의 가격 차이가 꽤 크다면 이 차이를 좁히기 위해 어떤 혁신이 필요한지를 생각하는 일이다.

이 책에서 소개하는 그린 프리미엄이 제로를 달성하는 비용에 대한 진지한 논의의 시작점이 되었으면 한다. 다른 사람들도 그들만의 방식으로 그린 프리미엄을 계산하기를 바라며, 내가 계산한 그린 프리미엄과 다르다면 기쁜 마음으로 새로 배울 준비가 되어 있다. 물론 이 책에서 언급한 내 계산이 완벽하지는 않겠지만, 아무것도 안 하는 것보다는 낫다고 생각한다.

특히 그린 프리미엄은 의사결정을 하는 데 아주 훌륭한 관점이 될 수 있다. 그린 프리미엄은 우리가 시간, 관심, 돈을 가장 효율적으로 쓸 수 있도록 도와준다. 다양한 그린 프리미엄은 우리가 어떤 제로 탄소 해결책을 지금 당장 도입할 수 있는지, 그리고 대안이 저렴하지 않을 때 어디서 혁신을 추진해야 하는지를 알려준다. 그린 프리미엄은 아래와 같은 질문에 대한 답을 구하는 데 도움이 된다.

질문: 지금 어떤 제로 탄소 기술을 선택해야 할까?

답: 그린 프리미엄이 낮거나 전혀 없는 것. 만약 그린 프리미엄이 낮은 해결책이 있음에도 사용하지 못한다면, 이는 곧 비용이 문제가 아니라는 의미다. 시대에 뒤떨어진 공공 정책이나 인식 부족과 같은, 비용이 아닌 다른 무엇인가가 우리를 막고 있다는 뜻이다.

질문: 연구 개발 자금, 초기 투자 자금, 그리고 최적의 인력들을 어디에 집중 투입해야 할까?

빌 게이츠, 기후재앙을 피하는 법

답: 그린 프리미엄이 지나치게 높은 곳. 바로 그런 곳이 새로운 에너지 기술을 도입하는 데 필요한 비용 때문에 탈탄소를 하지 못하는 곳이다. 그리고 새로운 기술, 기업, 제품이 청정에너지 기술 비용을 획기적으로 줄일 수 있는 곳이다. 연구 개발 능력이 탁월한 나라들은 새로운 제품을 만들 수 있고, 이런 제품들을 저렴하게 만들어 아직 높은 그린 프리미엄 때문에 그린테크를 제대로 활용하지 못하는 나라에 수출할 수 있다. 이 단계까지 가면 기후변화에 대처하는 데 어떤 나라가 무임승차를 했는지, 어떤 나라가 충분한 노력을 하지 않았는지 따질 필요가 없게 된다. 혁신을 통해 제로 탄소 기술을 저렴하게 만들어 시장을 선도하기 위해 국가 및 기업들이 서로 경쟁을 벌일 것이기 때문이다.

그린 프리미엄이라는 개념의 이점 중 하나는 기후변화에 대응하는 우리의 발전상을 나타내는 측정 시스템으로서의 역할을 한다는 점이다.

이런 관점에서 그린 프리미엄은 멀린다와 내가 처음으로 세계 보건 분야에 발을 내딛기 시작했을 때 겪었던 문제를 떠올리게 한다. 전문가들은 매년 전 세계적으로 얼마나 많은 아이들이 목숨을 잃는지 말해주었지만, 무엇이 이토록 많은 아이들의 목숨을 앗아 갔는지에 대해서는 많은 것을 말해주지 못했다. 설사병으로 죽는 아이들은 많았지만, 왜 설사병이 생기는지에 대해서는 알지 못했다. 만약 아이들이 왜 죽는지 모른다면 어떤 혁신이 생명을 구할 수 있을지를 어떻게 알 수 있을까?

전 세계의 많은 파트너들과 일하면서 우리는 무엇이 아이들을 죽이는지를 밝히는 다양한 연구에 자금을 지원했다. 결국 우리는 이런 죽음에 대한 더 자세한 정보를 알아낼 수 있었고, 이런 데이터는 돌파구를 마련할 길을 열어주었다. 이어서 설명하자면 우리는 폐렴이 매년 많은 아이들의 목숨을 빼앗는다는 사실을 확인했다. 폐렴 백신은 이미 존재했지만 값이 너무 비싸서 가난한 나라의 사람들은 구매하지 않았다(그리고 애초에 폐렴으로 몇 명의 아이들이 죽는지도 파악하지 못했기 때문에 이런 약을 살 이유도 거의 없었다). 하지만 데이터가 명확해지고 기부자들이 대부분의 비용을 지불하기로 하자, 그들은 보건 정책에 백신을 추가하기 시작했다. 결국 우리는 현재 세계 각국에서 사용되고 있는 훨씬 더 저렴한 백신을 제공할 수 있게 되었다.

그린 프리미엄도 온실가스 배출과 관련해서 비슷한 일을 할 수 있다. 온실가스 배출량은 단지 우리가 제로로부터 얼마나 멀리 떨어져 있는지를 보여줄 뿐, 제로를 달성하는 것이 얼마나 어려울지는 보여주지 못한다. 하지만 그린 프리미엄이라는 렌즈는 온실가스 배출량을 통해 볼 수 있는 것과는 다른 시각을 제시한다. 현재 사용 가능한 제로 탄소 기술을 사용하면 비용이 얼마나 들까? 어떤 혁신이 온실가스 배출량에 가장 큰 영향력을 미칠까? 그린 프리미엄은 각 부문별로 제로를 달성하는 데 필요한 비용을 계산하고 우리가 혁신해야 할 곳을 명확하게 보여주면서 이런 질문에 답을 제시한다. 마치 데이터를 분석한 결과 폐렴 백신이 필요하다는 점이 명확해진 것처럼 말이다.

빌 게이츠, 기후재앙을 피하는 법

단일 제품, 예를 들면 위에서 언급한 제트연료의 그린 프리미엄은 쉽게 추정할 수 있다. 하지만 더 일반적으로 적용하면 문제가 발생한다. 아직 모든 경우에 대해 직접적인 그린에너지 기술이 있는 것이 아니기 때문이다. 예를 들어 제로 탄소 시멘트 같은 것은 아직 없다. 이런 경우 친환경 솔루션을 도입하는 비용을 어떻게 파악할 수 있을까?

한 가지 방법은 사고실험이다. 예를 들면 "대기 중의 이산화탄소를 직접 빨아들이면 얼마나 돈이 들어갈까?"와 같은 생각을 할 수 있겠다. 이미 이 기술은 직접공기포집이라는 이름으로 사용되고 있다(직접공기포집은 주변 공기를 흡입한 뒤 공기 중에서 이산화탄소를 분리하여 저장한다). 직접공기포집은 비싸고 제대로 입증되지 않았지만 대규모로 작동시킬 수만 있다면 배출된 시기와 장소에 상관없이 이산화탄소를 포집(흡수)할 수 있다. 현재 운영되는 직접공기포집 시설은 스위스에 본사를 둔 회사가 운영하는 것인데, 10년 전 텍사스 석탄발전소에서 배출된 것으로 추측되는 이산화탄소를 포집하고 있다.

직접공기포집으로 이산화탄소를 제거하려면 얼마나 큰 돈이 필요할지를 파악하려면 두 가지 데이터가 필요하다. 전 세계 배출량과 직접공기포집을 사용해 온실가스를 포집하는 데 들어가는 비용이다.

우리는 매년 520억 톤이 배출된다는 사실을 이미 알고 있다. 공기에서 이산화탄소 1톤을 제거하는 비용은 아직 확실하지는 않지만 1톤당 최소 200달러가 필요하다. 여기에 어느 정도의 혁신이 일어난다면, 나는 현실적으로 1톤당 100달러까지 비용을 낮출 수 있다고 생각한다. 따라서 앞으로 1톤당 100달러를 기준으로 계산하겠다.

비용은 아래의 식으로 계산할 수 있다.

매년 520억 톤 × 1톤당 100달러 = 매년 5.2조 달러

즉, 기후변화를 해결하기 위해 통상적인 수준의 직접공기포집 기술을 사용하고 온실가스가 계속 배출된다고 가정하면 우리는 매년 5.2조 달러를 투입해야 한다. 이는 세계 경제의 약 6퍼센트에 해당하는 규모다(매우 큰 액수같이 들리겠지만 우리가 코로나 19 팬데믹 상황에서 경험했던 것에서 볼 수 있듯이 탄소 배출량을 줄이기 위해 경제를 부분적으로 폐쇄하는 것보다는 직접공기포집을 사용하는 것이 더 저렴하다. 로디움 그룹의 데이터에 의하면 미국에서 1톤당 포집 비용은 2,600달러에서 3,300달러 사이다. EU에서는 1톤당 4,000달러 이상이다. 다시 말해 우리가 언젠가 달성하고자 하는 목표인 1톤당 100달러에 비하면 현재 비용은 25~40배 비싼 것이다).[2]

이미 언급한 대로 직접공기포집에 기반한 접근법은 사고실험에 불과하다. 현실적으로 직접공기포집 기술은 전 세계적으로 투입되기에 아직은 충분하지 않으며, 충분하다 해도 세계 이산화탄소 문제를 해결하기에는 극도로 비효율적인 방법이 될 것이다. 우선 수천억 톤의 이산화탄소를 안전하게 저장할 수 있는 방법도 명확하지 않다. 더욱이 매년 5.2조 달러나 되는 거금

을 모든 국가가 일정 비율대로 나눠서 지불하게 할 현실적인 방법도 없다(심지어 국가가 지불해야 할 비율을 정하는 일도 중대한 정치적 싸움으로 번질 것이다). 우리가 지금 배출하고 있는 온실가스를 관리하는 데에만 5만 개 이상의 직접공기포집 공장이 필요하다. 게다가 직접공기포집은 이산화탄소만 포집할 수 있고 메탄을 비롯한 다른 온실가스는 포집하지 못한다. 그리고 해결책 중에서 가장 비싸다. 차라리 처음부터 온실가스를 아예 배출하지 않는 것이 더 쌀 것이다.

직접공기포집이 결과적으로 전 세계적으로 사용된다고 하더라도—내가 기술 개발에 대해서는 낙관주의자라는 점을 감안하더라도—환경의 심각한 피해를 방지할 수 있을 만큼 빠르게 개발 및 도입되지는 못할 것으로 보인다. 하지만 직접공기포집과 같은 기술이 우리를 구할 때까지 마냥 기다릴 수만은 없다. 우리는 지금 당장 스스로를 구해야 한다.

팁: 언제나 그린 프리미엄을 염두에 두고 중간소득 국가들도 기꺼이 지불할 수 있을 만큼 저렴한지 물어봐라.

요약하자면 다음과 같다.
1. 온실가스 배출량이 얼마나 큰지 알고 싶다면 온실가스 배출 총량인 520억 톤의 몇 퍼센트인지를 생각하라.
2. 온실가스가 배출되는 다섯 가지 활동(무언가를 만들고, 기르고, 전기를 생산하고, 움직이고, 시원하고 따뜻하게 하는 일)에 대해 각각의 해결책을 찾아야 한다는 점을 명심하라.

3. 킬로와트＝집, 기가와트＝중간 크기의 도시, 수백 기가와트＝크고 부유한 나라.

4. 얼마나 큰 공간이 필요할지를 생각하라.

5. 그린 프리미엄을 염두에 두고, 중간소득 나라들도 충분히 감당할 만큼 저렴한지 질문하라.

4

전기 생산
연간 배출량 520억 톤의 26퍼센트
How We Plug In

우리는 전기와 사랑에 빠졌다. 하지만 우리 대부분은 사랑에 빠진 사실조차 인지하지 못한다. 전기는 우리 곁에서 가로등과 에어컨, 컴퓨터, TV가 제대로 작동하게 해준다. 산업 시설이 정상적으로 작동할 수 있는 것도 전기의 힘이다. 하지만 삶이 종종 그런 것처럼 우리는 전기가 우리에게 얼마나 소중한 존재인지를 문제가 생길 때까지 깨닫지 못한다. 미국에서는 정전이 매우 드물게 일어나기 때문에 정전으로 엘리베이터에 갇히는 경험은 겨우 10년에 한 번 할까 말까 하다.

나 역시 우리가 전기에 얼마나 의존하고 있는지 인지하지 못했다. 그러다 시간이 지나면서 전기가 얼마나 중요한지를 비로소 깨닫게 되었다. 우리가 전기를 이렇게 사용할 수 있게 된 이 기적 같은 일에 감사할 뿐 아니라 전기를 이처럼 저렴한 가격으로 언제 어디서나 사용할 수 있게, 그리고 안정적으로 만들어준 모든 인프라에 경외심이 들 정도다. 어느 정도 부유한 나라에 가서 스위치만 누르면 말 그대로 1센트도 안 되는 아주 저렴한 값에 전기를 사용할 수 있는데, 이는 실로 마법 같은 일이다. 미

빌 게이츠, 기후재앙을 피하는 법

2015년 가족 여행으로 아이슬란드에 있는 귄뉘크베르 화산에 방문했을 때, 로리와 나는 바로 옆에 있는 지열 발전소에도 들렀다.[1]

국에서는 40와트 전구를 1시간 켜놓는 데 0.5센트면 충분하다.

전기에 대해 나만 이렇게 생각하는 것은 아니다. 내 아들 로리Rory와 나는 전기가 어떻게 만들어지는지 배우기 위해 취미 삼아 발전소를 방문하곤 했다.

돌이켜보면 많은 시간을 투자해 전기를 공부하길 잘했다는 생각이 든다. 우선 내 아들 로리와 함께 보낸 시간은 아주 좋은 추억으로 남았다(진심이다). 그리고 온실가스를 배출하지 않고도 경제성과 안정성이라는 전기의 모든 이점을 얻는 방법을 알아내는 것이 기후재앙을 피하기 위해 우리가 반드시 해결해야 할 가장 중요한 과제라는 확신이 들었다. 전기 생산이 기후변화의 주요 원인이라는 점이 부분적인 이유다. 그리고 제로 탄소 전기를 얻을 수만 있다면 무언가를 만들거나 이동하는 것과 같은 다양한 활동을 탈탄소화할 수 있기 때문이다. 석탄, 천연가스, 석유를 포기하면서 우리가 잃게 되는 에너지는 다른 방식으로 충당해야 하는데, 그중 대부분은 깨끗한 전기clean electricity가 담당할 것이다. 무언가를 만드는 것이 온실가스 배출에 더 직접적인 영향을 끼치지만, 그럼에도 이 책에서 전기에 대해 먼저 다루는 이유가 여기에 있다.

게다가 더 **많은** 사람들이 더 많은 전기를 사용해야 한다. 사하라사막 이남의 아프리카는 집에서 안정적으로 전력을 사용할 수 있는 사람이 전체 인구의 절반도 되지 않는다.* 전기를 전혀 사용하지 못한다면, 휴대폰 충전 같은 간단해 보이는 일도 매우 어려워지거나 비용이 많이 들 수 있다. 예를 들어 인근 가게까지 걸어간 다음, 25센트 이상을 지불해야 휴대폰을 충전할 수 있다. 선진국 사람들보다 최대 수백 배나 더 비싼 비용을 지불하는 셈이다.

모든 사람이 나처럼 전력망이나 변압기에 이렇게 관심을 갖지는 않으리라 생각한다('인프라에 경외심이 든다'는 말을 할 정도면 엄청난 괴짜라는 것쯤은 나도 알고 있다). 하지만 우리가 당연하게 여기는 '서비스'가 어떻게 가능해졌는가를 생각해보면, 우리는 이

---

* 엄밀히 말하면 '전력power'과 '전기electricity'는 의미가 다르지만 독자들의 편의를 위해 이 책에서는 동일한 단어처럼 사용할 예정이다.

전체
8억 6,000만 명

사하라사막 이남 아프리카
6억 명

인도
7,400만 명

나머지 국가
1억 8,600만 명

8억 6,000만 명의 사람들은 전기를 공급받지 못한다. 사하라사막 이남의 아프리카에서는 절반 이하의 사람들만 전기를 사용한다. (IEA)[2]

모든 것들에 대해 더 고마움을 느낄 것이다. 이 모든 것을 포기할 사람은 없을 것이다. 미래에 제로 탄소 전기를 만들어내기 위해 어떤 방법을 사용하든지 간에, 오늘날 우리가 사용하는 것만큼이나 신뢰할 수 있고 저렴해야 한다.

이 장에서 나는 '언제나 사용 가능하며 저렴한 에너지'라는 전기의 장점을 포기하지 않고, 무엇보다 탄소를 배출하지 않으면서도 더 많은 사람이 이런 혜택을 누리게 할 수 있는 방법을 설명할 것이다. 이 이야기는 우리가 여기까지 어떻게 왔으며 어디를 향해 가는지로 시작한다.

오늘날 전기는 언제 어디에나 있다. 그 때문에 20세기에 들어서고 몇십 년이 지난 후에야 전기가 많은 미국인의 삶에 중요한 요소가 되었다는 사실을 우리는 종종 망각한다. 그리고 그 당시 전기의 주요 발전원은 오늘날 우리가 흔히 생각하는 석탄, 석유, 또는 천연자원이 아니었다. 바로 수력전기hydropower, 즉 물이었다.

수력전기는 상대적으로 저렴하다는 장점이 있지만 단점 또한 크다. 수력발전에 필요한 저수지를 만드는 과정에서 지역 사회와 야생동물이 터전을 잃는다. 땅을 물로 채울 때 땅속에 갇힌 탄소가 많을수록 그 탄소는 결국 메탄이 되어 대기로 방출된다.[3] 댐을 짓는 지역에 따라 달라지겠지만, 연구 결과에 따르면 댐을 짓는 과정에서 방출된 메탄을 고려하면 50년에서 최대 100년까지 댐이 석탄보다 더 많은 온실가스를 방출하는 셈이다.* 또한 비가 온 강과 하천에 의존하기 때문에 댐에서 생산하는 전기의 양은 계절마다 다르다. 그리고 당연히 수력발전소를 운영할 수 있는 곳은 한정적이다. 강이 있는 곳에 댐을 지어야 하기 때문이다.

화석연료는 이런 제약을 받지 않는다. 석탄, 석유, 또는 천연가스를 땅에서 꺼내 멀리 떨어진 발전소로 옮긴 뒤 태워서 물을 끓이는 데 사용하고, 여기서 나오는 증기로 터빈을 작동시켜 전기를 얻을 수 있다.

이러한 장점들 때문에 화석연료가 제2차 세계대전 이후 미국에서 증가한 전기 수요를 충족한 것이다. 화력발전은 20세기 후반에 우리가 생산하기 시작한 전기량의 대부분인 700기가와

---

* 이런 계산은 댐의 수명주기 평가를 바탕으로 한 것이다. 수명주기 평가는 어떤 제품이 생산된 시점부터 폐기 처분 될 때까지 배출하는 온실가스를 기록하는 흥미로운 분야다. 수명주기 평가는 여러 기술이 기후변화에 끼치는 영향을 분석하는 데 유용하지만 계산이 매우 복잡하다. 따라서 이 책에서는 설명하기도 쉽고 어찌 됐건 같은 결론을 이끌어내는 '직접 배출direct emissions'에만 초점을 맞출 것이다.

빌 게이츠, 기후재앙을 피하는 법

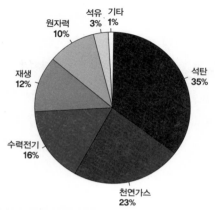

세계의 모든 전기를 청정에너지원으로부터 얻는 것은 쉽지 않을 것이다. 현재 화석연료는 전 세계에서 생산되는 모든 전기의 3분의 2를 차지한다. (BP Statistical Review of World Energy 2021)[4]

트를 차지한다. 이는 제2차 세계대전 이전에 우리가 생산했던 전기량의 60배에 가까운 수치다.

시간이 흐를수록 전기는 엄청나게 저렴해졌다. 한 연구 결과에 따르면 2000년의 전기료는 1900년 전기료의 약 200분의 1 수준이다.[5] 오늘날 미국은 전체 GDP에서 2퍼센트 정도만을 전기에 소비하는데, 우리가 전기에 얼마나 의존적인지를 생각하면 놀랄 정도로 낮은 수치다.

전기가 이토록 싼 이유는 화석연료가 싸기 때문이다. 화석연료는 광범위한 지역에 매장되어 있으며, 이를 시추해서 쉽고 효율적으로 전기를 만들 수 있다. 많은 나라들은 화석연료를 더 많이 생산해 그 값을 낮게 유지하려 노력하고 있다.

미국은 초창기 식민지 시절부터 화석연료 생산을 장려해왔다. 미국 의회는 1789년 미국 최초의 수입 석탄에 대한 보호관세를 제정했다. 1800년대 초반에 철도 산업에서 석탄의 중요성을 깨달은 미국은 석탄에 대한 세금을 면제하고 더 많은 생산으로 이어질 수 있도록 장려책을 내놓았다. 1913년에 법인소득세가 제정된 후 석유와 가스 생산 업체들은 시추 비용 등 특정 비용을 공제할 수 있는 권리를 얻었다. 1950년부터 1978년까지 석탄 및 천연가스 기업들을 위한 이런 조세지출(세금을 걷지 않음으로써 간접적으로 기업에게 제공하는 혜택—옮긴이)은 모두 합쳐 약 420억 달러(오늘날의 달러 기준)에 달하며, 이 조세지출은 아직도 세법에 존재한다.[6] 게다가 석탄과 가스 생산 업체들은 연방정부 소유의 토지를 임대할 때 유리한 조건으로 임대할 수 있는 혜택을 얻는다.

이처럼 화석연료 기업에 혜택을 제공한 나라는 미국뿐만이 아니다. 대부분의 나라들도 화석연료를 저렴하게 유지하려고 많은 조치를 시행하는데, 이 때문에 화석연료가 안정적인 전기 공급의 중요한 부분이 되었던 것이다. 국제에너지기구International Energy Agency는 화석연료 소비에 대한 정부 보조금이 2018년 4,000억 달러에 달했다고 추정한다.[7] 석탄을 태워 우리가 얻는 에너지는 세계 에너지 사용량의 약 40퍼센트로 지난 30년 동안 변화가 없었다. 여기에서 석유와 천연가스는 26퍼센트를 차지한다. 즉, 화석연료는 세계 전기의 3분의 2를 제공한다. 한편 태양광과 풍력은 9퍼센트에 불과하다.

2019년 중반 현재, 전 세계에는 236기가와트의 전력을 생산

Genuine Connellsville Coke

Process of Manufacturing Coke at the Works of the
H.C. FRICK COKE COMPANY,
CONNELLSVILLE COKE REGION PENNA
POST OFFICE PITTSBURGH PA.

1900년경에 만들어진 이 전단지에는 펜실베이니아의 코넬스빌에 위치한 석탄발전소가 그려져 있다. [8]

하는 석탄발전소가 지어지고 있다. 석탄과 천연가스는 지난 수십 년 동안 수요가 급증한 개발도상국이 선택한 연료다. 2000년에서 2018년 사이 중국의 석탄 사용량은 무려 세 배나 증가했는데, 이는 미국, 멕시코, 캐나다에서 사용하는 석탄 사용량의 총합보다 더 많은 양이다.

우리가 이런 추세를 뒤집어 온실가스를 배출하지 않고 필요한 전기를 만들 수 있을까? 이 질문에 대한 답은 '우리'가 누구를 의미하는지에 따라 달라진다. 적절한 정책으로 풍력발전과 태양광발전을 확대하고 적절한 혁신이 일어나도록 강력한 장려책을 내놓는다면, 미국은 아마도 온실가스를 배출하지 않는 전기를 생산할 수 있을 것이다. 하지만 전 세계가 제로 탄소 전기를 얻을 수 있을까? 아마도 훨씬 어려울 것이다.

우선 전기에 대한 미국의 그린 프리미엄부터 시작해보자. 사실 이는 우리에게 상당히 좋은 소식이다. 미국은 적절한 그린 프리미엄만 지불하면 온실가스를 제거할 수 있기 때문이다.

전기의 그린 프리미엄은 풍력, 태양광, 원자력을 포함해 온실가스를 배출하지 않는 방식으로 전기를 생산할 때 우리가 추가적으로 지불해야 할 비용이다. 배출된 온실가스를 포집할 수 있는 장치가 설치된 석탄화력발전소나 가스화력발전소도 여기에 포함된다(우리의 목표는 풍력과 태양광 같은 재생에너지원을 사용하는 것이 아니라 제로를 달성하는 것이다. 따라서 재생에너지원이 아니더라도 다양한 제로 탄소 옵션은 모두 고려 대상이다).

이 경우 그린 프리미엄은 얼마일까? 미국의 전체 전기 시스템을 제로 탄소화한다면 평균 전기료는 1킬로와트시(한 시간에 소비하는 에너지의 크기—옮긴이)당 1.3~1.7센트 증가할 것이다. 이는 대부분의 사람들이 이미 지불하는 전기료에서 약 15퍼센트 증가한 정도다. 따라서 평균적인 가정의 그린 프리미엄은 한 달에 약 18달러가 되는데(한 달 전기료가 18달러가 아니라 한 달에 18달러를 더 낸다는 의미—옮긴이), 대다수 사람들은 충분히 감당할 수 있다. 하지만 이미 소득의 10퍼센트를 에너지 소비에 쓰는 저소득층에게는 부담스러운 비용일 수 있다.

(공과금을 내는 사람이라면 이미 킬로와트시에 익숙할 것이다. 우리가

가정에서 소비하는 전기는 킬로와트시를 기준으로 가격이 매겨지기 때문이다. 킬로와트시는 주어진 시간에 소비하는 전기의 양을 측정하는 방식이다. 한 시간에 1킬로와트를 소비한다면 당신은 1킬로와트시를 사용한 것이다. 미국의 평범한 가정은 하루에 29킬로와트시를 사용한다. 평균적으로 미국에서 1킬로와트시의 전기는 약 10센트이지만, 일부 지역에서는 그 세 배다.)

미국의 그린 프리미엄이 이토록 낮은 것은 좋은 일이다. 유럽의 상황도 비슷하다. 유럽의 무역협회가 발표한 연구 보고서에 따르면, 유럽 전력의 90~95퍼센트 정도를 탈탄소화한다면 평균 전기료가 약 20퍼센트 상승한다.(이 연구에서는 내가 미국의 그린 프리미엄을 계산하는 데 사용한 것과 다른 방식을 사용했다).[9]

불행히도 미국과 유럽처럼 운이 좋은 나라는 별로 없다. 미국은 태평양 북서부 지역의 수력, 중서부의 강풍, 그리고 남서부와 캘리포니아의 1년 내내 내리쬐는 태양광 등 다양한 재생에너지원을 대규모로 공급받는다. 하지만 어떤 나라들은 강한 햇빛이 내리쬐지만 바람이 불지 않거나, 바람은 적당하나 햇빛이 일정하지 않다. 물론 햇빛이나 바람 둘 다 적정한 수준이 안 되는 경우도 있다. 또는 새로운 발전소를 건설하는 데 필요한 대규모 투자금을 유치하지 못하는 나라들도 있다.

이런 관점에서 볼 때 아프리카와 아시아는 가장 불리하다. 지난 수십 년 동안 중국은 수억 명의 사람들을 빈곤에서 구해내는 위대한 업적을 성취했다. 이 업적이 가능했던 이유 가운데는 석탄화력발전소를 매우 저렴하게 건설했다는 점도 있다.

중국 기업들은 석탄화력발전소의 건설 비용을 놀랄 만한 수준인 75퍼센트나 절감했다. 새로운 고객을 필요로 하는 중국 기업들은 이제 인도, 인도네시아, 베트남, 파키스탄, 그리고 아프리카 국가들과 같은 개발도상국들을 끌어들이기 위해 노력하고 있다.

이런 잠재적 고객들은 어떤 선택을 할까? 이들은 석탄발전소를 지을까, 아니면 청정에너지를 도입할까? 답을 구하려면 그들의 목표와 선택지를 고려해야 한다. 소규모의 태양광은 휴대폰을 충전하고 밤에 가로등을 켜야 하는 시골의 가난한 사람들에게는 선택지가 될 수 있지만, 이런 식의 해결책으로는 경제발전을 위해 필요한 값싸고 안정적인 엄청난 양의 전기를 결코 제공받지 못할 것이다. 이들은 중국의 경험을 답습하고 싶어 한다. 즉, 제조업을 유치하고 키우면서 경제를 성장시키는 방식 말이다. 물론 이런 종류의 비즈니스는 오늘날 소규모의 재생에너지가 제공할 수 있는 것보다 훨씬 더 많고 훨씬 더 안정적인 전력을 필요로 한다.

중국을 비롯해 다른 부유한 나라들이 그랬던 것처럼 개발도상국이 석탄발전소를 선택한다면, 기후변화와 관련해서는 재앙이 될 것이다. 하지만 현재로서는 그들에게 가장 경제적인 선택이다.

우선, 애초에 왜 그린 프리미엄이라는 것이 존재하는지도 분명하지 않다. 예를 들어 천연가스발전소들은 계속 연료를 구입해야 하지만, 태양광발전소나 풍력발전소는 연료를 무료로 사

빌 게이츠, 기후재앙을 피하는 법

용할 수 있지 않은가? 그리고 어떤 기술을 대규모로 사용하면 값이 저렴해진다는 것은 두말하면 잔소리인 상식 아닌가? 그렇다면 대체 왜 그린에너지 기술은 더 비쌀까?

첫째, 그린에너지가 비싼 것이 아니라 화석연료가 굉장히 싸다고 할 수 있다. 화석연료를 사용하는 비용에는 지구온난화로 인한 경제적 피해와 같은 기후변화의 진정한 비용이 반영되어 있지 않기 때문에, 그린에너지 기술은 비용 면에서 경쟁력이 없다. 그리고 우리는 이미 수십 년 동안 땅에서 화석연료를 시추해 에너지를 생산하고, 그렇게 생산된 에너지를 매우 저렴하게 공급할 수 있는 시스템을 구축해왔다.

둘째, 앞에서 언급했듯이 모두가 괜찮은 수준의 재생에너지원을 보유한 것은 아니다. 우리가 일정 수준으로라도 화석연료를 그린에너지로 대체하고자 한다면, 그린에너지를 만들어지는 곳(적도 인근의 따뜻한 지역과 바람이 많이 부는 지역)에서 필요한 곳(바람이 불지 않고 구름이 많은 지역)으로 옮겨야 한다. 그러려면 우리는 송전선과 같은 새로운 인프라를 구축해야 하는데 비용과 시간이 많이 소요된다(특히 국경을 넘어서도 설치해야 한다면 더욱 그렇다). 그리고 인프라를 더 많이 구축할수록 전기 가격이 상승한다. 사실 송전선과 배전선은 전기료의 3분의 1 이상을 차지한다.* 그리고 전기 공급을 다른 나라에 의존하고 싶어 하는 나라

---

* 송전선은 고속도로, 배전선은 국도라고 생각하면 된다. 발전소에서 도시로 전기를 공급하는 데에는 고압 송전선이 사용되며, 그 후 배전선을 따라 마을과 가정으로 들어간다. 배전선은 마을 주변에서 흔히 볼 수 있는 전선이다.

는 없다.

하지만 전기의 그린 프리미엄이 높은 가장 큰 이유는 저렴한 석유와 비싼 송전선이 아니다. 가장 큰 이유는 안정성에 대한 우리의 요구와 간헐성의 저주다.

햇빛과 바람은 간헐적이다. 해와 바람은 하루 24시간, 365일 내내 전기를 생산하지 못한다. 하지만 우리의 전력 수요는 간헐적이지 않다. 우리는 항상 전기가 필요하다. 만약 우리가 태양광과 풍력으로 필요한 전기의 대부분을 만드는 상황에서 대규모 정전을 피하고자 한다면, 햇빛이 내리쬐지 않고 바람이 불지 않을 때를 위해 다른 선택지가 필요할 것이다. 우리는 배터리에 여분의 전기를 저장하거나(곧 설명할 것인데, 이 방식은 너무 비싸다), 필요할 때만 가동되는 천연가스발전소와 같이 화석연료를 사용하는 다른 에너지원을 사용해야 한다. 어떤 방식이건 경제적이지 않다. 우리가 완벽하게 깨끗한 전기에 다가갈수록 간헐성은 더 크고 값비싼 문제가 된다.

해가 저문 다음에는 태양광 전기 공급이 끊긴다는 것이 간헐성의 가장 대표적인 예다. 낮에 생산된 여분의 1킬로와트시 전기를 배터리에 저장한 다음, 해가 사라진 밤에 사용하는 방식으로 이 문제를 해결한다고 가정해보자(당연히 현실에서는 1킬로와트시보다 더 많은 양의 전기가 필요하겠지만, 계산을 간단하게 하기 위해 1킬로와트시를 사용하겠다). 이 경우 당신은 전기료로 얼마를 더 내야 할까?

이 질문에 대한 대답은 두 요인, 즉 배터리의 가격과 교체 수

명에 따라 달라진다. 1킬로와트시 배터리를 100달러에 구매했다고 생각해보자(이는 보수적으로 잡은 수치다. 이 배터리를 구매하려고 대출을 받아야 한다면 어떤 일이 일어날지에 대해서는 잠시 무시하겠다). 그리고 이 배터리는 수명을 다할 때까지 총 1,000회 재충전이 가능하다고 가정해보자.

따라서 이 1킬로와트시 배터리의 비용은 1,000회 재충전을 반복하는 동안 100달러, 즉 1킬로와트시당 10센트다. 물론 이 배터리를 사용하려면 전기를 먼저 생산해야 하므로 비용은 증가한다. 태양광발전은 1킬로와트시당 5센트 정도 비용이 든다. 이처럼 밤에 사용할 전기는 생산에 5센트, 저장에 10센트, 총 15센트가 들어간다. 다시 말해 우리가 밤에 사용할 전기는 낮에 사용하는 전기료보다 **세 배**나 더 비싸다.

내가 위에서 언급한 것보다 수명이 다섯 배 긴 배터리를 만들 수 있다고 생각하는 연구자들도 있다. 그들은 아직 이런 배터리를 만들지 못했지만, 만약 그들의 주장이 옳다면 그린 프리미엄은 10센트에서 2센트로 줄어들어 전기료 인상은 상당히 완만한 수준에 그칠 것이다. 어쨌든 이 문제는 높은 그린 프리미엄을 지불할 용의가 있다면 오늘이라도 해결할 수 있는 문제다. 그리고 여기에 혁신이 일어나면 이 그린 프리미엄을 낮출 수 있다고 자신한다.

불행히도 야간의 간헐성 문제는 가장 어려운 문제가 아니다. 여름과 겨울의 계절적 차이는 더 큰 장애물이다. 이 문제를 해결하는 데에는 원자력발전소나 온실가스를 포집하는 장치가 설치된 가스화력발전소에서 생산되는 전기로 보충하는 등의 여러 방법이 있다. 현실적인 방안에는 이런 선택지들이 포함된다. 나중에 이런 방법에 대해서도 설명하겠지만, 일단 지금은 배터리를 통해 계절적 차이의 문제를 설명하겠다.

하루가 아니라 한 계절에 쓸 전력을 저장해야 한다고 생각해보자. 전기를 여름에 생산한 다음, 겨울에 쓴다. 이번에는 배터리 수명주기는 문제가 되지 않는다. 1년에 한 번만 충전하기 때문이다.

하지만 배터리를 구매하기 위해 대출을 받는다고 가정해보자. 이제 우리는 100달러의 대출금이 생겼다(물론 100달러의 배터리를 구매하기 위해 대출을 받지는 않겠지만, 몇 기가와트를 저장할 수 있는 배터리를 구매하려면 대출을 받아야 한다. 기본적인 수학 원리는 동일하다). 배터리 대출금이 100달러인 상황에서 대출금리가 5퍼센트라고 가정하면, 1킬로와트시를 저장하는 데 기존의 비용에 5달러가 추가된다. 태양광으로 1킬로와트시를 생산하는 데 5센트가 필요하다고 바로 앞에서 말한 것을 기억하는가? 얼마 되지도 않는 전기를 사용하는 데 5달러를 지불할 사람이 어디 있겠는가?

계절적 간헐성과 높은 저장 비용은 또 다른 문제를 일으키는데, 특히 태양광에 크게 의존하는 경우 전기를 여름에는 과잉 생산 하고 겨울에는 과소 생산 하는 문제가 발생한다.

지구의 자전축이 기울어져 있으니 지구의 특정 부분에 내리쬐는 햇빛의 양과 강도는 계절별로 다르다. 이 편차가 얼마나 큰지는 당신이 적도로부터 얼마나 떨어져 있는지에 따라 달라진다. 에콰도르에서는 사실상 큰 변화가 없다. 내가 사는 시애틀에서는 낮이 가장 긴 날에 낮이 가장 짧은 날보다 일조량이 두 배 정도 더 많다. 캐나다와 러시아의 일부 지역은 열두 배 차이가 난다.[*]

이런 편차가 왜 중요한지 이해하기 위해 사고실험을 한 번 더 해보자. 시애틀 인근에 선타운Suntown이라는 마을이 있다고 상상해보자. 선타운은 1년 내내 1기가와트의 태양광 전기를 생산하고 싶어 한다. 태양 전지판이 몇 개나 필요할까?

한 가지 방법은 햇빛이 충분한 여름에 1기가와트를 생산할 수 있는 충분한 태양 전지판을 설치하는 것이다. 하지만 햇빛이 절반 정도에 그치는 겨울에는 과소 생산을 하게 된다(마을 운영위원회는 배터리가 너무 비싸다는 것을 알고 있기 때문에 선택지에서 제외했다).

다른 방안으로, 낮이 짧고 빨리 어두워지는 겨울에도 충분한 양의 전기를 얻을 수 있게 더 많은 태양 전지판을 설치할 수 있다. 하지만 이 경우 여름에는 필요 이상의 전기를 생산하게 될 것이다. 그러면 전기가 너무 저렴해져서 태양 전지판을 설치하는 데 들어간 비용을 회수하지 못하게 된다.

여름에 몇몇 태양 전지판을 꺼서 이런 과대 생산 문제에 대

---

[*] 바람도 계절적으로 편차가 발생한다. 미국에서 풍력은 봄에 정점에 이르고 한여름이나 늦여름 즈음에 저점에 도달한다(캘리포니아에서는 반대다). 이 편차는 두 배에서 네 배가량 된다.

처할 수도 있겠지만, 이 경우 1년의 일부에만 사용할 전지판에 큰돈이 매몰된다. 그렇게 되면 마을의 모든 가정과 기업의 전기 요금이 훨씬 더 오를 것이다. 즉, 그린 프리미엄이 증가하는 것이다.

선타운은 단지 가상의 예가 아니다. 2050년까지 재생에너지를 60퍼센트까지 끌어올린다는 야심 찬 프로그램인 '에네르기벤데Energiewende'(에너지 전환이라는 뜻—옮긴이)를 실시한 독일에서도 비슷한 일이 일어났다. 독일은 지난 10년간 재생에너지 확대에 수십억 달러를 썼다. 2008년에서 2010년 사이 독일의 태양광 전력은 650퍼센트 증가했다. 하지만 독일은 2018년 12월보다 6월에 열 배 더 많은 전기를 생산했다.[10] 실제로 독일의 태양광 및 풍력발전소는 여름에 종종 지나치게 많은 전기를 생산해 모두 사용하지 못하는 경우도 있었다. 이런 일이 벌어질 때면 독일은 남는 전기를 주변국인 폴란드와 체코에 전송했는데, 그때마다 폴란드와 체코의 리더들은 독일에서 넘어온 전기로 인해 자국 전력망에 부담이 가고 전기료 예측이 어려워졌다고 불평했다.[11]

간헐성은 또 다른 문제를 일으킨다. 이 문제는 일별 편차나 계절별 편차보다 더 어려운 문제다. 만약 극적인 사건으로 도시가 며칠 동안 재생에너지 없이 살아야 한다면 어떤 일이 벌어질까?

미래에 도쿄가 풍력발전만으로 필요한 전기를 얻는다고 상상해보자(실제로 일본에는 상당히 많은 해풍과 육상풍이 분다). 어느 해

114

8월, 엄청난 태풍이 일본을 덮쳤다. 바람이 너무 강해 도시의 풍력 터빈을 파괴했고, 용케 파괴되지 않은 풍력 터빈들도 잠정 폐쇄해야만 했다. 도쿄의 지도자들은 그들이 찾을 수 있는 가장 큰 배터리에 저장된 전기로만 버티기로 결정했다.

여기서 질문을 던져보자. 태풍이 지나가고 풍력 터빈을 다시 가동할 때까지 3일만이라도 도쿄에 충분한 전기를 공급하려면 배터리 몇 개가 필요할까?

정답은 '1,400만 배터리 이상'이다. 이는 지난 7년 동안 전 세계가 생산한 것보다 많은 수다. 이 정도의 배터리를 구입하려면 4,000억 달러가 필요하다. 이 금액을 배터리의 수명으로 나눈 연평균 비용은 270억 달러다.* 270억 달러는 설치비와 유지비가 포함되지 않은, 배터리만 샀을 때 치러야 할 비용이다.

물론 예시일 뿐이다. 그 누구도 도쿄가 풍력으로만 모든 전기를 공급받아야 한다고 생각하지 않는다. 그리고 전기를 모두 배터리에 저장해야 한다고도 생각하지 않는다. 중요한 요점을 설명하기 위해 이 가정을 예시로 들었을 뿐이다. 대규모로 전기를 저장하는 것은 극단적으로 어렵고 비싸지만, 우리가 앞으로 깨끗한 전기의 상당한 양을 간헐적인 방식으로 얻는다면 반드

---

* 이 수치를 얻은 방법은 이렇다. 2019년 8월 6일과 8일 사이 도쿄는 3,122기가와트시의 전기를 소비했다. 기저부하 전력baseload power(일정 기간 동안 총수요가 변하지 않은 전력—옮긴이)으로는 시스템 수명이 20년이고 단가가 3만 6,000달러인 540만 개의 아이언플로우 배터리iron-flow battery를 가정했다. 그리고 최고 수요 전력으로는 시스템 수명이 10년이고 단가가 2만 3,300달러인 910만 개의 리튬이온전지를 가정했다.

시 고려해야 할 문제다.

그리고 우리에게는 앞으로 깨끗한 전기가 **훨씬 더 많이** 필요하다. 우리가 강철을 만들거나 자동차를 운전하는 것과 같은 탄소 집약적인 활동들을 전기화함에 따라, 2050년까지 세계의 전기 공급은 두 배, 심지어 세 배까지 증가해야 한다는 데 대부분의 전문가가 동의한다. 게다가 이 계산은 인구 증가나 사람들이 부유해질수록 더 많은 전기를 사용한다는 사실을 고려하지 않은 것이다. 따라서 미래에는 우리가 지금 생산하는 전기의 세 배 이상이 필요할 것이다.

태양광과 풍력이 간헐적이기 때문에 우리의 발전 **용량**capacity 은 더욱 커져야 한다(발전 용량이란 해가 가장 밝을 때나 바람이 가장 강하게 불 때 우리가 이론적으로 생산할 수 있는 전기의 양을 의미한다. 발전generation은 간헐성, 정비 등의 이유로 발전소를 잠정 폐쇄했을 때를 모두 고려하여 우리가 실제로 얻는 전기의 양이다. 따라서 발전은 발전 용량보다 언제나 작다. 태양광과 풍력의 경우 이 차이는 더욱 커질 수 있다).

우리가 앞으로 더 사용하게 될 전기량을 감안하고 풍력 및 태양광이 더 많은 역할을 하게 될 것이라고 가정할 때, 2050년까지 미국의 전력망을 완전하게 탈탄소화하려면 앞으로 30년 동안 매년 75기가와트의 발전 용량을 추가해야 한다.

이 정도면 많은 양인가? 지난 10년 동안 우리는 연평균 22기가와트를 추가해왔다. 이제 우리는 매년 그 세 배 이상을 더 생산해야 한다. 그리고 앞으로 30년 동안 이 추세를 유지해야 한다.

우리가 태양 전지판과 풍력 터빈을 더 싸고 보다 효율적으로

빌 게이츠, 기후재앙을 피하는 법

만들 수 있다면, 즉 동일한 양의 햇빛이나 바람으로 더 많은 에 너지를 만들 수 있다면, 조금 더 쉬워질 것이다(오늘날 우리가 보유 한 최고의 태양 전지판은 흡수하는 햇빛의 4분의 1 미만만 전기로 변환한 다. 그리고 가장 흔하게 사용하는 상업용 태양 전지판은 이론적으로 33퍼센 트까지만 변환할 수 있다). 변환율이 올라갈수록 다른 조건이 동일 할 때 우리는 더 많은 전기를 생산할 수 있으며, 이런 조건이 선 행되어야 태양광 기술은 더 많이 활용될 것이다.

하지만 효율적인 태양 전지판과 풍력 터빈만으로는 충분하 지 않다. 미국이 20세기에 성장했을 때 했던 것과 21세기에 해 야 할 것 사이에는 큰 차이가 있기 때문이다. 지리적 위치는 그 어느 때보다 더 중요해질 것이다.

전력망이 개발되고 나서부터 전력회사들은 대부분의 발전소 를 미국에서 가장 빠르게 성장하는 도시 근처에 지었다. 철도와 파이프라인을 사용하여 화석연료를 시추한 곳에서 곧 태워져 전기로 만들어질 발전소로 옮기기가 상대적으로 쉬웠기 때문이 다. 그 결과 미국의 전력망은 철도와 파이프라인을 통해 화석연 료를 발전소로 옮긴 다음(장거리 운송), 발전소에서 만들어진 전 기를 송전선을 통해 도시로 옮기게 되었다(단거리 운송).

이 방식은 태양광발전과 풍력발전에는 적합하지 않다. 햇빛 을 철도에 실어 발전소로 옮길 수는 없기 때문이다. 태양광은 그 자리에서 바로 전기로 변환되어야 한다. 하지만 미국에서 대 부분의 햇빛은 남서 지역에 집중되어 있으며, 대부분의 바람은 그레이트 플레인스(북미 대륙 중앙에 남북으로 뻗은 대평원—옮긴이)

에 집중되어 있어 모두 도심 지역과는 거리가 있다.

이처럼 간헐성은 제로 탄소 전기 시대에 전기료를 상승시키는 주요인이다. 친환경 에너지 도시가 되고자 하는 많은 도시들이 태양광과 풍력에너지만 사용하지 않고 가스화력발전소 등의 다른 에너지원을 수요에 따라 가동하고 멈추는 방식으로 부족분을 보충하는 이유다. 하지만 아무리 생각해봐도 이런 에너지 보충 방식은 제로 탄소라고 하기는 어렵다.

확실히 하자면, 태양광과 풍력 같은 가변적인 에너지원은 제로를 달성하는 데 중요한 역할을 할 수 있다. 아니, **그래야만 한다.** 경제적이라는 판단이 들 때면 우리는 어디라도 재생에너지를 빠르게 도입해야 한다. 지난 10여 년 동안 태양광발전과 풍력발전 비용이 얼마나 하락했는지를 보면 놀라울 정도다. 예를 들어 태양 전지 가격은 2010년에서 2020년 사이 약 10분의 1 수준으로 떨어졌으며 2019년 한 해에만 전체적인 태양광 시스템의 가격은 11퍼센트 하락했다. 가격이 떨어진 가장 큰 이유는 '행동 학습'으로 보인다. 우리는 어떤 제품을 더 많이 만들수록 더 잘 만들게 된다.

우리는 재생에너지의 사용을 가로막는 장애물을 제거해야 한다. 예를 들어 많은 사람이 미국의 전력망을 연결된 하나의 네트워크라고 생각하지만, 실제로는 전혀 그렇지 않다. 미국의 전력망은 조각보처럼 여러 개의 전력망이 엉켜 있는 형태로, 만들어진 전기를 지역에서 멀리 떨어진 곳으로 보내기란 실질적으로 불가능하다. 애리조나는 여분의 태양광 전기를 이웃에 팔 수 있지만, 미국 반대편의 주에는 팔 수 없다.

우리는 소위 고압전류high-voltage current를 전송하는 수천 킬로미터의 특수한 장거리 전력선을 미국에 열십자(十) 모양으로 설치해 이 문제를 해결할 수 있다. 이 기술은 이미 존재하는 기술이다. 미국은 이미 이 전력선을 일부 설치했다(이 중 가장 큰 전력선은 워싱턴주에서 캘리포니아까지 이어진다). 하지만 거대한 전력망을 업그레이드하는 과정에서 우리는 상당한 정치적 난관에 부딪히게 된다.

미국 남서부 지역에서 동북부 뉴잉글랜드의 소비자까지 태양광 에너지를 전달할 수 있는 전력선을 설치하기 위해 얼마나 많은 지주들, 전력회사들, 그리고 시 정부와 주 정부를 한데 모아야 하는지 생각해보라. 단지 전력선의 노선을 고르고 사유지 통행권을 얻는 것만 해도 엄청난 일이 될 것이다. 사람들은 마을 공원에 거대한 전력선이 지나간다는 것만 알게 되어도 반대한다.

와이오밍에서 캘리포니아와 미국 남서부 지역으로 풍력발전 전력을 이동시키는 송전망 건설 프로젝트인 트랜스웨스트 익스프레스TransWest Express는 2021년에 시작하여 2024년에 본격적으로 가동되는 것으로 예정되어 있다. 계획이 시작된 지 무려 17년 만이다.

하지만 우리가 이 문제만 해결할 수 있다면 큰 변화를 일으킬 것이다. 나는 현재 미국 서부 지역의 모든 전력망을 컴퓨터 모델화하는 프로젝트를 지원하고 있다. 이 모델을 사용하여 전문가들은 2030년까지 서부 주들이 에너지 사용량 중 60퍼센트를 재생에너지로 충당하겠다는 캘리포니아의 목표를 달성하기 위해 무엇을 해야 하는지, 그리고 동부 주들이 에너지 사용량 중 70퍼센트를 재생에너지로 충당하겠다는 뉴욕의 목표를 달성하기 위해 무엇이 필요한지를 연구해왔다. 그들은 전력망을 강화하지 않고 이 목표를 달성할 수 있는 방법이 없다는 것을 깨달았다.

또한 이 모델은 각 주가 개별로 움직이는 대신 지역별 송전망을 구축하면 그렇지 않을 때보다 30퍼센트나 적은 재생에너지를 사용하고도 탄소 감축 목표를 달성할 수 있음을 보여주었다. 다시 말해 재생에너지 발전소를 최적의 장소에 건설하고, 주간州間 전력망을 설치하고, 필요한 곳에 제로 탄소 전기를 보내면 우리는 돈을 절약할 수 있을 것이다.*

앞으로 전기가 전체적인 에너지 식단에서 더 큰 비중을 차지하게 되고 전 세계적으로 이런 전력망에 대한 수요가 증가할 것이다. 이런 전력망은 '주어진 장소에서 가장 효율적인 청정에너지 조합은 무엇일까?' '송전선은 어디에 설치해야 할까?' '어떤 규제가 우리 발목을 잡고 있고, 어떤 장려책을 만들어야 할까?'와 같은 질문에 대한 해답이 될 수 있다. 나는 이것과 비슷한 프로젝트가 더 많아지기를 희망한다.

여기 또 다른 어려움이 있다. 가정집들이 화석연료 의존도를

---

* 이 모델에 대한 더 자세한 정보는 breakthroughenergy.org에서 확인할 수 있다.

빌 게이츠, 기후재앙을 피하는 법

줄이고 전기 의존도를 높일수록(예컨대 전기차를 사용하는 등), 우리는 모든 가정에 대한 전력 서비스를 최소 두 배, 많게는 그 이상 업그레이드해야 한다. 우리는 더 많은 거리를 파헤치고 더 무거운 전선과 변압기, 그리고 다른 장비들을 위한 전봇대를 더 많이 만들어야 한다. 따라서 거의 모든 지역사회는 이런 변화를 피부로 느낄 수 있을 것이고, 정치적 영향 역시 지역사회에까지 느껴질 것이다.

기술력은 이런 개선 과정에서 발생하는 정치적 장애물을 극복하는 데 도움이 될 것이다. 예를 들어 지하에 묻힌 전선은 더 이상 눈엣가시가 아니다. 하지만 전선을 지하에 묻으면 비용이 다섯 배에서 최대 열 배까지 상승한다(문제는 열이다. 전기가 흐르는 전선은 뜨거워지는데, 전선이 밖에 있다면 열이 공기 속으로 흩어지니 문제가 아니지만 지하에서는 열이 갈 곳이 없다. 열이 지나치게 높아지면 전선이 녹는다). 따라서 몇몇 기업들은 열 문제를 해결하고 지하 전선의 비용을 크게 줄일 수 있는 차세대 송전선 기술에 투자하고 있다.

오늘날의 재생에너지를 사용하고 송전선을 개선하는 것은 무엇보다 중요하다. 전력망을 크게 개선하지 않고 각 지역별로 별도의 전력망을 만들고 운영한다면, 그린 프리미엄은 15퍼센트나 30퍼센트가 아니라 100퍼센트 이상이 될 수 있다. 원자력 에너지를 대규모로 사용하지 않는 이상(이와 관련해서는 다음에 살펴보겠다), 미국에서 제로 탄소를 달성하는 방법은 가능한 한 많은 풍력발전단지와 태양광발전단지를 조성하는 것이다. 종국에 미국이 사용하는 전기 가운데 정확히 어느 정도가 재생에너지로부터 나오게 될지는 모르지만, 우리가 확실하게 아는 것은 지금부터 2050년까지 훨씬 더 빠르게—지금보다 다섯 배에서 열 배까지—재생에너지 시설을 만들어야 한다는 것이다.

태양광 및 풍력과 관련해서 모든 나라가 미국처럼 운이 좋지는 않다는 사실을 기억해야 한다. 재생에너지에서 많은 전력을 얻을 수 있다는 것은 당연한 것이 아니라 예외적인 것이다. 그 때문에 우리가 아무리 많은 태양광발전과 풍력발전 관련 시설을 지어도, 세계적으로는 깨끗한 전기 기술을 더욱 개발해야 하는 것이다.

이미 많은 연구가 진행 중이다. 직업적 특성상 나는 최고의 과학자들과 기업가들을 만나고 그들로부터 배울 수 있는 기회가 있다. 지난 몇 년 동안 획기적 에너지 연합 등과 일을 하면서, 나는 발전發電 과정에서 제로를 달성하는 데 혁명이 될 수 있는 몇 가지 잠재적 돌파구에 대해 배웠다. 이런 아이디어들은 아직 개발 중이며, 어떤 아이디어는 다른 아이디어들보다 비교적 성숙되었고 시험도 거쳤다. 그렇다 해도 우리는 말도 안 되는 미친 아이디어에 투자하기를 꺼려서는 안 된다. 미친 아이디어에도 투자를 해야 최소 한두 개 정도의 기막힌 혁신을 얻을 수 있다.

무탄소 전기 만들기

핵분열. 원자력발전의 장점은 다음과 같이 단적으로 요약할 수 있다. 원자력발전은 밤낮과 계절에 구애받지 않고 전력을 생산할 수 있으며, 지구상 어디에서나 작동할 수 있고, 대규모로 생산이 가능하면서도 유일하게 탄소를 발생시키지 않는 에너지원이다.

그 어떤 다른 청정에너지원도 원자력에너지와 비교할 수 없다(여기서는 원자를 분리함으로써 에너지를 얻는 과정인 핵분열을 의미한다. 그 반대 의미인 핵융합은 곧 다룰 예정이다). 미국은 전기의 약 20퍼센트를 원자력발전소에서 얻는다. 프랑스는 70퍼센트로, 세계에서 가장 높은 수준이다. 그에 비해 이미 언급했듯이 풍력과 태양광은 세계적으로 9퍼센트에 불과하다.

우리가 더 많은 원자력발전소를 사용하지 않는 이상, 가까운 미래에 저렴한 비용으로 전력망을 탈탄소화할 수 있는 방법은 보이지 않는다. 2018년 MIT 연구진은 미국에서 제로를 달성하는 거의 1,000개에 달하는 시나리오를 분석했고, 그중 가장 싼 방법들은 모두 깨끗하고 언제나 작동 가능한 에너지원, 즉 원자력을 활용한 방법이었다. 원자력 같은 에너지원이 없다면 제로 탄소 전기는 훨씬 더 비쌀 것이다.

시멘트, 철강, 유리 같은 물질을 효율적으로 사용하는 데에도 원자력발전소가 가장 유리하다. 다음 도표는 다양한 에너지원에서 전기를 생산하려면 얼마나 많은 건축자재가 필요한지를

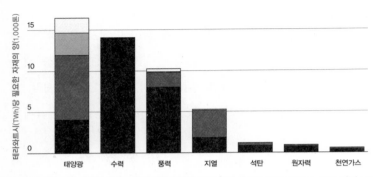

발전소를 짓는 데 얼마나 많은 것들이 필요할까? 발전소의 종류에 따라 다르다. 다른 발전소보다 같은 양의 전기를 만드는 데 훨씬 적은 것들이 필요한 원자력발전소가 가장 효율적이다.(미국 에너지부)[12]

나타낸다.

원자력발전소 막대가 얼마나 작은지 보이는가? 즉, 원자력발전소는 발전소를 짓는 데 필요한 건축자재 1톤당 훨씬 더 많은 에너지를 생산할 수 있다. 이런 자재들을 만들 때 온실가스가 배출되므로 이것은 중요한 고려 사항이다(자세한 내용은 다음 장에서 설명할 예정이다). 게다가 이 수치는 태양광발전소와 풍력발전소가 원자력발전소보다 더 많은 땅이 필요로 한다는 사실은 고려하지 않은 것이다. 또한 원자력발전소는 90퍼센트의 시간 동안 전기를 생산하는 반면, 태양광발전소와 풍력발전소는 25~30퍼센트의 시간 동안에만 전기를 생산한다. 따라서 실제로 발전소 사이의 차이는 위의 도표에서 보이는 것보다 더 크다.

원자력발전소에 문제가 있다는 것은 삼척동자도 아는 사실

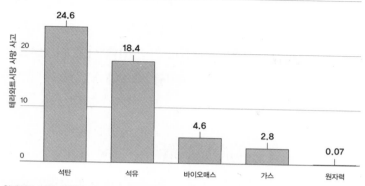

원자력은 과연 위험할까? 이 차트에서 볼 수 있듯이, 테라와트시당 발생하는 사망 사고를 기준으로 본다면 원자력은 위험하지 않다. 이 차트에서의 '사망'은 추출한 연료로 전기를 만드는 과정과 대기오염과 같은 환경 문제로 인한 사망을 모두 포함한 것이다.(Our World In Data)[13]

이다. 건설 비용이 너무 높다. 인간의 실수로 사고가 발생할 수도 있다. 원자력발전소가 사용하는 연료인 우라늄은 전시에 무기로 전용되기도 한다. 폐기물은 위험하고 저장하기도 어렵다.

미국의 스리마일섬, 구소련의 체르노빌, 그리고 일본의 후쿠시마에서 일어났던 큰 사고들은 이런 위험들을 적나라하게 보여준다. 이러한 재앙들을 초래한 실제 문제들이 있지만, 이런 문제들을 해결하는 대신 우리는 이 분야를 발전시키는 노력을 중단하기로 한 것 같다.

어느 날 세계의 모든 사람이 한데 모여 "자동차들이 사람을 죽이지 않아? 자동차는 매우 위험하지. 모두 운전을 그만두고 자동차를 버리자"고 말했다고 상상해보자. 물론 터무니없는 말이다. 우리는 정반대의 일을 했다. 혁신을 통해 자동차를 더 안전하게 만들었던 것이다. 사람들이 차 앞유리를 깨고 날아가는 것을 막기 위해 우리는 안전벨트와 에어백을 개발했다. 사고 시 탑승자를 보호하기 위해 더 안전한 부품과 더 나은 디자인으로 차를 만들었다. 주차장에서 보행자를 보호하기 위해 후방카메라를 만들어 설치했다.

원자력은 자동차보다 훨씬 적은 수의 사람을 죽인다. 그리고 원자력은 그 어떤 화석연료보다 훨씬 적은 수의 사람을 죽인다.

이와 같이 우리가 자동차의 문제점들을 개선한 것처럼 원자력발전소도 문제를 하나씩 분석한 다음, 혁신으로 해결하며 개선해야 한다.

과학자들과 엔지니어들은 다양한 해결책을 제시했다. 나는 2008년 내가 창업한 테라파워TerraPower가 창안한 방식에 희망을 걸고 있다. 테라파워는 차세대 원자로를 설계하기 위해 핵물리학과 컴퓨터 모델링 분야의 최고 인재들로 구성된 회사다.

실제 세계에는 실험용 원자로를 건설하지 못하기 때문에 우리는 워싱턴주의 벨뷰시에 슈퍼컴퓨터 실험실을 만들었다. 여기서 우리는 서로 다른 원자로 설계를 시뮬레이션한다. 우리는 진행파 원자로traveling wave reactor라는 디자인을 사용해 모든 중요한 문제를 해결할 수 있는 모형을 개발했다.

테라파워의 진행파 원자로는 다른 핵 시설에서 나오는 폐기물을 포함한 많은 다른 종류의 연료로 가동된다. 이 원자로는 다른 발전소보다 훨씬 더 적은 양의 폐기물을 만들어내며, 완전히 자동화되어 인간의 실수가 개입할 여지가 없고, 지하에 지어 외부의 공격이나 침입으로부터 자유롭다. 마지막으로, 진행파 원자로는 핵반응을 통제하기 위한 독창적인 기술로 본질적으로 안전하다. 예를 들어 원자로의 온도가 일정 수준 이상으로 높아지면 연료핀(보통은 연료봉으로 부르지만 테라파워의 연료핀은 통상적인 연료봉보다 훨씬 얇아 연료핀으로 부른다—옮긴이)이 팽창해 핵반응 속도를 늦춰 원자로가 지나치게 뜨거워지는 것을 사전에 방지한다. 사고는 말 그대로 물리학 법칙으로 예방된다.

이 원자로를 공식적으로 가동하기까지는 몇 년이 걸릴 것이다. 아직까지 테라파워가 만든 디자인은 컴퓨터 안에만 있다. 우리는 미국 정부와 협력해 첫 시제품을 제작할 기회를 모색하고 있다.

핵융합. 소비자들에게 전기를 공급하기까지는 아직 몇십 년의 시간이 더 필요하지만, 핵분열과 완전히 다르면서도 꽤 유망한 접근 방식이 있다. 핵분열처럼 원자를 분리하는 방식 대신, 원자를 붙이거나 융합하는 것이다.

핵융합의 원리는 태양의 원리와 비슷하다. 일단 기체—대부분의 과학자들은 특정 종류의 수소에 집중한다—로 시작한다. 기체가 아주 뜨거워지면, 그러니까 섭씨 5,000만 도를 넘어갈 정도로 뜨거워지면 기체는 전기를 띤 플라스마 상태가 된다. 온도가 이렇게 높아지면 입자들은 빨리 움직이다 서로 충돌하면서 융합된다. 마치 태양을 이루고 있는 수소 분자가 그러듯이 말이다. 수소 분자들이 융합하면 헬륨이 되는데, 이 과정에서 엄청난 양의 에너지가 방출된다. 이 에너지는 전기를 만드는 데 사용된다(과학자들은 플라스마를 가두는 다양한 방법을 찾아냈는데, 가장 일반적인 방법은 엄청난 양의 자석이나 레이저를 사용하는 것이다).

비록 아직은 실험 단계이지만, 핵융합은 많은 가능성을 지니고 있다. 핵융합은 지구에서 흔히 얻을 수 있는 수소를 사용하기 때문에, 핵융합으로 얻는 연료는 풍부하고 값도 저렴할 것이다 (핵융합에 쓰이는 수소는 바닷물에서 추출할 수 있으며, 앞으로 수백만 년 동안 세계가 쓸 수 있을 정도로 풍부하다). 핵융합 폐기물은 100년 동안 방사선을 배출하지만, 수천 년 동안 방사선을 배출하는 플루토늄에 비해서는 양호하며, 강도도 병원에서 나오는 방사선 수준으로 약하다. 이 과정에서 우리가 통제할 수 없는 연쇄 반응이 일어나지도 않는다. 연료 주입을 멈추고 플라스마가 들어 있는 장치의 스위치를 끄면 핵융합은 그 즉시 멈춘다. 아니면 촛불을 바람으로 끄듯이 플라스마에 시원한 기체를 주입하기만 해도 된다.

하지만 현실적으로 핵융합은 매우 어렵다. 핵과학자들 사이에서는 "핵융합이 정착하려면 아직 40년이나 남았고, 아마도 항상 40년 남을 것이다"라는 농담이 돌 정도다. 핵융합을 하는 데 가장 큰 장애물은 핵융합반응을 하는 데 필요한 엄청난 양의 에너지에 비해 종종 결과물로 얻게 되는 에너지의 양이 더 적다는 것이다. 그리고 핵융합에 필요한 엄청나게 높은 온도를 감안할 때, 그 온도를 견딜 수 있는 원자로를 만드는 것 자체가 엄청난 도전이다. 현존하는 핵융합로는 모두 연구용으로 만든 것이지, 실제 전기 생산 용도로 설계된 것은 없다.

현재 세계에서 가장 큰 핵융합로 건설 프로젝트는 6개 국가와 유럽연합의 공동 프로젝트로, 이터ITER라고 알려진 프랑스

남부의 실험 시설이다. 2010년부터 건설되기 시작해 지금까지 진행 중이다. 2020년대 중반쯤에는 최초의 플라스마를 생산할 것으로 기대된다. 2030년대 후반에는 상용 가능한 수준의 전기를 실제로 만드는 것을 목표로 하고 있다. 현실화된다면 이터는 핵융합 분야의 키티 호크Kitty Hawk(라이트 형제가 세계 최초로 유인 동력 비행에 성공한 노스캐롤라이나주의 마을—옮긴이)로서, 시범 공장 건설로 한 단계 나아갈 수 있는 큰 성과가 될 것이다.

핵융합을 더 현실적으로 만들려는 혁신도 계속 등장하고 있다. 한 예로 플라스마를 가두는 강한 자기장을 만들기 위해 고온의 초전도체를 사용하는 기업도 있다. 만약 이 방식이 성공한다면 핵융합로를 훨씬 더 작고 저렴하게 만들 수 있다. 이해하기 쉽게 비유하자면, 이터의 핵융합로가 축구장 크기라면 이 방식으로 만들 새로운 핵융합로는 테니스 코트 정도의 크기다.

핵분열이든 핵융합이든 이 분야에서 중대한 돌파구를 마련할 수 있는 기업이 몇 개 있느냐가 중요한 것이 아니다. 정말로 중요한 것은 세계가 원자력 분야의 발전에 대해 진지하게 생각해야 한다는 것이다. 무시하기에는 너무나도 중요하다.

해상풍력offshore wind. 풍력 터빈을 바다나 물속에 설치하는 것에는 많은 이점이 있다. 많은 대도시가 바닷가 근처에 위치해 있기 때문에, 전기를 대도시 인근에서 생산할 수 있어 이런저런 송전 문제를 겪지 않아도 된다. 또한 해상에서는 바람이 꾸준하게 불기 때문에 간헐성은 큰 문제가 되지 않는다.

이런 장점들에도 불구하고 해상풍력은 현재 세계에서 생산되는 전기 총량의 아주 작은 부분에 불과하다. 2019년 기준으로 해상풍력에서 생산되는 전기는 전체의 0.4퍼센트에 지나지 않았다. 이 중 대부분은 유럽, 특히 북해 인근에서 집중적으로 생산되었다. 미국의 경우 로드아일랜드Rhode Island 해안가 근처에 있는 해상풍력단지 한 곳에서 30메가와트 규모의 전기만 생산될 뿐이다. 미국이 1,000기가와트의 전기를 사용한다는 사실을 기억하는가? 해상풍력은 미국 전체 전기의 3만 2,000분의 1을 제공할 뿐이다.

해상풍력 산업의 입장에서 보면, 이제 올라갈 일밖에 없다. 기업들은 하나의 터빈이 더 많은 전력을 생산할 수 있도록 터빈을 더 크게 만드는 데 집중하고 있다. 또한 이들은 커다란 금속 물체를 물속에 설치하는 공학적으로 어려운 문제를 해결하기 위해 노력하고 있다. 이런 혁신으로 풍력 터빈의 값이 내려가면 전 세계적으로 더 많은 터빈이 설치될 것이다. 이를 반증하듯 최근 3년 동안 해상풍력 사용량은 매년 25퍼센트씩 성장했다. 기업의 투자를 장려한 현명한 정부 보조금 정책 덕분에 영국은 오늘날 세계 최대의 해상풍력 이용국이 되었다. 중국 역시 해상풍력 산업에 많은 투자를 하고 있으며 2030년이 되면 세계에서 가장 큰 소비국이 될 가능성이 높다.

미국은 뉴잉글랜드, 캘리포니아 북부, 오레곤, 걸프 연안, 그리고 오대호Great Lakes에서 부는 상당한 양의 해상풍력을 사용할 수 있다. 이론적으로 우리는 여기에서 현재의 수요를 충족하고도 남을 정도인 2,000기가와트를 생산할 수 있다.[14] 하지만 우리

빌 게이츠, 기후재앙을 피하는 법

가 이 잠재력을 최대한으로 이용하려면 우리는 더 쉽게 터빈을 설치할 수 있어야 한다. 터빈 설치를 허가받으려면 관료제를 뚫어야 한다. 당신은 연방정부에서 임대하는 얼마 되지도 않는 땅을 구입한 뒤, 몇 년간 시범 운영을 한 다음 환경 영향 평가 보고서를 작성하고, 그 후 추가적으로 주 정부의 허가를 받아야 한다. 그리고 각 단계에서 당신은 해변가 부동산 소유자, 관광 산업, 어부, 그리고 환경단체의 반대(옳든 아니든)를 무릅써야 한다.

해상풍력은 많은 가능성을 약속한다. 계속 저렴해지고 있는 해상풍력은 많은 나라들이 탈탄소화하는 데 중요한 역할을 할 수 있다.

지열geothermal. 지하 깊은 곳, 수십 미터에서 약 1.6킬로미터 깊은 지하에는 무탄소 전기 생산에 사용할 수 있는 뜨거운 돌들이 있다. 고압의 물을 관으로 지하의 돌에 주입하면, 돌의 뜨거운 열을 물이 흡수하여 증기로 변해서 반대쪽 관을 통해 지상으로 나온다. 이렇게 나온 증기는 터빈을 작동시켜 전기를 생산한다.

하지만 지하의 열을 사용하는 것에는 단점이 있다. 에너지밀도(제곱미터당 우리가 얻는 에너지의 양)가 꽤 낮다는 것이다. 데이비드 맥케이는 2009년 출간한 《지속 가능한 에너지 만들기: 뜨거운 공기 없이Sustainable Energy — Without the Hot Air》라는 훌륭한 책을 통해 지열에너지는 영국 에너지 수요의 2퍼센트 이하만 충족할 수 있다고 추정했으며, 심지어 이 정도의 에너지를 생산하는 데에는 영국 전역의 모든 땅을, 그것도 무료로 파야 한다고 주장했다.[15]

지열발전을 하려면 땅속 깊은 곳까지 물을 주입할 수 있는 관인 주입정(물이 들어가는 관―옮긴이)과 생산정(물이 증기가 되어 나오는 관―옮긴이)이 필요한데, 이 관을 생산하기에 앞서 실제로 그 장소에서 필요한 열이 생산될 수 있을지 알기 어렵다. 그리고 이 관이 얼마나 길어야 하는지도 파악하기 어렵다. 지열발전을 위해 만들어진 모든 관의 약 40퍼센트는 제대로 사용되지도 못하고 폐기된다. 그리고 지열은 특정 장소에서만 이용 가능하다. 가장 적합한 장소는 평균 이상의 화산 활동이 일어나는 지역이다(일본과 같이 환태평양 지역에 위치한 나라들이 대표적이다―옮긴이).

비록 이러한 어려움들은 지열발전이 세계 전력 소비에 약간만 기여할 것이라는 사실을 의미하지만, 우리가 자동차를 점진적으로 개선했던 것처럼 지열발전 역시 점진적으로 개선할 만하다. 기업들은 지난 몇 년 동안 석유와 가스 시추를 더 생산적으로 만든 기술 발전을 기반으로 혁신을 거듭해왔다. 예를 들어 몇몇 기업들은 관을 설치할 장소를 더 쉽게 찾을 수 있도록 최첨단 센서를 개발하고 있다. 다른 기업들은 수평시추 기술을 활용해 더 안전하고 효율적인 지열발전에 기여하고 있다. 이것은 애초에 화석연료 산업을 위해 개발된 기술이 제로 탄소 기술을 더욱 발전시킬 수 있다는 것을 보여주는 좋은 예다.

저장하기

배터리. 나는 내가 상상했던 것보다 더 많은 시간을 배터리를 배우는 데 투자했다. 그리고 내가 상상했던 것보다 더 많은 돈을 배터리 스타트업으로 잃기도 했다. 놀랍게도 리튬이온전지(노트북과 휴대폰에 사용된다)의 많은 한계에도 불구하고 이를 개선하기가 어렵다. 연구원들은 우리가 배터리를 만드는 데 사용할 수 있는 모든 금속을 시험했지만, 우리가 이미 만든 배터리보다 성능이 월등하게 뛰어난 배터리를 만들 수 있는 금속은 없는 것으로 보인다. 배터리의 성능을 세 배 정도 향상시킬 수는 있어도, 50배 향상시킬 수는 없다.

그래도 좌절해서는 안 된다. 나는 도시가 사용하는 양의 에너지를 충분히 저장할 수 있는 저렴한 배터리를 연구하는 뛰어난 엔지니어들을 만났다. 이런 배터리들은 컴퓨터나 휴대폰에 들어가는 배터리와 구분하기 위해 그리드 스케일 배터리grid-scale battery라고 부르는데, 계절적 간헐성 문제를 해결할 수 있을 정도로 수명도 길다. 내가 존경하는 발명가 중 한 명은 고체금속 대신 액체금속 배터리를 연구하고 있다. 그는 액체금속이 더 많은 에너지를 저장하고 더 빠르게 전달할 수 있다는 점에 착안해 액체금속 배터리를 구상하게 되었다. 이런 장점은 도시 전체에 전력을 공급할 때 매우 요긴할 것이다. 이 아이디어는 연구실에서는 이미 증명되었으며, 현재 연구진은 경제성을 확보하고 현장에서도 무리 없이 사용 가능한 배터리를 연구하고 있다.

서로 분리된 대형 탱크에 담긴 전해액이 흐르면서 전기를 생산하는 플로우 배터리flow battery도 각광받고 있다. 탱크가 클수록 더 많은 에너지를 저장할 수 있고, 배터리가 클수록 경제성이 높아진다.

양수발전pumped hydro. 양수발전은 하나의 도시가 사용할 만큼의 에너지를 저장하는 방식이다. 작동 원리는 이렇다. 전기가 저렴할 때(예를 들어 강풍이 풍력 터빈을 매우 빠르게 돌릴 때) 물을 언덕 위의 저수지(상부 저수지)로 끌어 올린다. 전력 수요가 줄어들면 물을 하부 저수지에 방수해서 터빈을 작동시켜 전기를 생산한다.

양수발전은 세계에서 가장 큰 규모의 그리드 스케일 배터리다. 하지만 그렇다고 해서 아주 특별한 것도 아니다. 미국에서 가장 큰 열 개의 양수발전소는 미국이 한 시간도 안 되는 시간에 소비하는 전기만 저장할 수 있다. 왜 양수발전이 아직까지 활성화되지 않았는지 눈치챈 독자도 있을 것이다. 하부 저수지의 물을 상부 저수지로 끌어 올리려면, 상하부 저수지를 나눌 수 있는 언덕이 있어야 하는 것은 물론이고 두 저수지에 물이 많아야 한다. 언덕도 없고 저수지도 없다면 양수발전은 아예 불가능하다.

기업들은 몇몇 대안을 생각하고 있다. 그중 하나는 물이 아닌 다른 것, 예를 들어 조약돌 같은 것들을 언덕 위로 올리는 것이다. 또 다른 대안은 물은 그대로 두고 언덕 없이 양수발전을 하는 것이다. 땅속의 엄청난 압력 속에 물을 가둔 뒤, 터빈을 작동할 준비가 되면 그 물을 방수하는 것이다. 만약 이 방식이 제대로 작동된다면 지상의 장비에 대해서는 신경 쓸 것이 없기 때문에 마법이나 다름없다.

축열畜熱, thermal storage. 축열의 개념은 전기가 저렴할 때 전기로 무언가를 가열한 뒤, 열 엔진heat engine을 사용해 그 열을 전기로 만드는 것이다. 이런 발전 과정의 효율성은 50~60퍼센트로, 나쁜 편은 아니다. 엔지니어들은 큰 에너지 손실 없이 오랫동안 열을 유지할 수 있는 많은 재료들을 시험하고 있다. 그중 가장 유망한 접근법은 열을 용융염molten salt에 저장하는 것이다.

테라파워에서는 용융염 사용법을 연구하고 있다. 목적은 낮에 생산된 열을 저장해, 저렴한 태양광이 작동하지 않는 밤에 전기로 전환하는 것이다.

저렴한 수소. 나는 전력 저장 분야의 획기적인 발전을 간절히 기다리고 있다. 하지만 동시에 새로운 혁신이 발생해 이런 모든 아이디어들을 불필요한 아이디어로 만들었으면 좋겠다는 생각도 한다. 마치 개인 컴퓨터의 등장이 타자기를 쓸모없게 만든 것처럼 말이다.

전력 저장과 관련하여 저렴한 수소는 다른 아이디어들을 쓸모없게 만들 수 있을 것이다.

그 이유는 수소가 연료전지 배터리의 핵심 성분이기 때문이다. 연료전지는 두 가스(보통 수소와 산소) 사이의 화학적 반응으로 에너지를 얻는다. 이런 과정에서 만들어지는 유일한 부산물은 물이다. 우리는 태양광발전단지나 풍력발전단지에서 만들어지는 전기를 사용해 수소를 만들 수 있다. 그 수소를 압축가스나 다른 형태로 저장하여 연료전지에 넣어 필요할 때마다 사용할 수 있다. 이렇게만 된다면 우리는 청정전기를 사용해 무탄소 연료를 만들어 몇 년 동안 저장한 다음, 저장된 연료를 필요할 때만 전기로 전환해 사용할 수 있다. 그리고 내가 앞에서 언급한 장소의 문제도 해결할 수 있을 것이다. 햇빛을 철도에 실어 운반할 수는 없지만, 햇빛을 연료로 만든 다음 원하는 방식으로 운반할 수 있다.

하지만 여기에도 문제가 있다. 탄소를 배출하지 않고 수소를 만들려면 많은 돈이 필요하다. 그리고 배터리에 전기를 직접 저장하는 것보다 효율적이지는 않다. 왜냐하면 수소를 만들기 위해서는 우선 전기를 사용해야 하며, 그렇게 만들어진 수소로 나중에 다시 전기를 만들어야 하기 때문이다. 이런 단계들을 밟는 과정에서 에너지 손실이 불가피하게 발생한다.

수소는 또한 매우 가벼워서 적당한 크기의 컨테이너에 저장하기 어렵다. 가스를 압축하면 더 쉽게 저장할 수 있다(컨테이너의 크기가 동일하다면 압축된 가스를 더 많이 저장할 수 있을 것이다). 하지만 수소 분자들은 매우 작기 때문에, 압력을 받으면 움직임이 활발해져 강철을 통과하기도 한다. 마치 가스탱크를 가득 채울 때 가스가 천천히 누출되는 것과 같다.

마지막으로 수소를 만드는 과정(전기분해electrolysis라고 부른다)에는 전해조electrolyzer라고 불리는 다양한 성분들이 필요한데, 이들은 무척 비싸다. 현재 연료전지로 달리는 자동차를 이용할 수 있는 캘리포니아에서 수소의 비용은 1갤런의 휘발유에 5달러 60센트를 지불하는 것과 같다(2020년 2월 현재 미국에서 1갤런의 휘발유는 2달러 41센트다—옮긴이). 그래서 과학자들은 전해조로 사용될 수 있으면서도 더 저렴한 물질을 시험하고 있다.

빌 게이츠, 기후재앙을 피하는 법

다른 혁신들

탄소포집capturing carbon. 천연가스와 석탄을 사용해 지금처럼 전기를 계속 만들고 이산화탄소가 대기에 배출되기 전에 빨아들이는 방법도 있다. 탄소포집저장carbon capture and storage이라고 불리는 이 기술은 화석연료 공장에 특수 장치를 설치해 이산화탄소를 흡수하는 것이다. 포인트 캡처point capture(발전소 굴뚝에서 이산화탄소를 직접 포집하는 기술—옮긴이)라고 불리는 이런 장치들은 개발된 지 오래되었지만, 구입하고 운영하는 데 비용이 많이 든다. 일반적으로 이들은 배출되는 온실가스의 90퍼센트만 포집할 수 있는데, 전력회사들이 이런 장치를 설치하는 데에서 직접적인 이득을 얻지 못하기 때문에 널리 사용되고 있지는 않다. 효율적인 공공 정책을 만들어 탄소포집저장 기술이 더 많이 활용될 수 있도록 장려책을 만들어야 한다. 이에 대해서는 10장과 11장에서 더 자세히 설명하겠다.

앞에서 나는 직접공기포집 기술에 대해 설명한 바 있다. 이 기술은 이름 그대로 공기 중의 탄소를 직접 포집하는 기술이다. 직접공기포집은 장소에 구애받지 않고 어디서든 할 수 있으므로 포인트 캡처 기술보다 더 유연하다. 그리고 제로를 달성하는 데 매우 중요한 요소다. 미국 국립과학원National Academy of Sciences의 연구 결과에 따르면 제로를 달성하기 위해서는 21세기 중반까지 매년 100억 톤의 이산화탄소를 제거해야 하고, 21세기 말까지는 매년 200억 톤의 이산화탄소를 제거해야 한다.[16]

하지만 직접공기포집은 포인트 캡처보다 기술적으로 더욱 큰 도전 과제다. 왜냐하면 공기 중의 이산화탄소는 농도가 낮기 때문이다. 석탄발전소에서 이산화탄소가 배출된 직후에는 농도가 매우 높지만 직접공기포집이 운영될 수 있는 대기권에서는 광범위하게 분산된다. 대기 중에서 무작위로 분자 하나를 골라냈을 때 그것이 이산화탄소일 확률은 2,500분의 1에 불과하다.

기업들은 이산화탄소 흡수 능력이 뛰어난 신소재를 개발하고 있는데, 이것은 포인트 캡처와 직접공기포집을 더욱 저렴하고 효율적으로 만들 것이다. 현재의 직접공기포집 기술로 온실가스를 포집하고 안전하게 저장하는 데에는 큰 에너지가 필요하다. **어느 정도**의 에너지를 사용하지 않고 이 모든 것을 할 수 있는 방법은 없다. 물리학 법칙에 따라 직접공기포집에 필요한 최소한의 에너지양이 있다. 하지만 가장 최신의 기술도 '최소한의 에너지'보다 훨씬 더 많은 양의 에너지를 필요로 한다. 이 분야에서 앞으로도 더 많은 개선이 요구된다.

더 적게 사용하기. 나는 우리가 에너지를 더 효율적으로 사용한다면 기후변화를 어느 정도 막을 수 있을 것이라는 말에 코웃음을 쳤다. 내 생각은 이랬다. 배출량을 줄이는 데에도 우리의 자원을 써야 한다면(우리의 자원은 한정되어 있다), 에너지 수요를 줄이기 위해 그 아까운 자원을 쓰는 것보다 차라리 제로 탄소 기술을 개발하는 것이 기후변화에 더 큰 영향을 끼칠 수 있지 않을까?

나는 이 생각을 완전히 버리지는 않았다. 하지만 태양광발전

빌 게이츠, 기후재앙을 피하는 법

과 풍력발전으로 지금보다 더 많은 전기를 생산하려면 훨씬 더 많은 땅이 필요하다는 사실을 깨달은 후, 내 주장을 조금 굽혀야만 했다. 석탄발전소에서 생산하는 전기와 동일한 양의 전기를 생산하기 위해 태양광발전단지는 다섯 배에서 최대 50배 더 많은 땅을 필요로 한다. 그리고 풍력발전단지는 태양광단지보다 열 배 더 많은 땅을 필요로 한다. 우리는 화석연료를 청정에너지로 완벽하게 대체할 가능성을 높이기 위해 무엇이든 해야 하는데, 전기 수요를 줄인다면 이 목표가 훨씬 쉬워질 것이다.

또한 전력을 보다 일관되게 사용하는 방식인 부하 이전load shifting(최대 사용 시간을 피해 전기를 사용하도록 유도하는 수요관리 방식—옮긴이)과 수요 이전demand shifting이 있다. 부하 이전을 대규모로 할 수 있다면 전기에 대한 우리의 생각에 중대한 변화가 될 것이다. 현재 우리는 전기를 사용할 때 생산하는 경향이 있다. 예를 들어 한밤에 도시의 전등을 켜기 위해 발전소를 가동시킨다. 하지만 부하 이전 방식을 사용할 경우 우리는 전기 생산이 가장 쌀 때 전기를 사용한다.

예를 들어 당신의 온수기는 오후 7시가 아니라 전력 수요가 적은 오후 4시에 전원이 켜질 수 있을 것이다. 또는 집에 도착해서 전기차를 충전기에 연결하면 새벽 4시까지 자동으로 충전을 기다리게 된다. 새벽 4시에는 전기 사용량이 적어서 전기료가 가장 저렴하다. 산업 차원에서 보자면, 폐수 처리나 수소연료 생산과 같이 에너지 집약적인 행위들은 전력이 가장 쌀 때 수행될 수 있다.

부하 이전을 제대로 실행하려면 정책 변화와 기술 발전이 필요하다. 전력회사들은 전기의 수요와 공급을 파악할 수 있도록 실시간으로 전기 가격을 업데이트해야 한다. 그리고 온수기와 전기차와 같이 전기로 구동되는 제품들은 가격 정보에 따라 행동할 수 있도록 '스마트'해야 한다. 극단적인 경우, 전기 공급량이 특히 적을 때는 전기가 가장 필요한 곳(예를 들어 병원 등)에 전기를 먼저 공급하고 중요하지 않은 곳에는 전기 공급을 차단하는 방식으로 수요의 우선순위를 정해야 한다.

우리는 살펴본 모든 아이디어를 마땅히 추구해야 한다. 하지만 전력망을 탈탄소화하기 위해 모든 아이디어가 필요하다는 말은 아니다. 몇몇 아이디어는 서로 중첩되기도 한다. 예를 들어 저렴한 수소에서 돌파구를 찾는다면, 마법 같은 배터리에 대해서는 걱정할 필요가 없을 것이다.

내가 확실하게 말할 수 있는 것은 우리가 필요할 때마다 합리적인 가격의 제로 탄소 전기를 안정적으로 제공하는 새로운 전력망을 개발할 구체적인 계획이 필요하다는 것이다. 만약 누군가 나에게 요술지팡이를 주면서 이것을 흔들면 기후변화의 요인들 가운데 하나를 획기적으로 개선할 수 있다고 한다면, 나는 '전기 생산'이라고 말할 것이다. 깨끗하게 전기를 만들 수만 있다면, 우리 경제의 많은 부분을 탈탄소화할 수 있기 때문이다. '우리 경제의 많은 부분' 중 가장 먼저 '무언가를 만드는 것'을 다음 장에서 살펴보자.

5

제조
연간 배출량 520억 톤의 29퍼센트
How We Make Things

멀린다와 내가 사는 워싱턴주 메디나Medina에서 시애틀의 재단 본사까지는 약 13킬로미터 떨어져 있다. 사무실에 가려면 나는 에버그린 포인트Evergreen Point 부교浮橋로 워싱턴 호수를 건너야 한다. 하지만 이곳 주민들은 이 다리를 이렇게 부르지 않고 520 다리라고 부른다. 이 지역을 가로지르는 고속도로에서 따온 이름이다. 2.3킬로미터가 넘는 이 다리는 세계에서 가장 긴 부교다.

520 다리를 건널 때마다 나는 이 다리가 얼마나 경이로운지에 대해 감사함을 느낀다. 길기도 하지만 실제로 강에 떠 있기 때문이다. 수 톤의 아스팔트, 콘크리트, 강철로 만들어진 이 거대한 구조물 위로 수백 대의 차가 돌아다니는데도 어떻게 호수 위에 떠 있는 걸까? 도대체 왜 가라앉지 않는 걸까?

이렇게 놀라운 공학의 기적을 가능하게 만든 것은 무엇일까? 바로 콘크리트다. 언뜻 보면 이상하게 들릴 수 있다. 콘크리트는 너무 무거워 물 위에 뜰 수 없으리라 생각되기 때문이다. 물론 콘크리트는 방사선을 흡수하는 병원의 벽처럼 두껍게 만들 수도 있지만, 폰툰pontoon(내부가 비어 공기로 채워진 구조물로 물

시애틀의 520 다리. 집에서 게이츠 재단 사무실로 가려면 이 다리를 건너야 한다. 현대 공학의 경이로움이다.[1]

에 뜨는 성질이 있다―옮긴이)처럼 만들 수도 있다. 520 다리는 총 77개의 폰툰으로 이루어져 있다. 각 폰툰의 무게는 수천 톤이며 호수에 뜰 정도로 충분한 부력이 있다. 그리고 그 위에 다리를 놓고 차가 달려도 될 만큼 튼튼하다.[2] 물론 교통 체증에 걸릴 때는 차들이 2.5센티미터씩 움직이기도 한다.

이런 기적을 일으키는 콘크리트는 어렵지 않게 찾을 수 있다. 콘크리트는 녹이 슬지도 않고 썩지도 않으며 불에 타지도 않는다. 현대에 건물을 지을 때 콘크리트를 쓰는 이유다. 수력발전에 관심이 있는 사람도 댐을 만드는 콘크리트에 고마움을 느낄 것이다. 언젠가 자유의 여신상을 보게 되면 발밑의 받침대를 유심히 보기 바란다. 그 받침대도 2만 7,000톤의 콘크리트로 만들어졌다.[3]

미국 최고의 발명가인 토머스 에디슨은 모든 것을 콘크리트로 만든 집을 지으려고 했을 정도로 콘크리트에 매료되었다. 그의 꿈은 콘크리트 침대를 포함한 콘크리트 가구를 만드는 것이었으며, 심지어 콘크리트로 축음기도 만들고자 했다.[4]

물론 에디슨의 꿈은 이루어지지 않았다. 하지만 우리가 콘크리트를 **많이** 사용한다는 점은 변함없다. 매년 도로, 다리, 그리고 건물을 교체하거나 수리 또는 신축하는 과정에서 콘크리트를 만드는 주요 성분인 시멘트를 미국에서만 9,600만 톤 이상 생산한다. 미국인 한 사람당 약 270킬로그램의 시멘트를 생산하는 셈이다. 그럼에도 미국은 시멘트를 가장 많이 소비하는 나라가 아니다. 시멘트의 최대 소비국은 중국으로, 21세기 첫 16년 동안 중국은 미국이 20세기 내내 생산한 시멘트보다 더 많은 양의 시멘트를 생산했다.

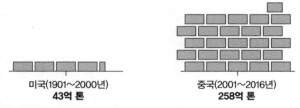

미국(1901~2000년)
43억 톤

중국(2001~2016년)
258억 톤

중국은 많은 시멘트를 만든다. 중국은 미국이 20세기 내내 소비한 시멘트보다 더 많은 양의 시멘트를 21세기에 이미 생산했다. (미국 지질조사국 U. S. Geological Survey)[5]

빌 게이츠, 기후재앙을 피하는 법

물론 우리는 시멘트와 콘크리트만 사용하는 것이 아니다. 자동차, 배, 기차를 만들 때는 강철을 사용한다. 그뿐만이 아니다. 냉장고와 스토브, 공장 기계, 음식을 담는 캔, 심지어 컴퓨터에도 강철을 사용한다. 강철은 튼튼하고 저렴하며 내구성이 좋고 무한히 재활용할 수 있다. 또한 콘크리트와도 환상의 파트너십을 자랑한다. 강철 막대가 삽입된 콘크리트 블록은 엄청난 무게를 견딜 수 있고 비틀어도 부서지지 않는 마치 마법과도 같은 건축 자재다. 많은 빌딩과 다리에 철근콘크리트가 사용되는 이유다.

미국인들은 시멘트만큼 강철을 많이 사용한다. 위에서 미국인 1인당 270킬로그램의 시멘트를 생산한다고 했는데, 여기에 1인당 270킬로그램의 강철이 추가된다. 심지어 이 수치는 우리가 재활용해서 다시 사용하는 강철을 포함하지 않은 수치다.

플라스틱도 빠질 수 없다. 플라스틱은 옷, 장난감부터 가구, 자동차, 휴대폰에 이르기까지 일일이 셀 수 없을 정도로 많은 제품을 만드는 데 사용된다. 최근 나빠진 플라스틱의 평판은 부분적으로만 공정한 평가다. 플라스틱은 해양 생태계를 망가뜨리고 해양 생물을 중독시키면서 큰 문제를 일으키고 있지만 좋은 점도 많다. 지금 책상 앞에 앉아 이 글을 쓰면서 내 방을 둘러보니 컴퓨터, 키보드, 모니터, 마우스, 스테이플러, 휴대폰 등 플라스틱이 안 들어간 물건이 없다. 플라스틱은 또한 자동차를 가볍게 만들어 연비 향상에도 기여한다. 플라스틱은 자동차 부피의 최대 절반을 차지하지만 무게는 10퍼센트에 불과하다.[6]

그다음 유리도 있다. 유리는 창문, 병, 단열재, 자동차, 그리

이 두 사진은 좋든 싫든 성장이 무엇인지를 보여주는 사진이다. 1987년 상하이(왼쪽), 2013년 상하이(오른쪽).[7]

고 초고속 인터넷을 가능하게 하는 광섬유 케이블에 쓰인다. 알루미늄은 음료수 캔, 포일, 전선, 손잡이, 기차, 비행기, 맥주통에 쓰인다. 비료는 세계를 먹여 살린다. 수년 전 나는 전자통신이 보편화되면서 종이가 사라질 것이라고 예측했지만, 짧은 시일에 사라질 징조는 아직 보이지 않는다.

이처럼 우리는 전기만큼이나 현대 사회에서 필수가 되어버린 많은 자재들을 만든다. 우리는 이런 자재들을 포기할 수 없다. 아니, 세계 인구가 더 많아지고 더 부유해질수록 우리는 이런 것들을 더 많이 사용하게 될 것이다.

근거 없이 하는 말이 아니다. 21세기 중반이 되면 우리는 지금보다 50퍼센트나 더 많은 강철을 생산할 것이다. 백문이 불여일견이라고, 이런저런 데이터를 보는 것보다 위 두 사진에 집중하기 바란다.

위의 사진을 보라. 서로 다른 도시처럼 보이지 않는가?

아니다. 둘 다 같은 곳에서 찍은 상하이 사진이다. 왼쪽 사진은 1987년에 찍은 사진이고, 오른쪽 사진은 2013년에 찍은 사진이다. 오른쪽 사진에서 보이는 새로운 빌딩을 볼 때마다 나는 엄청난 양의 강철, 시멘트, 유리, 플라스틱이 보인다.

물론 대부분 지역에서 일어난 성장은 상하이처럼 극적이지 않다. 하지만 이런 스토리는 세계 곳곳에서 반복된다. 다시 한번 반복하자면, **이런 성장은 좋은 것이다.** 이 두 사진에서 보이는 급격한 성장은 사람들의 삶이 수많은 방식으로 개선되었다는 것을 의미한다. 이들은 이제 더 많은 돈을 벌고 더 훌륭한 교육을 받는다. 그리고 더 오래 살 가능성이 높다. 빈곤 퇴치에 관심이 있는 사람이라면 이런 발전상을 좋은 소식으로 봐야 한다.

하지만 **즐거움 끝에 고생이 온다.** 이런 자재들을 계속 만들다 보면 많은 양의 온실가스가 배출된다. 사실 이 자재들은 전 세계 배출량의 3분의 1을 차지한다. 그리고 어떤 경우, 특히 콘크리트의 경우 탄소를 배출하지 않고 만들 수 있는 현실적인 방법이 없다.

기후를 더 이상 해치지 않으면서 이런 자재들을 계속 생산할 수 있을까? 나는 이 장에서 가장 중요한 자재들인 강철, 콘크리트, 플라스틱에 집중할 것이다. 앞 장에서 전기를 살펴본 것처럼, 왜 이런 자재들이 기후변화에 그토록 문제를 일으키는지 살펴볼 것이다. 그런 다음 오늘날의 기술을 이용해 배출량을 줄이는 데 붙는 그린 프리미엄을 계산하고, 그린 프리미엄을 어떻게 낮출 수 있는지, 또 탄소를 배출하지 않고 이 모든 것들을 어떻게 만들 수 있을지 살펴보겠다.

강철의 역사는 4,000년 전으로 거슬러 올라간다. 강철을 처음 만들기 시작한 철기시대로부터 강철이 저렴해지고 다용도로 쓰이는 오늘날에 이른 것은 일련의 엄청난 발명품들 덕분이다. 하지만 내 경험에 의하면 사람들은 용광로, 연철로, 그리고 베서머법Bessemer process이 서로 어떻게 다른지 궁금해하지 않고 굳이 알려고 하지도 않는다. 따라서 당신이 반드시 알아야 할 내용만 요약하겠다.

우리가 강철을 좋아하는 것은 단단하고 열이 가해지면 쉽게 다양한 형태로 변화를 줄 수 있기 때문이다. 강철을 만들려면 우선 순철pure iron과 탄소가 필요하다. 철 자체는 강하지 않지만 적당한 양의 탄소가 더해지면—강철의 종류에 따라 달라지지만 보통은 1퍼센트 이하다—탄소 원자들은 철 원자들 사이에 자리를 잡게 된다. 그 결과 우리가 아는 단단한 강철이 만들어진다.

탄소와 철은 어렵지 않게 구할 수 있다. 우리는 석탄에서 탄소를 얻고 철은 지구의 지각에서 흔하게 찾을 수 있다. 하지만 순철은 꽤나 드물다. 땅에서 캐내는 금속은 거의 언제나 산소와 결합된 상태인 철광석이다.

강철을 만들려면 철광석에 소량의 탄소를 더해 산소를 제거해야 한다. 섭씨 1,700도 이상의 매우 높은 온도에서 철광석과 코크스(석탄의 일종으로 탄소를 배출한다—옮긴이)를 함께 녹이면 된다(코크스에서 배출되는 탄소가 철광석 중의 산소와 결합해 이산화탄소가 만들어지면서 산소를 제거한다—옮긴이). 이런 과정을 거치면서 우리

빌 게이츠, 기후재앙을 피하는 법

가 원하는 강철을 얻게 되지만, 이산화탄소라는 원하지 않은 부산물도 얻게 된다. 1톤의 강철이 만들어질 때마다 1.8톤의 이산화탄소가 배출될 정도로 상당히 많은 양의 이산화탄소가 만들어진다.

왜 강철을 이렇게 만들까? 답은 저렴하기 때문이다. 철광석은 쉽게 캐낼 수 있다(따라서 비싸지 않다). 석탄도 땅속에 많이 있기 때문에 역시 비싸지 않다. 우리가 기후변화에 대해 본격적으로 걱정하기 전까지는 다른 방식을 개발할 이유가 없었다.

미국의 강철 생산량은 정체되기 시작했지만 세계는 계속해서 더 많은 강철을 만들 것이다. 중국, 인도, 일본 등 몇몇 나라들은 이미 미국보다 더 많은 양의 강철을 생산하고 있으며, 2050년이 되면 세계는 매년 28억 톤의 강철을 생산할 것이다. 이 말은 2050년까지 친환경적인 새로운 방식을 개발하지 못한다면 강철을 만드는 과정에서만 매년 50억 톤의 이산화탄소가 배출된다는 의미다.

강철 이야기가 암울하게 들렸다면, 콘크리트 이야기는 더욱 우울하게 들릴 것이다. 콘크리트를 만들려면 자갈, 모래, 물, 그리고 시멘트를 섞어야 한다. 자갈, 모래, 물은 상대적으로 괜찮다. 우리 기후에 말썽을 일으키는 것은 시멘트다.

시멘트를 만드는 데는 탄산칼슘이 필요하고 탄산칼슘을 얻기 위해서는 (탄산칼슘 외에도 탄소와 산소로 구성된) 석회암이 필요하다. 시멘트를 얻기 위해서는 석회암을 용광로에서 태워야 한다.

탄소와 산소가 같이 있다고? 눈치 빠른 독자들은 이제 내가 무슨 말을 하려는지 짐작할 것이다. 석회암을 태우면 우리가 원하는 것, 바로 시멘트를 만드는 데 필요한 탄산칼슘을 얻을 수 있다. 반면 원하지 않는 것, 즉 이산화탄소도 얻게 된다. 이 과정을 거치지 않고 시멘트를 만드는 방법은 없다. **석회암에 열을 가하면 산화칼슘과 이산화탄소가 만들어진다는** 화학반응을 우회할 방법은 없다. 이렇게 만들어진 시멘트는 1 대 1의 비율로 이산화탄소를 만들어낸다. 즉, 1톤의 시멘트를 만들면 1톤의 이산화탄소도 얻게 된다.

강철과 마찬가지로 시멘트 생산을 멈출 것이라고 생각할 이유는 없다. 중국은 현재 가장 큰 시멘트 생산국이며, 이 분야에서 2위인 인도보다 생산량이 일곱 배 앞선다. 그리고 중국은 중국을 제외한 모든 나라가 만든 시멘트의 합보다 더 많은 시멘트를 만들었다.[8] 중국의 건설 붐이 앞으로 둔화될 수 있다지만, 다른 개발도상국에서 건설 붐이 일어나면서 2050년까지 세계의 연간 시멘트 생산량은 소폭 증가하다가 현재 수준인 연간 약 40억 톤으로 수렴될 것으로 예상된다.[9]

시멘트와 강철에 비교하면 플라스틱은 이 분야에서 아직 아기나 다름없다. 수천 년 동안 인간은 고무와 같은 천연 플라스틱을 사용했지만, 인공 플라스틱은 화학공학의 발전에 힘입어 1950년대에 들어서야 사용하게 되었다. 오늘날 우리가 사용하는 플라스틱 종류는 20개가 넘는데, 이 중에는 요구르트병에 사용되는 폴리프로필렌과 같이 우리 주변에서 흔히 볼 수 있는 플라스틱부터 페인트나 마루 광택제 또는 세제에 들어가는 아크릴, 비누와 샴푸에 사용되는 마이크로플라스틱, 방수 기능이 있는 옷을 만드는 데 사용되는 나일론, 그리고 내가 1970년대에 입었던 촌스럽기 그지없는 옷을 만드는 데 사용된 폴리에스테르까지, 우리가 흔히 생각하지 못하는 플라스틱도 있다.

이 모든 플라스틱에는 하나의 공통점이 있다. 바로 탄소를 배출한다는 점이다. 탄소는 다양한 종류의 성분과 쉽게 결합되기 때문에 다양한 자재들을 만드는 데 유용하다. 플라스틱의 경우 일반적으로 수소 및 산소와 결합된다.

여기까지 읽은 독자들은 플라스틱 생산 업체들이 어디서 탄소를 얻는지에 대해 이제는 놀라지도 않을 것이다. 그들은 휘발유, 석탄, 그리고 천연가스를 정제한 다음 다양한 방식으로 처리하는 과정에서 탄소를 얻는다. 시멘트 및 강철과 마찬가지로, 플라스틱을 만드는 데 필요한 화석연료가 싸기 때문에 플라스틱도 저렴한 것이다. '플라스틱은 저렴하다'는 인식은 여기에서 비롯한다.

하지만 플라스틱이 시멘트 및 강철과 근본적으로 다른 점이 하나 있다. 우리가 시멘트나 강철을 만들 때 이산화탄소를 배출하지만, 플라스틱을 만들 때 만들어지는 탄소의 절반 정도는 플라스틱에 '남는다'(정확히 얼마가 남는지는 플라스틱 종류에 따라 다르지만, 절반 정도라고 해도 무방하다). 탄소는 산소 및 수소와 '짝짜꿍이 잘 맞기 때문에' 서로 떨어지려 하지 않는다. 따라서 플라스틱은 분해되는 데 수백 년이 걸릴 수 있다.

그래서 쓰레기 매립지와 바다에 버려지는 플라스틱이 한 세기가 넘도록 분해되지 않아 큰 환경 문제를 초래하는 것이다. 이 문제는 앞으로 우리가 해결해야 할 문제다. 바다에 떠다니는 플라스틱 조각들은 해양 생물을 중독시키는 등 많은 문제를 일으킨다. 하지만 플라스틱이 기후변화를 직접적으로 악화시키지는 않는다. 순전히 이산화탄소 배출이라는 관점에서 보면 플라스틱의 탄소는 그리 나쁜 소식은 아니다. 플라스틱은 분해되기까지 오랜 시간이 걸리기 때문에, 플라스틱에 함유된 탄소는 대기 중으로 날아가지 않아 적어도 아주 오랫동안은 기온을 상승시키지 않는다.

지금까지 나는 우리가 만드는 가장 중요한 세 개의 자재들만 다뤘다. 비료, 유리, 종이, 알루미늄 등 아직 설명하지 않은 것들도 많다. 그러나 핵심은 같다. 우리는 엄청나게 많은 양의 자재들을 만들면서 세계가 매년 배출하는 온실가스 520억 톤의 3분의 1이라는 엄청난 양을 배출한다. 우리는 이 배출량을 제로로 줄여야 하지만, 그렇다고 무작정 무언가를 만드는 것을 중단할 수도 없다. 이 장의 나머지 부분에서는 어떤 대안이 있는지 살펴보고 그린 프리미엄이 얼마나 높은지를 확인한 다음, 모두가 제로 탄소 방식을 도입하기 위해 기술이 어떻게 그린 프리미엄을 낮춰야 하는지도 살펴볼 것이다.

그린 프리미엄을 계산하려면 제조 과정의 어떤 단계에서 온실가스가 배출되는지를 이해해야 한다. 여기에는 총 세 단계가 있다. 우리는 1) 화석연료를 사용하여 공장 운영에 필요한 전기를 생산할 때, 2) 철광석을 녹여 강철을 만들듯이 전기로 제조에 필요한 열을 만들 때, 3) 시멘트를 만들 때 이산화탄소가 배출되는 것처럼 무언가를 실제로 만드는 과정에서 온실가스를 배출한다. 이 세 단계를 하나씩 살펴보면서 이들이 그린 프리미엄을 어떻게 높이는지 알아보자.

첫 단계인 전기는 이미 4장에서 다뤘다. 전기 저장 및 송전 기술 현황과 많은 공장이 24시간 내내 안정적인 전기를 필요로 한다는 사실을 고려하면 깨끗한 전기를 사용하는 데 따른 그린 프리미엄은 빠르게 올라간다. 특히 미국이나 유럽보다 다른 나라들에서 더욱 빨리 올라간다.

두 번째 단계를 살펴보자. 화석연료를 태우지 않고 열을 어떻게 만들 수 있을까? 아주 높은 온도가 필요한 것이 아니라면 전기 열펌프electric heat pump나 다른 기술로도 충분하다. 하지만 수천 도에 달하는 높은 온도가 필요할 때 전기는 경제적인 선택지가 아니다. 최소한 오늘날의 기술로는 그렇다. 이 경우 원자력을 사용하거나 화석연료를 태우되 탄소포집 기술을 사용해야 한다. 불행히도 탄소포집 기술은 공짜가 아니다. 탄소포집 기술을 사용하게 되면 제조 과정에서 비용이 추가되고, 이 비용은 고스란히 소비자에게 전가된다.

마지막으로 세 번째 단계가 있다. 어쩔 수 없이 온실가스가 배출되는 제조 과정에 우리는 무엇을 할 수 있을까? 강철이나 시멘트를 만들 때 이산화탄소가 배출된다는 사실을 기억하는가? 이때 배출되는 이산화탄소는 화석연료를 태우는 과정에서 만들어지는 것이 아니라, 강철과 시멘트가 실제로 만들어질 때 일어나는 화학반응의 결과로 만들어지는 것이다.

답은 명확하다. 제조업을 완전하게 폐쇄하는 것 말고는 이 과정에서 배출되는 이산화탄소를 피하기 위해 우리가 할 수 있는 일은 없다. 만약 지금 우리가 가진 기술을 사용해서 이산화탄소를 완전히 없애려면 우리에게 주어진 선택지는 두 번째 단계에서 설명한 선택지 정도로 제한될 것이다. 즉, 우리는 화석연료를 사용하되 탄소포집 기술도 사용해야 하지만, 이 경우 비용이 크게 올라간다.

이 세 단계를 염두에 두고 플라스틱, 강철, 시멘트의 그린 프리미엄을 알아보자.

플라스틱, 강철, 시멘트의 그린 프리미엄[10]

자재	톤당 평균가	생산되는 자재 1톤당 배출되는 탄소량	탄소포집 후 가격	그린 프리미엄의 범위
에틸렌(플라스틱)	1,000달러	1.3 톤	1,087~1,155달러	9~15%
강철	750달러	1.8 톤	871~964달러	16~29%
시멘트	125달러	1 톤	219~300달러	75~140%

시멘트를 제외하면 그린 프리미엄은 그다지 높아 보이지 않는다. 어쩌면 소비자들은 전혀 체감하지 못할 수도 있다. 예를 들어 1톤의 강철로 만들어진 3만 달러짜리 자동차가 있는데, 강철의 값이 750달러(그린 프리미엄이 안 붙은 가격—옮긴이)이든 아니면 950달러(그린 프리미엄이 붙은 가격—옮긴이)이든 전체 자동차

가격에는 큰 영향을 끼치지 못한다. 며칠 전에 당신이 자판기에서 구매한 2달러짜리 코카콜라의 경우에도 플라스틱은 전체 가격의 아주 작은 몫을 차지할 뿐이다.

하지만 소비자들이 지불해야 하는 최종 가격만이 우리가 신경 써야 할 유일한 요소는 아니다. 당신이 시애틀의 공무원으로서 시내에 있는 많은 다리를 수리하기 위해 입찰 과정을 진행한다고 생각해보자. 한 업체는 시멘트 1톤당 125달러로 입찰했고, 다른 업체는 탄소포집 비용을 포함해서 1톤당 250달러로 입찰했다. 당신은 어떤 업체의 입찰을 받아들이겠는가? 제로 탄소 시멘트를 반드시 선택해야 한다는 이유가 없다면 아마도 더 저렴한 입찰 금액을 받아들일 것이다.

또는 당신이 자동차 회사 사장이라고 생각해보자. 모든 강철에 25퍼센트를 더 쓸 용의가 있는가? 더욱이 당신의 경쟁사가 더 싼 강철을 계속 사용하기로 결정했다면? 아마도 그러지는 못할 것이다. 당신이 만든 자동차 가격이 아주 조금밖에 오르지 않는다는 사실은 그리 위안이 되지 못할 것이다. 가뜩이나 이익률이 크지 않은 상태에서 당신이 많이 쓰는 주요 원자재 가격이 25퍼센트 올라간다는 생각만 해도 아찔할 것이다. 이윤이 적은 산업에서 25퍼센트의 프리미엄은 사업을 계속하느냐 파산하느냐를 결정할 수 있는 정도의 차이다.

비록 소수의 기업들은 기후변화에 대응하기 위해 비용 부담을 감내할지도 모른다. 하지만 그런 프리미엄이 이토록 높은 상태에서는 제로를 달성하기 위한 시스템 차원의 변화는 불가능할 것이다. 친환경 제품을 원하는 소비자들이 늘어난다고 해서 소비자들에게 기대를 걸 수도 없는 노릇이다. 시멘트와 강철은 개별 소비자들이 잘 알지도 못하는 큰 기업들이 구매하기 때문이다.

그린 프리미엄을 낮추는 방법은 다양하다. 하나는 공공 정책으로 친환경 제품 수요를 창출하는 것이다. 예를 들면 제로 탄소 시멘트나 강철을 살 때 혜택을 주거나 아니면 강제할 수도 있다. 법이 그렇다면, 소비자들이 원한다면, 그리고 경쟁자들이 그런다면 기업들은 기꺼이 그린 프리미엄을 낼 것이다. 나는 10장과 11장에서 이런 장려책들을 다룰 예정이다.

하지만 우리는 탄소를 배출하지 않고 무언가를 만들 수 있도록 제조 과정에서 혁신이 필요하다. 이는 매우 중요한 일이다. 이 단계에서 어떤 기회가 있는지 살펴보자.

지금까지 이 장에서 다룬 자재들 가운데 시멘트가 가장 어렵다. **석회암에 열을 가하면 산화칼슘과 이산화탄소가 된다**는 간단한 사실을 우회할 수 있는 방법이 없기 때문이다. 하지만 새로운 아이디어를 가진 회사들이 생겨나고 있다.

한 가지 방법은 시멘트 제조 과정에서 포집한 이산화탄소를 재활용해 건설 현장에서 사용하기 전 다시 시멘트에 주입하는 것이다. 이 아이디어를 활용하는 기업은 마이크로소프트와 맥도날드를 포함해 이미 수십 개의 고객사를 보유하고 있다. 아직까지 이 방식으로 배출량을 10퍼센트밖에 줄이지 못하지만 33퍼센트 감축을 목표로 하고 있다. 더 이론적인 방법은 바닷물과 발전소에서 포집된 이산화탄소를 사용하여 시멘트를 만드는 것이다. 이 방법을 생각해낸 과학자들은 궁극적으로 배출량을 70 퍼센트 이상 줄일 수 있을 것으로 보고 있다.

하지만 이 방법들이 모두 성공한다고 해도 100퍼센트 완벽한 무탄소 시멘트를 얻을 수 있는 것은 아니다. 시멘트 제조 과정에서 배출되는 이산화탄소는 가까운 미래에는 여전히 탄소포집과 (실용화된다면) 직접공기포집에 의존해야 한다.

시멘트를 제외한 다른 자재들의 경우, 우리에게 가장 필요한 것은 **안정적인 깨끗한 전기**다. 전기는 이미 전 세계적으로 제조업에서 사용하는 모든 에너지의 4분의 1을 차지한다. 제조 과정에 충분한 전기를 공급하려면 우리는 이미 개발된 청정에너지 기술을 도입하는 동시에 저렴한 값에 제로 탄소 전기를 만들고 저장할 수 있는 획기적인 기술을 마련해야 한다.

그리고 우리는 이산화탄소 배출을 줄이려는 다양한 시도를 하는 과정에서 더 많은 양의 전력을 필요로 하게 될 것이다. 화석연료 대신 전기를 사용하는 이 방식을 **전기화**electrification라고 부른다. 예를 들어 강철을 만드는 데 석탄 대신 깨끗한 전기를 사용하는 것이다. 내가 관심 있게 보고 있는 한 기업은 용융 옥사이드 전기분해molten oxide electrolysis라는 새로운 방식을 고안해냈다. 이 방식은 코크스와 함께 철을 용광로에서 녹이는 대신, 액체 산화철과 다른 성분들로 만들어진 혼합물에 전기 자극을 주는 것이다. 이 과정을 거치면서 산화철은 쪼개져 강철을 만드는 데 필요한 순철과 부산물인 산소만 남게 된다. 이산화탄소는 만들어지지 않는다. 이 기술은 유망하지만 청정 강철을 만들기 위한 다른 아이디어와 마찬가지로 산업에서 실제로 사용될 수 있는지는 아직 입증되지 않았다.

깨끗한 전기는 다른 문제를 해결하는 데에도 도움을 준다. 바로 플라스틱이다. 만약 충분한 기술력이 갖춰진다면 언젠가 플라스틱은 탄소를 배출하는 것이 아니라 흡수하는 탄소싱크carbon sink가 될 수도 있다.

원리는 이렇다. 우선 정제 과정을 제로 탄소화한다. 깨끗한 전기로 하거나, 또는 깨끗한 전기로 만든 수소로 할 수 있다. 그리고 석탄을 태우지 않고 플라스틱을 만드는 데 필요한 탄소를 얻을 방법이 필요하다. 한 가지 방법은 공기 중의 이산화탄소를 떼어내, 거기에서 탄소만 추출하는 것이다. 물론 이 방법은 비용이 많이 든다. 어떤 기업들은 식물에서 탄소를 얻는 방법을 모색하고 있다. 마지막으로 우리는 제로 탄소 열원이 필요한데, 역시 깨끗한 전기나 수소, 또는 탄소포집 장치를 통해 탄소를 배출하지 않는 천연가스가 될 수 있다.

이 기술들이 갖춰지면 마이너스 순 배출net-negative도 달성할 수 있다. 위에서 설명한 방식대로(식물이나 다른 방법을 사용하여) 탄소를 공기에서 추출할 수만 있다면, 이 탄소로 플라스틱을 만들어 우리가 배출하는 탄소보다 더 많은 탄소를 포집하는 효과를 낼 수 있다(앞에서도 설명했지만 플라스틱을 만들 때 투입되는 탄소의 절반은 플라스틱에 그대로 남는다—옮긴이).

우리는 아예 자재들을 덜 사용할 수도 있다. 강철, 시멘트, 플라스틱을 더 많이 재활용하는 것 자체만으로는 온실가스 배출량을 제거하기에 충분하지 않겠지만, 그래도 도움은 될 것이다. 우리는 자재를 더 많이 재활용해야 하며, 재활용할 때 필요한 에너지를 줄이는 방법도 찾아야 한다. 그리고 재사용은 재활용만큼 많은 에너지가 필요하지 않기에, 애초에 무언가를 만들 때 다목적으로 사용할 수 있도록 만드는 방법도 모색해야 한다. 마지막으로, 건물과 도로를 설계할 때 시멘트와 강철의 사용을 제한할 수 있다. 나무를 교차로 쌓아 올린 건축 방식인 적교적층(미래의 콘크리트라고도 불린다―옮긴이)은 경우에 따라서는 시멘트와 강철을 대체할 수 있을 만큼 견고하다.

제조 과정을 제로 탄소화하는 과정은 이렇게 요약할 수 있다.
1. **가능한 모든 과정을 전기화하라.** 하지만 많은 혁신이 필요할 것이다.
2. **이미 탈탄소화한 전력망으로부터 전기를 얻어라.** 이 역시 많은 혁신이 필요할 것이다.
3. **배출되는 이산화탄소를 흡수하기 위해 탄소포집 기술을 활용하라.** 이것도 마찬가지다.
4. **더 효율적으로 자재들을 사용하라.** 마찬가지다.

이 내용은 앞으로 자주 등장하기 때문에 잘 알아둬야 한다. 다음에 살펴볼 것은 농업으로, 20세기의 위대한 '이름 없는 영웅'과 트림을 멈추지 않는 소들이 가득한 농장을 만나게 될 것이다.

6

사육과 재배
연간 배출량 520억 톤의 22퍼센트
How We Grow Things

치즈버거는 우리 집안의 전통이다. 어렸을 때 보이스카우트 친구들과 하이킹을 가곤 했는데, 그럴 때마다 친구들은 우리 차를 타고 집에 가고 싶어 했다. 나를 태우러 온 아버지가 집으로 가는 길에 햄버거 가게에 들러 모두에게 햄버거를 사줬기 때문이다. 많은 시간이 흘러 마이크로소프트를 창업한 뒤 나는 시애틀에서 가장 오래된 햄버거 프랜차이즈인 버거마스터Burgermaster에서 점심, 저녁, 그리고 야식까지 햄버거로 해결했다.

마이크로소프트는 성공했지만 멀린다와 내가 재단을 시작하기 전에 아버지는 집 근처의 버거마스터를 자신의 비공식 사무실로 사용하기 시작했다. 아버지는 매장에 앉아 점심을 먹으면서 사람들이 보내 온 기부 요청 편지를 꼼꼼하게 읽었다. 얼마 지나지 않아 소문이 퍼졌고, 사람들은 버거마스터 주소로 직접 아버지에게 편지를 보내기 시작했다. 그런 편지는 이렇게 시작했다. "버거마스터를 돌보고 있는 빌 게이츠의 아버지에게."

벌써 오래전 이야기다. 아버지가 버거마스터 매장을 떠나 우리 재단의 사무실로 자리를 옮긴 지도 벌써 20년이 되었다. 아

빌 게이츠, 기후재앙을 피하는 법

직도 나는 치즈버거를 사랑하지만, 소고기를 포함한 고기가 기후변화에 어떤 영향을 끼치는지 알게 된 이후부터 치즈버거를 예전만큼 많이 먹지 않는다.

식용으로 동물을 기르는 것은 온실가스 배출의 주요 원인이다. 전문가들이 '농업, 임업, 그리고 기타 토지 이용'이라고 부르는 광범위한 분야에서 동물 사육은 가장 큰 온실가스 배출원으로 꼽히기도 한다. '농업, 임업, 그리고 기타 토지 이용'에는 동물 사육, 농작물 재배, 나무 베기 등 많은 활동이 포함된다. 따라서 이 분야에서는 다양한 온실가스가 배출되는데, 농업에서 가장 많이 배출되는 온실가스는 이산화탄소가 아니라 메탄과 아산화질소다. 메탄 분자는 1세기 동안 무려 이산화탄소보다 28배나 더 심한 온난화를 일으킨다. 아산화질소는 무려 265배나 더 심한 온난화를 일으킨다.

모두 합해서, 매년 동물 사육에서 배출되는 메탄과 아산화질소는 90억 톤의 이산화탄소와 동일하며 '농업, 임업, 그리고 기타 토지 이용'에서 배출되는 모든 온실가스의 80퍼센트 이상을 차지한다. 배출량을 줄이기 위해 무언가를 하지 않는다면, 더 증가하고 풍요로워지는 세계 인구가 먹을 식량을 더 많이 재배하면서 배출량 역시 증가할 것이다. 순 제로를 달성하려면 식물을 재배하고 동물을 기르는 동시에 온실가스를 줄이고 궁극적으로는 완전히 제거하는 방법을 터득해야 한다.

농업만이 문제가 아니다. 우리는 삼림 벌채와 '기타 토지 이용'에 대해서도 뭔가를 해야 한다. 이 둘은 매년 수십 억 톤의 이

산화탄소를 대기 중으로 배출하면서 야생 동물의 서식지를 파괴한다.[1]

이 장에서 우리는 광범위한 주제를 다룰 것이다. 따라서 다양한 내용이 조금씩 포함되어 있다. 10만 명의 사람을 기아로부터 구해내 노벨 평화상을 받았지만 글로벌 개발 전문가가 아니라면 아는 사람이 없는 내 영웅을 소개할 예정이다. 그리고 돼지 비료와 소의 트림, 암모니아, 그리고 나무 심기가 실제로 기후재앙을 피하는 데 도움이 될지도 살펴보려고 한다. 하지만 본격적인 내용에 들어가기에 앞서, 결국엔 잘못된 것으로 판명된 유명한 예측부터 살펴보자.

1968년, 미국 생물학자 폴 에얼릭Paul Ehrlich은 베스트셀러《인구 폭발The Population Bomb》을 출간했다. 이 책에서 그는 인류의 미래를 소설《헝거게임The Hunger Games》에 나오는 디스토피아와 크게 다르지 않은 우울한 모습으로 묘사했다. 에얼릭은 "모든 인류를 먹여 살리기 위한 전투는 끝났다"며, "비상 계획에도 불구하고 1970년대와 1980년대에 수억 명의 사람이 굶어 죽을 것이다"라고 썼다. 또한 "인도는 1980년까지 2억 명의 사람을 더 먹여 살리지 못할 것이다"라고 썼다.[2]

그의 예측 중 어느 것도 맞은 것이 없다.《인구 폭발》이 발간된 이후 인도의 인구는 8억이 증가해 1968년에 비해 두 배 이상 늘었지만, 오늘날 인도는 당시의 인도보다 밀과 쌀 생산량이 세 배 이상 증가했고 경제는 50배 성장했다.[3] 아시아와 남미 전역

빌 게이츠, 기후재앙을 피하는 법

에서 농부들은 비슷한 수준의 생산성 향상을 경험했다.

그 결과, 세계 인구의 증가에도 불구하고 인도든 어디든 수억 명의 사람이 굶어 죽는 상황은 발생하지 않았다. 식량은 더 비싸 지기는커녕 오히려 더 저렴해지고 있다. 미국의 경우 30년 전에 비해 식료품이 평균적인 가정의 총지출에서 차지하는 비중이 줄 었다. 이 추세는 세계의 다른 지역에서도 반복되고 있다.[4]

영양실조가 심각한 문제가 아니라고 주장하는 것이 아니다. 오히려 세계에서 가장 가난한 사람들의 영양을 개선하는 일은 나와 멀린다의 주요 우선순위다. 하지만 에얼릭이 예측한 대규 모 기아는 틀렸다.

왜 틀렸을까? 에얼릭을 비롯한 비관론자들은 무엇을 놓쳤던 것일까?

혁신의 힘을 생각하지 못했던 것이다. 그들은 인도를 비롯한 세계 많은 곳에서 농업혁명을 일으켜 생산성 향상을 이끈 천재 적인 농학자 노먼 볼로그Norman Borlaug와 같은 사람을 생각하지 못 했다. 볼로그는 더 큰 낟알을 가진 밀 품종을 개발하는 등의 혁 신을 통해 식량 생산량을 향상시키는 데 기여했다. 농부들의 입 장에선 수확량이 증가한 것과 마찬가지였다. 밀의 낟알이 커지 면서 밀이 무게를 견디지 못하고 자꾸 쓰러지자, 볼로그는 앉은 뱅이 밀semi-dwarf wheat이라고 불리는 줄기가 짧은 밀을 만들었다.

볼로그의 앉은뱅이 밀이 세계적으로 확산되자 다른 과학자 들도 옥수수와 쌀에 비슷한 품종 개량을 했다. 그 결과 대부분 의 지역에서 수확량이 세 배로 뛰었다. 기아는 급격히 감소했다.

오늘날 볼로그는 10억 명의 생명을 살린 사람으로 인정받고 있다. 그는 1970년 노벨 평화상을 수상했으며 우리는 여전히 그의 영향을 받고 있다. 현재 지구상에서 재배되는 거의 모든 밀은 볼로그가 만들어낸 밀의 후손이라고 할 수 있다. 다만 이런 새 품종이 갖는 단점 중 하나는 완전하게 성장하려면 많은 비료가 필요하다는 점인데, 앞으로 설명하겠지만 비료는 부정적인 부작용을 가지고 있다. 세계의 가장 위대한 영웅들 가운데 한 명이 우리 대부분이 들어보지 못한 직업(볼로그는 농학자였다)을 갖고 있었다는 점이 재미있기는 하다.

그래서, 노먼 볼로그는 기후변화와 어떤 관계가 있을까?

2100년이 되면 세계 인구는 100억까지 증가할 것이다. 그리고 이 많은 인구를 먹여 살리려면 더 많은 식량이 필요하다. 세기 말이 되면 인구가 지금보다 약 40퍼센트 증가하기 때문에, 식량 역시 40퍼센트 증가해야 한다고 자연스레 생각하기가 쉽다. 하지만 아니다. 우리는 이보다 더 많은 식량이 필요하다.

이유는 간단하다. 사람들은 부유해질수록 더 많은 칼로리를 섭취하는데, 특히 고기와 유제품을 더 먹는다. 그리고 고기와 유제품을 생산하려면 더 많은 식량이 필요하다. 예를 들어 1칼로리의 닭고기를 얻기 위해서는 닭에게 두 배나 많은 칼로리를 주어야 한다. 돼지의 경우 우리가 돼지고기를 먹을 때 얻는 칼로리의 세 배를 돼지가 먹어야 한다. 소의 경우 이 비율이 가장 높은데, 1칼로리의 소고기를 얻기 위해서는 6칼로리의 사료를 소에게 주어야 한다. 즉, 우리가 고기를 많이 먹을수록 그 고기를

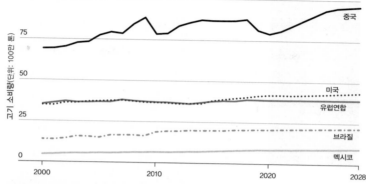

100

75

50

25

0

고기 소비량(단위: 100만 톤)

2000   2010   2020   2028

중국

미국

유럽연합

브라질

멕시코

대부분의 나라들은 과거처럼 고기를 소비하지 않는다. 하지만 중국은 예외다.(OECD−FAO Agricultural Outlook 2020)[5]

얻기 위해 더 많은 식물을 심어야 한다.

위 도표는 고기 소비량의 세계적 추세를 보여준다. 미국, 유럽, 브라질, 멕시코에서 고기 소비량은 정체되었지만 중국과 다른 개발도상국의 고기 소비량은 급격하게 증가하고 있다.

문제는 여기에 있다. 우리는 지금 생산하는 식량보다 더 많은 양을 생산해야 하는데, 우리가 현재 사용하는 방법으로 하면 기후변화에는 재앙이 될 것이라는 점이다. 더 많은 식량을 생산할 혁신이 일어나지 않는다면, 100억 명이 먹을 수 있는 충분한 양의 식량을 얻을 경우 식품과 관련된 모든 온실가스 배출량은 3분의 2 정도 증가할 것이다.

이게 끝이 아니다. 우리가 본격적으로 식물성 에너지를 만들기 시작하면, 경작지를 둘러싼 경쟁을 의도치 않게 촉발할 수도 있다. 7장에서 설명하겠지만, 스위치그래스와 같은 잡초들로 만든 고급 바이오연료로 트럭, 배, 비행기를 탄소 배출 없이 움직일 수 있다. 하지만 만약 증가하는 인구가 먹을 식량을 재배할 경작지에 대신 바이오연료를 위한 농작물을 기른다면, 결국 식량 가격이 상승해 더 많은 사람이 빈곤과 영양실조로 내몰리고, 이미 심각한 문제로 떠오른 삼림 벌채가 가속화될 것이다.

이런 문제를 피하기 위해 앞으로 볼로그식의 혁신이 필요할 것이다. 이런 혁신이 무엇인지 살펴보기 전에, 온실가스가 정확히 어디에서 배출되는지 알아보고 오늘날의 기술을 활용해 온실가스를 제거할 수 있는 선택지들이 무엇인지 살펴보고자 한다. 5장에서 그랬듯이, 이번에도 그린 프리미엄을 활용해 이런 온실가스를 제거하기가 너무나 비싸다는 것을 설명하고 왜 새로운 혁신이 필요한지도 보여줄 것이다.

그러기 위해서는 소의 트림과 돼지 비료가 필요하다.

사람의 배 속에는 음식 소화기관인 위가 하나밖에 없다. 하지만 소의 배 속에는 위가 무려 네 개나 있다. 소화기관이 이렇게 많기 때문에 풀을 포함하여 사람들이 소화하지 못하는 다른 식물들도 먹을 수 있는 것이다. 소 위에 있는 박테리아는 장내 발효enteric fermentation라고 불리는 과정을 통해 음식물을 분해하고 발효시키는데, 여기서 메탄이 생성된다. 그리고 이 메탄가스는 트림이나 방귀의 형태로 밖으로 배출된다.

(그건 그렇고, 이 주제를 깊이 파고들다 보면 대화가 이상해질 수밖에

없다. 매년 멀린다와 나는 재단 업무를 설명하는 공개서한을 발송하는데, 나는 2019년 공개서한에 이 주제를 다루기로 결심했다. 공개서한의 초안을 검토하던 중, 멀린다와 나는 '방귀'라는 말을 몇 번 쓰는 게 좋을지에 대해 건전한 논쟁을 벌였다. 결국 멀린다가 원하는 대로 방귀라는 말을 한 번 쓰기로 합의했다. 하지만 이 책의 유일한 저자는 나이기 때문에 나는 몇 번이고 내키는 만큼 쓸 생각이다.)

전 세계적으로 우리는 식용으로 약 10억 마리의 소를 키우고 있다.[6] 이들이 트림과 방귀로 내뿜는 메탄은 이산화탄소 20억 톤과 동일한 온난화 효과를 일으킨다. 이는 전 세계 온실가스 배출량의 약 4퍼센트다.

천연가스를 트림과 방귀로 배출하는 문제는 소를 비롯하여 양, 염소, 사슴, 낙타와 같은 반추동물들의 고유한 문제다. 그러나 모든 동물들에게 공통적인 온실가스 배출원이 있으니, 바로 똥이다.

똥은 분해되면서 강력한 온실가스를 배출하는데, 대부분은 아산화질소이지만 약간의 메탄과 유황, 암모니아도 배출된다. 똥과 관련된 온실가스의 절반은 돼지 똥, 그리고 나머지는 소똥에서 나온다. 동물들의 똥은 농업에서 장내 발효에 이어서 두 번째로 큰 온실가스 배출원이다. 그만큼 동물의 똥은 많다.

그렇다면 우리는 동물들의 똥, 트림, 그리고 방귀에 어떻게 대처할 수 있을까? 어려운 질문이다. 과학자들은 장내 발효와 관련하여 소의 위 속에서 기생하면서 메탄을 만드는 미생물을 죽이는 백신, 그리고 소 여물에 특별한 사료나 약을 주입하는 것까지 다양한 아이디어를 시도했다. 이러한 노력은 대부분 성공하지 못했다. 한 가지 예외가 있었는데, 소가 배출하는 메탄을 30퍼센트나 줄일 수 있는 3NOP3-nitrooxypropanol라는 화학 합성물이었다. 하지만 현재로서는 이 화학 합성물을 최소 하루에 한 번 소들이 먹어야 하기 때문에 방목하면서 키우는 소들에게는 적합한 선택 사항이 아니다.

그래도 새로운 기술과 큰 그린 프리미엄 없이 이런 배출량을 줄일 수 있다고 믿을 만한 이유는 있다. 소가 배출하는 메탄가스의 양은 그 소가 어디에 사는지에 따라 크게 달라진다. 예를 들어 남미에 사는 소는 북미에 사는 소보다 최대 다섯 배나 많은 온실가스를 배출하며, 아프리카에 사는 소는 이보다 더 많은 양을 배출한다. 북미 지역이나 유럽에서 길러지는 소는 더 효율적으로 사료를 우유와 고기로 전환할 수 있는 개량된 품종일 가능성이 높다. 또한 이 소들은 더 나은 관리를 받고 더 좋은 사료를 먹는다. 이는 메탄가스를 덜 생산한다는 것을 의미한다.

만약 개량된 품종과 더 나은 사육 방식을 확산시킬 수 있다면—특히 교차 교배cross breeding를 통해 아프리카 소를 더 생산적으로 만들고 동시에 더 나은 사료를 더 싸게 공급함으로써—온실가스 배출량을 줄이는 것은 물론이고 가난한 농부들이 더 많은 돈을 버는 데에도 기여할 것이다. 비료도 마찬가지다. 부유한 나라의 농부들은 온실가스 배출량을 줄이면서 비료 사용도 줄여주는 다양한 기술을 갖고 있다. 이런 기술들이 저렴해지면 가난한 농부들도 사용할 수 있게 될 것이고, 궁극적으로 온실가스를 줄일 수 있게 될 것이다.

비건vegan(고기는 물론이고 달걀 등의 유제품도 먹지 않는 채식주의자
─옮긴이)들은 또 다른 해결책을 제안할 수도 있다. **온실가스를 줄**
이기 위해 이런저런 방법을 시도하기보다는 가축 사육을 중단하라는 것이
다. 그들의 주장을 십분 이해하지만, 현실성 있는 방안은 아니라
고 생각한다. 고기는 인류 문화에서 굉장히 중요한 부분이다. 세
계의 많은 지역, 심지어 고기가 부족한 지역에서도 고기를 먹는
것은 축제와 행사의 중요한 부분으로 여겨진다. 애피타이저, 고
기 또는 생선, 치즈, 디저트로 이루어진 프랑스의 미식 문화는
유네스코 인류무형문화유산으로 등재되기까지 했다. 유네스코
홈페이지에 따르면 "미식 문화는 유대감, 식사의 즐거움, 인간과
자연 생산물 사이의 균형을 강조한다."[7]

하지만 우리는 고기의 맛을 계속 느끼면서 고기 소비량을 줄
일 수 있다. 하나의 방안은 식물성 고기다. 식물성 재료로 고기
의 맛을 내기 위해 다양한 방법으로 가공된 음식이 식물성 고기
다. 나는 시장에서 판매되는 식물성 고기를 만드는 두 회사(비
욘드미트Beyond Meat와 임파서블푸드Impossible Foods)에 투자를 하고 있
어 편견이 있을 수는 있지만, 인공 고기도 상당히 맛있다. 조리
만 잘한다면 식물성 고기도 진짜 고기를 충분히 대체할 수 있
다. 그리고 식물성 고기는 환경에도 좋다. 더 적은 땅과 물로도
충분히 식물성 고기를 만들 수 있으며 온실가스도 덜 배출한다.
그리고 곡물도 덜 사용하기 때문에 비료도 덜 사용한다. 작은
우리에서 기르는 가축의 수도 줄어들기 때문에 동물 복지에도

큰 도움이 된다.

하지만 인공 고기에는 높은 그린 프리미엄이 따른다. 평균적으로 인공 고기는 진짜 고기보다 약 86퍼센트 더 비싸다.[8] 하지만 인공 고기 판매가 증가하고 더 많은 기업이 시장에 진입하면 언젠가 인공 고기가 진짜 고기보다 저렴해질 것이라고 생각한다.

인공 고기를 둘러싼 제일 중요한 문제는 돈이 아니라 맛이다. 햄버거 패티의 맛은 식물성 재료로도 비교적 쉽게 흉내 낼 수 있지만, 실제로 사람들로 하여금 진짜 스테이크나 닭가슴살을 먹는다는 착각을 일으킬 정도는 안 된다. 사람들이 식습관을 정말로 바꿀 만큼 인공 고기를 좋아할까? 그리고 실제로 의미 있는 수준의 변화가 생길 정도로 많은 사람들이 식습관을 바꿀까?

긍정적인 신호는 이미 감지되고 있다. 나조차도 비욘드미트와 임파서블푸드가 얼마나 잘하고 있는지 놀랄 때가 있다. 특히 이들의 사업 초창기에 얼마나 많은 어려움이 있었는가를 생각하면 말이다. 나는 언젠가 임파서블푸드가 주최한 시연회에 참석했는데, 그들은 화재경보가 울릴 때까지 버거를 태웠다. 이랬던 그들이었는데, 이제 많은 사람(적어도 시애틀과 내가 방문한 여러 도시에서는)이 인공 고기를 먹는다는 점을 생각하면 놀라울 따름이다. 비욘드미트는 2019년 매우 성공적으로 주식을 상장했다. 앞으로 10년 이상 걸릴 수는 있겠지만, 이들의 음식이 더 발전하고 값이 저렴해질수록 기후변화와 환경에 민감한 사람들은 그들의 음식을 더 좋아하게 될 것이라고 생각한다.

다른 방법도 있다. 이 방법 역시 식물성 고기를 만드는 것과 비슷하지만 식물을 길러 고기 맛이 나도록 가공하는 것이 아니라, 실험실에서 직접 고기를 '기르는' 것이다. 이 고기는 '배양육cultured meat' '세포 기반 고기cell-based meat' '청정 고기clean meat'라는 그다지 끌리지 않는 이름으로 불린다. 약 20개가 넘는 스타트업들이 이런 고기를 시장에 내놓기 위해 고군분투하고 있다. 하지만 2020년대 중반까지는 시중에 나오기 어려울 것이다.

이 고기들은 **가짜** 고기가 아니다. 배양육은 다리가 두 개 또는 네 개인 동물과 똑같은 지방, 근육, 힘줄을 가지고 있다. 다만 농장에서 자라지 않고 실험실에서 만들어졌을 뿐이다. 과학자들은 살아 있는 동물에서 줄기세포를 추출해 배양한 뒤, 근육조직으로 분화하도록 유도한다. 이렇게 만들어진 근육조직은 뭉쳐서 우리가 먹는 단백질 조직이 된다. 이 모든 것은 실험실 불을 켜기 위해 전기를 쓰는 것 외에는 온실가스를 배출하지 않는다. 문제는 굉장히 비싸다는 것이고, 비용이 얼마만큼 내려갈지도 명확하지 않다는 점이다.

그리고 식물성 고기와 배양육과 같은 인공 고기는 또 다른 어려움에 직면해 있다. 가축을 기르는 농장들의 지지를 받아 미국의 최소 17개 주는 인공 고기가 마트에서 '고기'로 분류되는 것을 막으려고 노력했다. 어떤 주는 아예 인공 고기 판매 자체를 금지하려고 했다. 따라서 기술이 발전해 인공 고기가 저렴해지더라도 판매 규제에 대한 건설적인 논의가 필요하다.

우리가 음식에서 배출되는 이산화탄소를 줄일 수 있는 마지막 방법이 있다. 바로 음식 낭비를 줄이는 것이다. 유럽과 아시아의 산업 지역, 그리고 사하라사막 이남의 아프리카에서는 소비되는 음식의 20퍼센트 이상이 그냥 버려져 썩거나 다른 방식으로 낭비된다. 미국에서는 이 비율이 40퍼센트다. 먹을 것이 충분하지 않는 사람에게도, 경제에도, 그리고 기후변화에도 나쁜 소식이다. 버려진 음식이 썩으면 메탄이 생성되는데, 이렇게 생성되는 메탄은 33억 톤의 이산화탄소와 동일한 온난화 효과를 일으킨다.

가장 중요한 해결책은 우리의 행동을 바꾸는 것이다. 즉, 우리가 가진 것을 더 잘 활용해야 한다. 하지만 우리는 기술의 도움을 받을 수 있다. 예를 들어 과일과 야채의 '수명'을 늘릴 수 있는 식물성 투명 코팅을 만드는 회사가 두 곳 있다. 이 코팅은 먹을 수도 있고 맛에도 전혀 영향을 끼치지 않는다. 가정이나 사무실에서 얼마만큼의 음식이 낭비되는지를 모니터링하는 '스마트 쓰레기통'을 개발하는 기업도 있다. 이 스마트 쓰레기통은 음식을 얼마나 많이 버렸는지, 그래서 얼마나 많은 비용을 낭비했는지, 얼마나 많은 탄소발자국을 남겼는지를 알려준다. 사생활을 침해한다는 비판도 있지만, 더 많은 정보는 더 나은 선택을 하는 데 도움을 줄 것이다.

몇 해 전, 나는 탄자니아 다르에스살람 Dar es Salaam(탄자니아의 항만 도시—옮긴이)에 있는 창고에서 매우 흥미로운 것을 봤다. 바로 산더미처럼 쌓인 수천 톤의 합성비료였다. 그 창고는 동아프리카에서 가장 큰 유통 기업인 야라 Yara가 지은 비료유통센터

빌 게이츠, 기후재앙을 피하는 법

2018년 탄자니아 다르에스살람에 위치한 야라 비료유통센터를 방문했다. 나는 이 사진에서 보이는 것보다 더 즐거운 시간을 보냈다.[9]

창고였다. 나는 창고 안을 돌아다니면서 직원들이 질소, 인燐을 포함한 영양소가 담긴 하얀색 비료 펠렛을 포대에 담는 것을 지켜봤다. 그 비료 펠렛은 곧 세계에서 가장 가난한 지역으로 운송되어 농작물이 자라나는 것을 도와주게 될 것이었다.

나는 이런 종류의 여행을 좋아한다. 바보같이 들리겠지만 나에게 비료는 마법과도 같은데, 단순히 마당을 더 예쁘게 만들어서가 아니다. 노먼 볼로그의 앉은뱅이 밀과 새로운 품종의 농작물처럼, 합성비료는 1960년대와 1970년대 세계를 변화시킨 농업혁명에서 중요한 역할을 했다. 우리가 만약 합성비료를 사용하지 않았다면 세계 인구는 지금의 40~50퍼센트 수준에 머물렀을 것으로 추정된다.

6. 사육과 재배

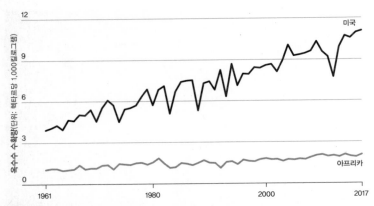

농업도 국가별로 큰 차이를 보인다. 비료와 다른 기술 개발을 통해 미국 농부들은 그 어느 때보다 토지 면적당 더 많은 옥수수를 수확한다. 하지만 아프리카 농부들의 수확량은 거의 증가하지 않았다. 그 격차를 줄이면 많은 생명을 구할 수 있고 가난에서 벗어나는 데에도 도움이 되지만, 혁신이 없다면 기후변화도 더 악화될 것이다. (FAO)[10]

세계는 이미 비료를 많이 사용하고 있다. 가난한 나라들은 더 많이 사용해야 한다. 농업혁명은(녹색혁명으로도 불린다) 1에이커당 생산량이 미국의 5분의 1에 불과한 아프리카를 비켜 갔다. 가난한 나라에서는 농부들이 대부분 비료를 살 만큼의 신용이 없으며, 부실한 고속도로를 타고 시골까지 운송하는 비용도 내야 하므로 값이 비싸기 때문이다. 만약 우리가 가난한 농부들이 생산량을 높이도록 도와줄 수 있다면, 이들은 돈을 더 많이 벌고 더 많은 음식을 섭취할 수 있게 될 것이다. 그리고 세계에서 가장 가난한 나라들의 수백만 사람들은 필요한 음식과 영양소를 얻게 될 것이다(이 주제에 대해서는 9장에서 더 자세히 다룰 예정이다).

비료가 이토록 위대한 이유는 무엇일까? 인, 포타슘(칼륨)을 포함해 식물이 성장하는 데 매우 중요한 영양분을 제공하기 때문이다. 특히 기후변화와 매우 밀접한 질소도 제공한다. 질소는 축복이자 저주다. 질소는 우리의 음식이기도 한 모든 식물의 광합성을 가능하게 한다. 하지만 질소는 기후변화를 악화시키기도 한다. 왜 그런지 이해하기 위해서 질소가 식물에게 무엇을 하는지를 먼저 이해할 필요가 있다.

농작물을 기르는 데에는 질소가 많이 필요하다. 자연에서 얻는 양보다 더 많이 필요하다. 질소는 옥수수가 3미터 높이로 자라고 엄청난 양의 씨앗을 만들 수 있게 해준다. 하지만 대부분의 식물은 스스로 질소를 만들지 못한다. 대신 식물은 토양 속의 암모니아로부터 질소를 얻는다. 식물은 질소를 먹으면서 자라고 질소가 떨어지면 성장을 멈춘다. 질소가 식물의 성장에 중요한 이유다.

수천 년 동안 인간은 거름과 박쥐 배설물(박쥐 배설물에는 질소, 인, 칼륨이 풍부해 비료로 많이 쓰인다―옮긴이) 같은 자연산 비료를 사용해 농작물에 질소를 공급했다. 그러다 1908년, 두 명의 독일 화학자 프리츠 하버Fritz Haber와 카를 보슈Carl Bosch가 질소와 수소로 암모니아를 만드는 방법을 개발하면서 새로운 전기가 마련되었다. 이 발명품은 매우 중요하다. 하버-보슈법이라고 알려진 이 암모니아 생산 방식은 합성비료 생산으로 이어져 더 많은 식량을 재배할 수 있게 되었을 뿐만 아니라 더 광범위한 지역에서 식물을 재배할 수 있게 되었다. 하버-보슈법은 오늘날에도 암모니아를 만드는 주된 방법이다. 노먼 볼로그가 역사상 가장 위대한 이름 없는 영웅이 된 것처럼, 하버-보슈법은 대부분의 사람들이 들어본 적 없는 가장 중요한 발명이라 할 수 있다.*

그런데 합성비료에도 문제가 있다. 토양 속의 미생물은 질소를 만드는 과정에서 많은 에너지를 소모한다. 얼마나 많은 에너지를 소모하는지, 주변 토양에 질소가 없을 때만 질소를 만들도록 진화했을 정도다. 만약 충분한 양의 질소가 있다면 미생물은 에너지를 다른 용도로 쓰기 위해 질소를 만들지 않는다. 따라서 우리가 합성비료를 사용하면 토양 속의 미생물들은 질소를 감지하고 질소 생산을 멈춘다.

합성비료의 단점은 또 있다. 합성비료를 만들기 위해서는 암모니아가 필요하고, 암모니아를 만드는 데에는 열이 필요한데, 우리는 이 열을 천연가스를 태우면서 얻는다. 물론 그 과정에서 온실가스가 배출된다. 또한 합성비료가 공장에서 창고(내가 탄자니아에서 방문했던 것과 비슷한)로, 그리고 최종 목적지인 농장으로 옮겨지는 과정에서 휘발유를 사용하는 트럭이 필요하다. 마지막으로, 토양에 뿌려진 비료에 함유된 질소 대부분은 식물에 흡수되지 않는다. 실제로 농작물은 밭에 뿌려지는 질소의 절반 이하만 흡수한다. 나머지는 땅속으로 흡수되거나 물에 스며들어 환경을 오염시키거나 아산화질소 형태로 대기 중으로 빠져나간다. 기억하겠지만, 아산화질소는 이산화탄소보다 265배나 더 심

---

* 프리츠 하버의 업적은 양면적이다. 그는 암모니아 합성법으로 많은 생명을 살렸지만, 제1차 세계대전에서 화학무기로 사용된 독가스도 개발했다.

각한 지구온난화 효과를 일으킨다.

2010년 기준 비료는 약 13억 톤의 온실가스를 배출했다. 21세기 중반이 되면 약 17억 톤의 온실가스를 배출할 것이다. 하버-보슈법이 '병 주고 약 주는' 셈이다.

불행히도 비료를 대신할 만한 현실적인 제로 탄소 대체재는 없다. 암모니아를 만들 때 화석연료 대신 깨끗한 전기를 사용하면 이산화탄소를 줄일 수 있다. 하지만 이 방식은 매우 비싸며 비료 가격을 큰 폭으로 상승시킬 것이다. 예를 들어 미국에서 이 방식을 사용하면 요소(질소가 포함된 비료의 일종)의 값은 20퍼센트 이상 올라간다.

하지만 이 모든 것은 비료를 **만드는** 과정에서 배출되는 온실가스다. 비료를 **사용**하는 과정에서 배출되는 온실가스는 줄일 방법이 없다. 탄소를 포집하는 것처럼 아산화질소를 포집할 수 있는 기술은 아직 없기 때문이다. 제로 탄소 비료의 그린 프리미엄을 계산할 수 없다는 뜻이다. 그린 프리미엄은 그 자체로 매우 유용한 정보인데, 이 분야에서 중대한 혁신이 필요하다는 것을 알려주기 때문이다.

기술적으로, 농부들이 질소 수준nitrogen levels을 매우 면밀하게 모니터링하고 농작물의 성장 기간에 적절한 양의 비료를 사용하는 기술을 가지고 있다면 농작물이 지금보다 더 효율적으로 질소를 흡수하게 만들 수는 있다. 하지만 이 모든 과정은 비싸고 시간이 많이 소요된다. 게다가 비료는 (적어도 부유한 나라에서는) 저렴하다. 비료는 농작물의 성장을 극대화하기 때문에 필요한 것보다 더 많은 양을 사용하는 게 더 경제적이다.

지하수로 흘러 들어가거나 대기로 증발하는 질소를 줄이기 위해 몇몇 기업은 식물이 더 많은 질소를 흡수하도록 돕는 첨가물을 개발했다. 그러나 이 첨가물은 세계 비료의 2퍼센트에만 사용된다. 이 첨가물이 꾸준하게 효과를 내지도 못하고, 기능을 개선하기 위해 많은 투자가 이뤄지지도 않기 때문이다.

전문가들은 질소 문제를 해결하기 위해 다른 방법을 모색하고 있다. 예를 들어 몇몇 과학자들은 질소고정(대기 중의 질소를 암모니아로 전환하는 과정—옮긴이)을 할 수 있는 박테리아를 가진 농작물을 유전자 연구를 통해 개발하고 있다. 그리고 질소고정이 가능한 미생물을 유전자 조작을 통해 개발하는 회사도 있다. 이 미생물이 개발되면 토양 속에 질소가 있어도 질소를 만들 수 있게 된다. 더 이상 비료는 필요 없어지는 것이다. 성공한다면 비료 수요는 급격하게 줄어들 것이고 비료에서 나오는 온실가스도 획기적으로 줄일 수 있을 것이다.

지금까지의 내용은—나는 농업이라고 포괄적으로 표현했다—'농업, 임업, 그리고 기타 토지 이용'에서 배출되는 온실가스 배출량의 약 70퍼센트를 차지한다. 만약 나머지 30퍼센트를 한 단어로 요약하라고 한다면 나는 '삼림 벌채deforestation'라고 말할 것이다.

세계은행은 1990년 이후 130만 제곱킬로미터의 삼림 면적이 사라졌다고 지적했다[11](남아프리카공화국이나 페루보다 큰 면적이다). 삼림 벌채는 눈에 보이는 명백한 효과를 낸다. 나무를 베고 태우면 바로 이산화탄소가 배출되기 때문이다. 하지만 눈에 잘 보이지 않는 다른 피해도 일으킨다. 나무를 베면 토양이 망가지는데, 토양에는 많은 양의 탄소가 묻혀 있다(사실 공기와 식물에 존재하는 탄소를 합한 양보다 토양에 존재하는 탄소가 더 많다). 나무를 베면 토양 속의 탄소가 이산화탄소의 형태로 공기 중으로 배출된다.

모든 곳에서 똑같은 이유로 삼림 벌채가 일어난다면 더 쉽게 막을 수 있을 텐데 불행히도 그렇지 않다. 예를 들어 지난 수십 년 동안 브라질의 아마존 열대우림 벌채는 대부분 소들을 위한 목초지를 만들기 위해 진행되었다(1990년 이후 브라질의 삼림은 10퍼센트 줄었다). 그리고 음식은 국경을 넘나드는 '글로벌 제품'이기 때문에, 한 국가에서 소비되는 음식은 다른 국가에서 토지 이용의 변화를 이끌어낼 수 있다. 예를 들어 세계가 더 많은 고기를 소비할수록 라틴아메리카의 삼림 벌채는 가속화된다. 지구 어디선가 햄버거가 더 많이 팔린다면 다른 곳에서는 더 많은 나무가 사라지는 셈이다.

그리고 이 모든 배출량은 빠르게 증가한다. 세계자원연구소World Resources Institute는 토지 이용의 변화까지 고려하면 미국식 식단이 미국인들이 전기 생산, 제조, 운송 및 건축에서 배출하는 것만큼이나 많은 온실가스를 배출한다는 연구 결과를 발표했다.[12]

하지만 모든 삼림 벌채가 햄버거와 스테이크를 더 많이 먹기 위해 이루어지는 것은 아니다. 아프리카에서는 증가하는 인구를 먹여 살릴 농작물을 기를 농지와 연료를 확보하기 위해 삼림을 벌채한다. 세계에서 삼림 파괴율이 가장 높은 나이지리아는 1990년 이후 삼림의 60퍼센트 이상을 잃었다. 오늘날 인도네시아는 세계 최대 숯(나무를 까맣게 태워 만든다) 수출국이다.

한편 인도네시아에서 삼림이 파괴되는 이유는 야자수다. 야자수는 샴푸에서 팝콘까지 다양한 제품을 만드는 데 사용되는 팜유palm oil를 제공한다. 인도네시아가 세계에서 네 번째로 큰 온실가스 배출국인 중요한 이유다.[13]

세계의 삼림을 좀 더 안전하게 만들 수 있는 혁신적인 발명이 있었으면 좋겠다. 삼림 벌채와 산불을 더 쉽고 빠르게 발견하고 사후의 피해 정도를 측정할 수 있는 고급 위성 기반 모니터와 같이 유용한 기술이 몇 가지 개발되었다. 또한 나는 팜유 대체재를 만드는 몇 개의 기업을 예의주시하고 있다. 이 기업들이 성공하면 야자 농장을 만들기 위해 삼림을 파괴할 필요는 없을 것이다.

그러나 기술이 모든 것을 해결하지는 못한다. 정치적·경제적 문제도 풀어야 하기 때문이다. 사람들은 악하기 때문에 나무를 베는 것이 아니라, 나무를 벨 때 얻는 것이 나무를 보호할 때 얻는 것보다 많기 때문에 삼림 벌채를 하는 것이다. 그래서 삼림 보호를 하는 국가에게 돈을 지급하거나, 특정 지역을 보호할 수 있게 법을 시행하거나, 농촌 사회가 더 이상 천연자원에 의존하지 않도록 여러 경제적 기회를 제공하는 방안을 포함해 다양한 정치적·경제적 해결책이 필요하다.

독자들은 기후변화에 대응하기 위한 해결책 가운데 대기 중

이산화탄소를 흡수하기 위한 나무 심기 운동에 대해 들어봤을 것이다. 단순한 아이디어(가장 저렴하고 가장 간단한 탄소포집 방법이 지 않을까?)처럼 들릴 수도 있고 나무를 사랑하는 모든 이들에게 는 분명 매력적인 방안이겠지만, 나무 심기는 그렇게 단순하지 가 않다. 나무 심기의 영향에 대해서는 더 많은 연구가 필요하 기는 하지만, 현재로서는 나무 심기가 기후변화에 미치는 영향 이 부풀려진 것처럼 보인다.

나무 심기와 관련해서는 여러 요소를 고려해야 한다.

나무 한 그루는 일생 동안 얼마나 많은 이산화탄소를 흡수할 수 있을까? 나무마다 다르겠지만 40년 동안 4톤을 흡수한다는 것이 정설이다.

나무는 얼마나 오래 살까? 만약 나무가 타면 그 나무가 저장 한 모든 이산화탄소는 대기 중으로 배출될 것이다.

나무를 심지 않았다면 어떤 일이 벌어졌을까? 만약 당신이 나무를 심으려고 했던 자리에서 나무가 자연적으로 자랐다면, 결과적으로 탄소포집에는 큰 영향이 없었던 것과 같다.

세계의 어느 지역에 나무를 심어야 할까? 전반적으로 눈으로 덮인 지역에서 나무는 냉각 효과보다 온난화 효과를 더 많이 일 으킨다. 나무는 눈과 얼음보다 색깔이 어둡고, 어두운 것은 밝은 것보다 열을 더 많이 흡수하기 때문이다. 반면 열대 지역의 숲은 온난화 효과보다 냉각 효과를 더 많이 일으킨다. 나무는 많은 수 분을 방출하는데, 이 수분은 구름이 되어 햇빛을 반사하기 때문이다. 열대 지역과 극지방 사이의 지역인 중간 위도 지역에서는 냉각 효과와 온난화 효과가 서로 상쇄된다.

나무를 심은 자리에 다른 것들이 이미 자라고 있었는가? 만약 당신이 콩 농장을 없애고 그 자리에 숲을 가꾸었다고 생각해 보자. 콩 농장을 없앴으니 당신은 콩 공급량을 줄인 셈이고, 자연스레 콩 가격은 올라간다. 그러면 누군가가 다른 곳에서 나무를 베고 콩 농장을 만들 것이다. 당신은 나무를 심어 좋은 일을 했지만, 누군가는 당신의 좋은 일을 상쇄할 것이다.

이 모든 요소를 고려해 계산하면, 열대 지역의 약 50에이커의 땅에 나무를 심어야 평균적인 미국인 한 사람이 일생 동안 배출하는 온실가스를 흡수할 수 있다. 여기에 미국 인구수를 곱하면 160억 에이커, 즉 6,500만 제곱킬로미터 이상의 땅이 필요하다. 세계 대륙의 약 절반이 필요한 셈이다. 그리고 이 나무들은 영원히 보존되어야 한다. 미국의 배출량만 고려했을 때 이정도다. 다른 나라의 배출량은 아직 계산하기 전이다.

오해하지 말기 바란다. 나무들은 미적으로, 그리고 환경적으로 많은 혜택을 준다. 우리는 나무를 더 많이 심어야 한다. 하지만 그렇다고 기후재앙을 피하는 데 큰 도움이 될 것처럼 보이지는 않는다. 대부분의 경우 나무는 한번 자란 토양에서만 다시 자라기 때문에, 나무 심기를 하면 삼림 벌채로 인한 피해를 복구하는 데 도움이 될 수 있다. 화석연료를 태워 발생한 문제를 해결할 정도로 많은 나무를 심을 수 있는 현실적인 방법은 없다. 나무와 관련하여 기후변화에 대응할 수 있는 가장 효과적인 전략은 그저 그만 베는 것이다.

　결과적으로 우리는 지금보다 70퍼센트 더 많은 음식을 생산하는 동시에 온실가스 배출량을 서서히 줄여야 한다. 그러기 위해서는 식물에 새로운 비료를 주고, 가축을 기르는 방식을 바꾸고, 음식 낭비를 줄이는 등 새로운 방법을 사용해야 한다. 부유한 나라의 국민들은 고기를 덜 먹는 등 식습관에 변화를 주어야 한다. 치즈버거는 우리 집안의 전통이지만 어쩔 수 없다.

7

교통과 운송
연간 배출량 520억 톤의 16퍼센트
How We Get Around

퀴즈를 풀어보자. 딱 두 문제다.

　1. 다음 중 에너지가 가장 큰 것은?
　　A. 휘발유 1갤런
　　B. 다이너마이트 1개
　　C. 수류탄

　2. 다음 중 미국에서 가장 싼 것은?
　　A. 우유 1갤런
　　B. 오렌지주스 1갤런
　　C. 휘발유 1갤런

　정답은 A와 C로, 둘 다 휘발유다. 1갤런의 휘발유와 동일한 수준의 에너지를 얻으려면 다이너마이트 130개가 필요할 정도로 휘발유는 엄청난 에너지원이다. 물론 다이너마이트는 모든 에너지를 한 번에 폭파시키는 반면, 휘발유는 보다 천천히 에너지를 방출한다. 그래서 우리는 자동차를 운전할 때 다이너마이트가 아니라 휘발유를 사용하는 것이다.

또한 미국에서 휘발유는 놀랄 정도로 싸다. 설령 주유소에서는 그렇게 느끼지 못하더라도 말이다. 우유와 오렌지주스 말고도 갤런당 비교했을 때 휘발유보다 싸다고 할 수 없는 것들이 더러 있다. 바로 다사니 생수, 요구르트, 꿀, 세제, 메이플 시럽, 손 세정제, 스타벅스 라테, 레드불, 올리브유, 그리고 트레이더 조Trader Joe's(미국의 식료품 마트 체인─옮긴이)에서 2달러에 살 수 있는 그 유명한 찰스 쇼 와인(트레이더 조가 선보인 2달러짜리 와인으로 큰 인기를 끌었다─옮긴이)이다. 그렇다. 갤런당 가격으로 비교하자면 **휘발유는 2달러짜리 와인보다도 더 싸다.**

이 장을 읽을 때 휘발유와 관련해서는 딱 두 가지만 기억하면 된다. 확실한 효과를 내고 저렴하다는 점이다.* 우리가 1달러를 쓸 때 얻을 수 있는 에너지의 양을 측정할 때 휘발유를 하나의 기준점으로 생각할 수 있다. 디젤이나 제트연료와 같이 비슷한 제품을 제외하면 일상생활에서 갤런당 이 정도로 많은 에너지를 이 정도로 저렴하게 전달하는 것도 없다.

'갤런당 에너지양'과 '달러당 에너지양'이라는 쌍둥이 개념

---

* 물론 자동차를 타야만 하는 사람들에게 휘발유는 내가 언급했던 것보다도 더 필수품에 가까울 것이다. 만약 당신이 지출을 세심하게 관리한다면, 휘발유의 가격 상승은 예를 들어 올리브유의 가격 상승보다 더 뼈저리게 느껴질 것이다. 올리브유는 사도 그만, 안 사도 그만이기 때문이다. 다만 여기서 요점은 우리가 주기적으로 소비하는 물건들 중에서 휘발유는 상대적으로 저렴하다는 것이다.

은 우리가 운송 및 교통 시스템을 탈탄소화하는 데 매우 중요하다. 우리가 자동차, 배, 비행기를 사용하면서 태우는 연료가 이산화탄소를 배출하며 지구온난화에 기여한다는 것은 두말하면 잔소리다. 제로 탄소를 달성하기 위해 우리는 에너지밀도가 비슷하게 높고 값도 비슷하게 저렴한 무언가로 휘발유를 대체해야 한다.

어떤 독자들은 내가 운송 및 교통을 너무 늦게 언급하지 않았나 의아해할 수 있다. 그리고 온실가스 총배출량에서 운송은 16퍼센트에 불과해 항목별로 따졌을 때 '무언가를 만드는 것' '전기' '무언가를 기르는 것'에 이어 네 번째라는 사실에도 놀랄 수 있다. 나 역시 놀랐다. 대부분의 사람이 놀랄 것이다. 만약 당신이 길에서 아무나 붙잡고 기후변화에 가장 크게 기여하는 활동이 무엇이냐고 물어보면 대부분은 전기 생산, 자동차 운전, 그리고 비행기를 꼽을 것이다.

이런 혼란은 어찌 보면 당연할 수도 있다. 세계적으로 운송과 교통은 온실가스 배출의 가장 큰 요인이 아니지만, 미국에서는 **가장 큰** 요인이다. 심지어 전기 생산보다도 더 크다. 이미 그렇게 된 지 몇 년 되었다. 미국인들은 운전도 많이 하고 비행기도 많이 탄다.

어쨌든 순 제로를 달성하려면 운송으로 인한 모든 온실가스를 제거해야 한다. 미국뿐만 아니라 모든 국가가 말이다.

어렵지 않을까? 물론 매우 어려울 것이다. 그렇다고 불가능한 것도 아니다.

빌 게이츠, 기후재앙을 피하는 법

인류 역사의 대부분 동안 우리는 화석연료를 전혀 쓰지 않고 다녔다. 우리는 걷고, 동물을 타고, 바람으로 항해했다. 그러다 1800년대 초반 석탄을 활용해 기관차와 증기선을 움직이는 방법을 터득했다. 그다음부터는 '석탄 길만 걸었다.' 한 세기도 지나지 않아 기차는 대륙을 가로질러 달리기 시작했고, 배는 대양을 가로질러 사람과 제품을 옮겼다. 휘발유로 움직이는 자동차는 19세기 말에 등장했고, 글로벌화된 현대 경제에서 없어서는 안 될 항공 산업은 20세기 초반에 등장했다.

운송 및 교통을 목적으로 화석연료를 태우기 시작한 지 200년밖에 안 되었지만, 우리는 이미 근본적인 부분부터 화석연료에 의존하고 있다. 화석연료만큼 저렴하고 장거리 여행에 적합한 대체재를 찾지 못하는 이상 우리는 화석연료를 절대 포기하지 않을 것이다.

문제는 이것만이 아니다. 현재 운송 및 교통 부문에서 83억 톤의 탄소가 배출되는데, 단지 그만큼을 제거하는 데 그쳐서는 안 된다. 그보다 더 많은 탄소를 제거해야 한다. OECD에 따르면 코로나19로 인해 여행과 무역이 제한된 것을 감안해도 적어도 2050년까지는 운송 및 교통에 대한 수요가 계속 커질 것으로 전망된다.[1] 운송 및 교통 부문에서 배출량 증가분의 대부분은 승용차가 아니라 항공, 트럭, 해상운송에서 나오기 때문이다. 또한 전 세계에서 거래되는 물품 10분의 9는 해상운송으로 거래되며 이는 세계 온실가스 배출량의 3퍼센트를 차지한다.

운송 및 교통과 관련된 대부분의 배출량은 부유한 나라에서

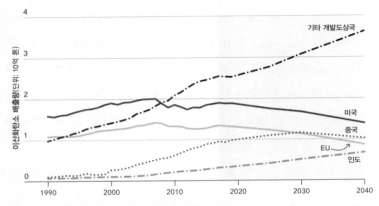

4

이산화탄소 배출량(단위: 10억 톤)

3

2

1

0

1990   2000   2010   2020   2030   2040

기타 개발도상국

미국

중국

EU

인도

코로나19는 운송 및 교통 부문의 이산화탄소 배출 속도를 둔화시켜도 줄이지는 못한다. 많은 나라에서 배출량은 줄어들 것으로 보이지만 개발도상국과 중간소득 국가의 배출량은 증가할 것으로 전망됨에 따라 전체적인 온실가스 배출량은 증가할 것이다. (IEA World Energy Outlook 2020, Rhodium Group) [2]

나온다. 하지만 이들의 배출량은 10년 전에 최고점을 찍고 그 이후에는 다소 감소했다. 오늘날 운송 및 교통과 관련된 탄소의 거의 대부분은 인구가 증가하고 경제가 성장해 더 많은 차를 구매하는 개발도상국에서 배출된다. 늘 그렇듯이 중국이 가장 대표적인 예다. 중국의 운송 및 교통 관련 배출량은 지난 10년 동안 두 배로 늘었으며 1990년 이후부터는 열 배로 늘었다.

고장 난 라디오처럼 들릴 수 있겠지만, 내가 전기, 제조, 그리고 농업을 설명할 때 했던 말을 다시 하자면 **더 많은 사람과 더 많은 제품이 이동한다는 것은 좋은 일이다.** 시골과 도시를 여행할 수 있다는 것은 개인의 자유가 보장된 것이라고 볼 수 있으며, 특히 가난한 나라의 농부들은 농작물을 시장에 내다 팔기 위해 이동

빌 게이츠, 기후재앙을 피하는 법

해야 하므로 이들에게는 생존과 직결된 문제이기도 하다. 국제 선은 한 세기 전만 해도 상상조차 할 수 없었던 방식으로 세계를 연결한다. 다른 나라의 사람들을 만날 수 있다는 것은 인류 공통의 문제가 무엇인지 파악하는 데 도움을 준다. 현대식 교통 및 운송 수단이 없었을 때는 우리가 먹는 음식이 대부분 제한적이었다. 나는 포도를 좋아한다. 내가 좋아하는 포도를 1년 내내 먹을 수 있는 이유는 화석연료로 움직이는 컨테이너선이 남미에서 포도를 싣고 오기 때문이다.

그렇다면 기후를 더 이상 악화시키지 않으면서 교통(여행)과 운송의 혜택을 계속 누릴 수 있는 방법이 있을까? 필요한 기술이 우리에게 이미 있을까? 아니면 어떤 혁신이 필요한가?

이 질문에 대한 답을 하려면 교통 및 운송의 그린 프리미엄을 계산해야 한다. 시작하기에 앞서 배출이 어디에서 발생하는지 알아보자.

다음 원형 도표는 교통 및 운송과 관련된 배출량에서 자동차, 트럭, 비행기, 배 등이 얼마나 차지하는지를 보여준다. 우리의 목표는 각각을 순 제로로 줄이는 것이다.

승용차, SUV, 오토바이 등 개인의 교통수단은 전체의 절반 정도만 차지한다는 점에 주목해보라. 쓰레기차부터 바퀴가 18개 달린 대형 화물차까지 포함하는 중형 및 대형 차량은 30퍼센트를 차지한다. 비행기와 컨테이너선 및 유람선은 함께 각각 10퍼센트를 차지한다. 기차의 비중은 이보다는 작다.*

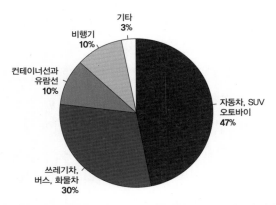

기타
3%

비행기
10%

컨테이너선과
유람선
10%

자동차, SUV
오토바이
47%

쓰레기차,
버스, 화물차
30%

범인은 자동차 말고도 더 있다. 자동차(SUV 및 오토바이 포함)가 교통 및 운송과 관련된 배출량에서 차지하는 비율은 절반에 조금 못 미친다. (International Council on Clean Transportation) [3]

파이에서 가장 큰 부분인 자동차(화물차와 트럭도 자동차이긴 하지만 여기서 '자동차'는 승용차와 SUV, 오토바이 등 개인 교통수단을 의미—옮긴이)를 시작으로 하나씩 살펴보고 배출량을 줄일 수 있는 방안에는 무엇이 있는지 알아보자.

자동차. 현재 약 10억 대의 차가 전 세계 도로에서 달리고 있다.[4] 폐차된 자동차 수를 감안하더라도 2018년 한 해에만 2,400만 대의 자동차가 추가되었다.[5] 휘발유를 사용하면 온실가스가 배출되기 때문에 우리는 대안이 필요하다. 그 대안에는 화석연료가 아니라 공기 중의 탄소로 만든 연료, 또는 완전히 다른 종류의

- 다시 말하자면 여기서의 '배출량'은 교통 및 운송 수단들이 연료를 태우면서 발생하는 배출량만 집계한 것이다. 만드는 과정(강철과 플라스틱을 만들고 공장을 운영하는 등)에서 나오는 배출량은 5장에서 이미 다뤘다.

빌 게이츠, 기후재앙을 피하는 법

에너지가 있다.

두 번째 대안부터 살펴보자. 우리에게는 아직 완벽하지는 않지만 이미 어느 정도 입증된 또 다른 형태의 에너지가 있다. 실제로 그 에너지를 사용하는 자동차는 당신 근처의 판매점에서도 팔고 있을 것이다.

오늘날 전기차를 생산하는 업체들의 머리글자를 따면 알파벳의 절반에 이를 정도로 전기차는 우리에게 친숙하다. 전기차를 판매하는 업체에는 아우디Audi, BMW, 쉐보레Chevrolet, 시트로엥Citroën, 피아트Fiat, 포드Ford, 혼다Honda, 현대Hyundai, 재규어Jaguar, 기아Kia, 메르세데스 벤츠Mercedes-Benz, 닛산Nissan, 푸조Peugeot, 포르쉐Porsche, 르노Renault, 스마트Smart(벤츠의 계열사로 전기차를 전문적으로 생산한—옮긴이), 테슬라Tesla, 폭스바겐Volkswagen 등이 있다. 이외에도 중국과 인도의 업체까지 합하면 셀 수 없을 정도다. 나도 최근에 전기차를 샀는데 아주 만족스럽다.

예전에는 전기차가 휘발유차보다 훨씬 비쌌다. 그래도 최근 몇 년 동안 그 차이는 급격하게 줄어들었다. 가장 주된 이유는 배터리 가격이 크게 하락했기 때문이다(2010년 이후 85퍼센트 하락했다). 그리고 다양한 세금 혜택과 더불어 더 많은 제로 탄소 자동차를 도로에 내놓겠다는 정부의 의지도 가격 하락을 거들었다. 그럼에도 여전히 전기차에는 어느 정도의 그린 프리미엄이 붙는다.

예를 들어 쉐보레가 생산한 두 차를 비교해보자. 하나는 휘발유차인 말리부이고, 다른 하나는 전기차인 볼트EV다.

말리부
최소 2만 3,400달러

연비(갤런당 마일): 29(시내)/36(고속도로)
트렁크 부피: 445리터
마력: 250

볼트EV
최소 3만 1,500달러

주행거리: 259마일
트렁크 부피: 1,614리터
마력: 200

쉐보레 대 쉐보레. 휘발유차인 말리부와 전기차인 볼트EV. (Chevrolet)[6]

이 두 차는 마력과 내부 면적 면에서 비슷하다. 볼트EV는 8,100달러 정도 더 비싸지만(전기차에 주어지는 세금 혜택을 고려하지 않은 금액인데, 세금 혜택까지 고려하면 전기차가 더 싸질 수 있다), 이 차의 가격만으로는 실제 그린 프리미엄을 계산할 수 없다. 그린 프리미엄을 계산하는 데 중요한 것은 차의 구매가가 아니라 구매와 **보유**에 따른 전체적인 비용이기 때문이다. 예를 들어 전기차는 유지비가 덜 들고 휘발유가 아니라 전기로 움직인다는 사실을 고려해야 한다. 다른 한편으로 전기차가 더 비싸기 때문에 보험료도 더 비싸다.

이런 차이점을 모두 고려해 보유의 총 비용을 살펴보면, 볼트EV는 말리부보다 주행거리 1마일당 10센트 더 비싸다.[7]

1마일(약 1.6킬로미터)당 10센트는 어떤 의미일까? 만약 당신이 매년 1만 2,000마일(약 1만 9,000킬로미터)을 달린다면, 당신이 지불하는 연간 그린 프리미엄은 1,200달러가 될 것이다. 무시할 만큼의 금액은 아니지만, 많은 차 구매자 입장에서는 전기차를 실제로 고려할 수 있을 만큼 낮은 수준이다.

이 값은 미국 평균이다. 다른 나라에서 그린 프리미엄은 다를 수 있다. 나라마다 전기차 그린 프리미엄이 다른 주요인은 전깃값과 휘발윳값이 다르다는 점이다(전기가 더 저렴하거나 휘발유가 더 비쌀 경우 그린 프리미엄은 낮아진다). 유럽 일부 지역에서는 휘발윳값이 너무 높아 전기차의 그린 프리미엄이 이미 제로를 달성하기도 했다. 심지어 미국에서도 배터리 가격이 계속 떨어지고 있어 나는 2030년까지 대부분 전기차의 그린 프리미엄이 제로가 될 것으로 예측한다.

좋은 소식이다. 전기차가 저렴해질수록 우리는 더 많은 전기차가 실제로 도로 위를 달릴 수 있도록 해야 한다(구체적인 방안은 이 장의 말미에서 다룰 예정이다). 하지만 2030년이 되어도 전기차에는 휘발유차에 비해 몇 가지 단점이 있을 것이다.

첫째, 휘발윳값은 변동 폭이 크며 휘발윳값이 특정 수준 이상일 때만 전기차가 저렴한 선택지가 될 수 있다. 2020년 5월 미국에서 평균 휘발윳값이 갤런당 1.77달러로 떨어진 적이 있다. 휘발유가 이 정도로 싸면 전기차 배터리는 상대적으로 너무 비싸지기 때문에 전기차는 경쟁력을 잃고 만다. 오늘날의 배터리 가격을 기준으로 할 때, 전기차를 소유한 사람은 휘발윳값이 갤런당 3달러 이상일 때만 비용 절감 효과를 얻을 수 있다.

둘째, 전기차는 완충하는 데 한 시간이나 그 이상이 걸리지만 휘발유차는 5분이 채 걸리지 않는다. 또한 탄소 배출을 피하기 위해 전기차를 타는 것은 우리가 제로 탄소 방식으로 깨끗한 전기를 만들 수 있을 때에만 효과를 얻을 수 있다. 4장에서 언급한 혁신이 중요한 이유다. 만약 우리가 석탄으로 전기를 만들어 전기차를 운전한다면, 이는 단순히 화석연료를 다른 화석연료로 대체하는 것밖에 안 된다.

더욱이 휘발유차가 도로에서 완전하게 사라질 때까지는 상당한 시간이 걸릴 것으로 보인다. 평균적으로 자동차가 공장에서 나와 폐차될 때까지는 13년이 걸린다. 자동차의 수명이 이렇게 길기 때문에 2050년까지 모든 자동차를 전기차로 교체하기 위해서는 앞으로 15년 내로 미국에서 판매되는 모든 자동차는 전기차가 되어야 한다. 지금은 약 2퍼센트다.

그러면 앞에서 언급한 두 개의 대안 가운데 첫 번째 대안은 무엇일까? 제로 탄소 자동차를 달성하는 또 다른 방법은 대기 중의 탄소로 휘발유의 대체제로 쓸 수 있는 액체연료를 만들어 사용하는 것이다. 이런 연료를 사용한다고 해도 대기 중으로 탄소를 더 배출하는 것이 아니다. 대기 중의 탄소를 활용해 연료를 만드는 것이기 때문에, 탄소를 원래 있었던 자리에 되돌려놓는 것에 불과하다.

'대체 연료'라는 말은 옥수수, 사탕수수 또는 사탕무 설탕으로 만든 바이오연료인 에탄올을 떠올리게 한다. 미국에 사는 사람이라면 이미 이 바이오연료로 운전하고 있을 것이다. 미국에서 판매되는 대부분의 휘발유에는 옥수수로 만들어진 에탄올이 10퍼센트 함유되어 있기 때문이다. 브라질에는 사탕수수로 만들어진 에탄올로만 움직이는 자동차도 있다. 나머지 나라에서는 거의 사용하지 않는다.

하지만 여기에도 문제가 있다. 옥수수로 만든 에탄올은 완전한 제로 탄소가 아니다. 제조 방법에 따라 심지어 저탄소조차 아닐 수도 있다. 농작물을 기르려면 비료가 필요하다(비료를 만들고 사용하는 과정에서 온실가스가 배출된다—옮긴이). 식물이 연료로 만들어지는 정제 과정에서도 탄소가 배출된다. 그리고 이런 연료를 만들려고 특정 농작물을 재배하면 식용 농작물을 재배하는 데 사용될 땅을 사용해야만 한다. 따라서 농부들은 식량을 기를 농지를 개간하기 위해 숲의 나무들을 베어내야 한다.

그럼에도 대체 연료는 완전한 실패작은 아니다. 기존 바이오연료의 문제점이 없는 차세대 바이오연료가 있기 때문이다. 차세대 바이오연료는 스위치그래스(북아메리카에 서식하는 다년생 식물—옮긴이)처럼 식량으로는 쓸 수 없는 식물들, 농사 뒤 남은 잔존물이나 종이를 만들고 남은 찌꺼기들, 심지어 음식물 쓰레기나 낙엽 따위로 만들어지기 때문이다. 이들은 식량이 아니기 때문에 비료가 필요 없으며 농지에서 재배될 필요도 없다.

몇몇 차세대 바이오연료는 전문가들이 '드롭인drop-in' 연료라고 부른다. 그 상태 그대로(정제하지 않고) 엔진에 넣을 수(드롭인) 있기 때문이다. 여기에 우리가 이미 수십억 달러를 투자해 설치하고 유지, 보수까지 하고 있는 탱커와 파이프라인 등 기존 인프라를 통해 운송될 수 있다는 또 다른 이점이 있다.

나는 바이오연료에 대해 낙관적이지만, 바이오연료가 다루기 어렵다는 점은 확실하다. 나는 이 분야에서 돌파구를 만들기가 얼마나 어려운지를 직접 경험한 적이 있다. 몇 년 전 나무와 같은 바이오매스biomass를 연료로 변환할 수 있는 독점적 지위를 가진 미국 회사를 알게 되었다. 나는 그 회사를 방문해 자세한 조사 끝에 5,000만 달러를 투자하기로 결심했다. 하지만 기술이 충분하지 않았는지(기술적 어려움을 겪었다는 말은, 다시 말해서 회사가 충분한 경제적 이득을 볼 수 있을 정도로 생산하지 못했다는 것을 의미한다) 그 회사는 결과적으로 문을 닫았다. 나는 5,000만 달러를 잃었지만 후회하지는 않는다. 우리는 많은 아이디어가 결국 실패할 것임을 알면서도 어찌 되었든 다양한 아이디어를 실험해야 하기 때문이다.

불행히도 차세대 바이오연료 연구에 대한 자금 지원은 아직도 충분한 수준으로 이뤄지고 있지 않으며, 우리의 교통 및 운송 시스템을 탈탄소화할 수 있을 정도의 규모로 도입될 준비도 아직 안 되었다. 결과적으로 휘발유를 바이오연료로 대체하는 비용은 꽤나 비쌀 것이다. 다양한 바이오연료와 다른 청정연료의 정확한 비용에 대해서는 전문가들도 이견을 보이지만, 각 제품별로 추정 비용이 있으므로 나는 몇몇 연구에서 나온 비용의 평균을 사용할 예정이다.

휘발유를 차세대 바이오연료로 대체하는 데 따르는 그린 프리미엄[8]

연료 종류	갤런당 현재 소매가	갤런당 제로 탄소 대체재	그린 프리미엄
휘발유	2.43 달러	5.00달러 (차세대 바이오연료)	**106%**

이 표를 포함해 앞으로 나올 표의 소매가는 2015~2018년 미국 평균 소매가다. 갤런당 제로 탄소 대체재의 값은 현재 추정치다.

빌 게이츠, 기후재앙을 피하는 법

에너지를 식물로부터 얻는 바이오연료는 유일한 대체 연료가 아니다. 제로 탄소 전기zero-carbon electricity로 물의 수소와 이산화탄소의 탄소를 결합하여 탄화수소 연료를 만들 수도 있다. 만들어지는 과정에서 전기가 사용되기 때문에 종종 전자연료electrofuel라고도 불리는 이 연료는 많은 장점이 있다. 이것은 드롭인 연료이며 대기 중의 이산화탄소를 포집하여 만들기 때문에, 이 연료를 태운다고 해서 전체적인 탄소 배출이 증가하지는 않는다.

하지만 전자연료 역시 단점이 있다. 매우 비싸다는 점이다. 전자연료를 만들려면 수소가 필요하지만, 4장에서 언급한 것처럼 탄소 배출 없이 수소를 만드는 데에는 많은 돈이 필요하다. 더욱이 깨끗한 전기로 만들어야 하는데(깨끗하지 않는 전기로 만들면 전자연료를 만드는 의미가 퇴색한다), 아직 우리에게는 연료 만들기에 사용할 만큼 저렴하고 깨끗한 전기가 충분하지 않다. 이 모든 것을 고려하면 전자연료의 그린 프리미엄은 다음과 같다.

휘발유를 제로 탄소 대체재로 교체하는 데 따르는 그린 프리미엄[9]

연료 종류	갤런당 현재 소매가	갤런당 제로 탄소 대체재	그린 프리미엄
휘발유	2.43달러	5.00달러 (차세대 바이오연료)	**106%**
휘발유	2.43달러	8.20달러 (전자연료)	**237%**

이 숫자들은 평균적인 가정에게 어떤 의미일까? 미국의 평균 가정은 휘발유에 매년 2,000달러를 쓴다.[10] 따라서 만약 이

값이 두 배가 된다면 미국의 모든 자동차에 대한 그린 프리미엄은 2,000달러가 되는 것이고, 세 배가 된다면 그린 프리미엄은 4,000달러가 되는 것이다.

쓰레기차, 버스, 화물차. 불행히도 장거리 버스와 트럭의 경우 배터리는 현실적인 선택지가 아니다. 차가 클수록, 그리고 주행거리가 길수록 전기로 차를 움직이기가 어렵기 때문이다. 배터리는 무겁고 저장할 수 있는 에너지양이 제한되어 있으며, 한번에 엔진으로 전달할 수 있는 에너지 역시 제한적이기 때문이다(해치백을 운전할 때보다 대형 트럭을 움직일 때 더 많은 배터리가 탑재된 엔진이 필요하다).

일반적으로 쓰레기차와 시내버스 같은 중형 트럭은 전기로도 움직일 수 있을 만큼 충분히 가볍다. 또한 이런 차들은 상대적으로 주행거리가 짧고 매일 같은 자리에 주차할 수 있기 때문에 충전소를 쉽게 지을 수 있다. 1,200만 명의 인구를 자랑하는 중국의 선전深圳시는 1만 6,000대의 시내버스와 택시의 3분의 2를 전기차로 교체했다.[11] 중국에서 판매되는 전기버스의 수를 감안하면 나는 10년 안에 전기버스의 그린 프리미엄은 제로가 될 수 있다고 생각한다. 이 말은 세계 대부분의 도시들은 교통수단을 전기화할 수 있다는 의미다.

하지만 주행거리가 멀거나 차가 더 무거울 때(예를 들면 바퀴가 18개 달린 화물차로 전국을 횡단하거나, 학생을 꽉 채운 스쿨버스를 운전하는 등)는 더 많은 배터리가 필요할 것이다. 그리고 배터리가 하나씩 더 추가될 때마다 자동차의 무게 역시 증가한다. 그것도

중국의 선전시는 1만 6,000대의 버스를 전기화했다.[12]

크게 증가한다.

　현재 1파운드당 성능이 가장 좋은 리튬이온배터리는 휘발유보다 35배나 더 적은 에너지를 전달한다. 다시 말해 1갤런의 휘발유와 같은 양의 에너지를 얻으려면 휘발유보다 35배 무거운 배터리가 필요하다.

　그게 현실적으로 어떤 의미일까? 카네기멜론대학교의 수학 교수 두 사람이 2017년 발표한 연구 결과[13]에 따르면, 한 번 충전으로 1,000킬로미터를 갈 수 있는 전기 화물 트럭은 배터리가 너무 많이 필요해서 실제 적재량은 휘발유를 사용하는 화물 트럭보다 25퍼센트 적다. 1,500킬로미터를 갈 수 있는 화물 트럭은 이보다 더해서 그 어떤 화물도 탑재할 수 없다.

일반적인 디젤 트럭은 한 번 주유하면 1,600킬로미터 이상 운전할 수 있다. 따라서 미국의 트럭들을 완전히 전기화하려면 더 적은 화물만 옮길 수 있는 전기 화물차로 더 자주 충전소에 들러 몇 시간씩 충전하면서도 어떻게 해서든 충전소 없이 끝없이 펼쳐진 고속도로를 무사히 지나갈 수 있어야 한다. 이런 일은 가까운 시일 내에 이뤄질 것 같지 않다. 단거리 주행에는 전기차가 좋은 선택지가 될 수 있겠지만, 무거운 트럭이나 장거리용 차의 경우에는 현실적인 선택지가 아니다.

화물 트럭을 전기화할 수 없다면, 오늘날 우리에게 주어진 유일한 해결책은 전자연료와 차세대 바이오연료다. 하지만 불행히도 이 둘 모두 커다란 그린 프리미엄이 따른다. 이 둘의 그린 프리미엄은 다음 표에 정리했다.

디젤차를 제로 탄소 대체재로 교체하는 데 따르는 그린 프리미엄[14]

연료 종류	갤런당 현재 소매가	갤런당 제로 탄소 대체재	그린 프리미엄
디젤	2.71달러	5.50달러 (차세대 바이오연료)	**103%**
디젤	2.71달러	9.05달러 (전자연료)	**234%**

배와 비행기. 얼마 전 나는 친구 워런 버핏Warren Buffett과 비행기를 탈탄소화할 수 있는 방안에 대해 대화를 나눴다. 워런은 "왜 점보제트(초대형 비행기―옮긴이)에는 배터리를 사용하지 않지?"라고 물었다. 그는 비행기가 이륙할 때 연료가 전체 비행기

빌 게이츠, 기후재앙을 피하는 법

무게의 20~40퍼센트를 차지한다는 사실을 이미 알고 있었다. 그래서 나는 동일한 에너지를 얻기 위해서는 제트연료보다 35배나 무거운 배터리가 필요하다는 사실을 그에게 말해줬다. 그는 바로 이해했다. 더 많은 동력을 얻기 위해 비행기는 더 무거워져야 하는데, 그러다 보면 어느 순간 이륙도 할 수 없을 만큼 무거워질 것이다. 워런은 슬며시 웃으면서 "아" 하고 짧은 탄식을 내뱉었다.

컨테이너선이나 비행기처럼 자동차보다 더 무거운 것들을 움직일 때, **운송 수단이 크고 재충전 없이 더 멀리 운전할수록, 그것을 움직이는 동력원으로 전기는 괜찮은 선택지가 되기 어렵다**는 말은 하나의 법칙이 된다. 배터리 기술에 혁신이 일어나지 않는 이상 배터리는 절대 비행기나 배를 매우 짧은 거리 이상 움직일 수 있도록 가벼워지거나 강해지지 않을 것이다.

오늘날 이 기술이 어디까지 왔는지 확인해보자. 시중에서 판매되는 최고의 전기 비행기는 탑승객 두 명을 태우고, 최대 시속 210마일(약 340킬로미터)로 재충전 없이 세 시간 동안 비행할 수 있다.* 반면 중형급 비행기인 보잉787은 재충전 없이 296명의 탑승객을 태우고 시속 650마일(약 1,050킬로미터)로 20시간 가까이 비행할 수 있다.[15] 이처럼 화석연료 비행기는 현재 최고 성능의 전기 비행기보다 세 배 더 빠르게, 여섯 배나 더 오래 날

---

* 대기에서의 속도는 보통 노트knot로 측정하지만, 나를 포함한 대부분의 사람은 1노트가 얼마나 빠른지 실감하지 못하기 때문에 여기에서는 시간당 마일로 계산했다. 어쨌든 시간당 노트는 시간당 마일과 비슷하다(1노트는 1시간에 1.15마일, 즉 1.85킬로미터를 진행할 속도다—옮긴이).

수 있으며, 거의 150배에 가까운 탑승객을 태울 수 있다.

배터리 성능은 개선되고 있지만 이 격차를 어떻게 극복할 수 있을지는 모르겠다. 조금의 행운이 따른다면 배터리는 에너지밀도가 지금보다 세 배로 증가할 수는 있다. 그렇다고 해도 휘발유나 제트연료에 비하면 12분의 1 수준이다. 우리에게 최선은 제트연료를 전자연료나 차세대 바이오연료로 대체하는 것인데, 아래에서 볼 수 있는 것처럼 엄청난 그린 프리미엄을 감수해야 한다.

제트연료를 제로 탄소 대체재로 교체하는 데 따르는 그린 프리미엄[16]

연료 종류	갤런당 현재 소매가	갤런당 제로 탄소 대체재	그린 프리미엄
제트연료	2.22달러	5.35달러 (차세대 바이오연료)	**141%**
제트연료	2.22달러	8.80달러 (전자연료)	**296%**

컨테이너선도 마찬가지다. 최고 성능의 기존 휘발유 컨테이너선은 현재 운영되는 두 대의 전기 컨테이너선보다 200배나 더 많은 화물을 운반할 수 있으며 400배나 더 긴 거리를 항해할 수 있다. 대양을 건너는 데 컨테이너선이 유리한 이유다.[17]

컨테이너선이 세계 경제에 얼마나 중요한지를 감안하면, 액체연료 이외의 다른 연료로 컨테이너선을 운항하는 것은 재정적으로 실행 가능하다고 생각되지 않는다. 대체 연료는 우리에게 큰 도움이 될 것이다. 왜냐하면 항해는 전체 배출량의 3퍼센트를 차지하므로 청정연료를 사용하면 의미 있는 수준의 배출량 감소 효과를 얻을 수 있기 때문이다. 하지만 배를 움직이는 데 사용하는 연료(이런 연료를 벙커유bunker fuel라고 부른다)는 휘발유를 정제하는 과정에서 나오는 찌꺼기로 만들기 때문에 굉장히 저렴하다. 이처럼 벙커유가 매우 저렴하기 때문에 선박의 그린 프리미엄은 굉장히 높다.

벙커유를 제로 탄소 대체재로 교체하는 데 따르는 그린 프리미엄 [18]

연료 종류	갤런당 현재 소매가	갤런당 제로 탄소 대체재	그린 프리미엄
벙커유	1.29달러	5.50달러 (차세대 바이오연료)	**326%**
벙커유	1.29달러	9.05달러 (전자연료)	**601%**

요약하자면, 이 장에 나온 모든 그린 프리미엄은 208쪽의 표와 같이 정리할 수 있다.

사람들이 이 정도의 가격 상승을 받아들일 수 있을까? 확실하지 않다. 하지만 미국이 마지막으로 연방휘발유세를 올린 것은 무려 25년도 더 된 1993년이었다. 미국인들이 휘발유에 더 많은 돈을 쓰려고 할 것 같지는 않다.

교통과 운송 관련 배출량을 줄일 수 있는 방법에는 네 가지가 있다. 첫 번째는 덜 하는 것이다. 운전도 덜 하고, 비행기도 덜 타고, 화물 배송도 덜 하는 것이다. 대신 우리는 걷거나 자전거를 타고, 카풀을 더 많이 해야 한다. 일부 도시에서 이런 대안

현재 사용하는 연료를 제로 탄소 대체재로 교체하는 데 따르는 그린 프리미엄[19]

연료 종류	갤런당 현재 소매가	갤런당 제로 탄소 대체재	그린 프리미엄
휘발유	2.43달러	5.00달러 (차세대 바이오연료)	106%
휘발유	2.43달러	8.20달러 (전자연료)	237%
디젤	2.71 달러	5.50달러 (차세대 바이오연료)	103%
디젤	2.71달러	9.05달러 (전자연료)	234%
제트연료	2.22달러	5.35달러 (차세대 바이오연료)	141%
제트연료	2.22달러	8.80달러 (전자연료)	296%
벙커유	1.29달러	5.50달러 (차세대 바이오연료)	326%
벙커유	1.29달러	9.05달러 (전자연료)	601%

교통을 권장하기 위해 스마트 도시계획을 하고 있다는 것은 고무적이다.

배출량을 줄이는 또 다른 방법은 자동차를 만들 때 탄소 집약적인 자재를 덜 사용하는 것이다. 자동차와 관련된 탄소 배출은 배기관을 타고 나오는 탄소만 있는 게 아니다. 이미 5장에서 말했듯이 모든 자동차는 강철과 플라스틱으로 만들어지고 이둘은 모두 제조 과정에서 온실가스를 배출한다. 자동차를 만들때 이런 자재들을 덜 사용하면 우리는 탄소발자국을 줄일 수 있을 것이다.

배출량을 줄이는 세 번째 방법은 연료를 더 효율적으로 사용하는 것이다. 연료 효율성은 승용차와 트럭에 직접적인 영향을 주기 때문에 이 주제는 많은 언론과 입법자들의 관심을 받는다. 대부분의 나라들에는 승용차와 트럭에 대한 연료 효율성 표준이 있는데, 이런 표준 때문에 자동차 회사들은 더 효율적인 엔진을 만들기 위해 최첨단 기술에 투자한다. 그럼으로써 중대한 차이를 만드는 데 기여하고 있다.

하지만 이런 표준만으로는 충분하지 않다. 예를 들어 항해와 비행에 대한 국제 연료 효율성 표준은 강제성이 거의 없다. 대서양 한가운데 있는 컨테이너선에서 배출되는 탄소 배출량을 과연 어느 나라가 규제할 수 있을까?

게다가 효율적인 자동차를 만들고 사용하는 것이 올바른 방향으로 가는 중요한 단계라고 해도, 이것만으로는 제로 탄소를 달성하지 못한다. 휘발유를 덜 사용한다고 해도 휘발유는 여전히 휘발유이기 때문이다.

이 문제는 교통과 운송에서 나오는 배출량을 줄이는 네 번째 방법, 그리고 가장 효율적인 방법으로 이어진다. 바로 전기차와 대체 연료로 전환하는 것이다. 하지만 이미 앞에서 주장했듯이 전기차와 대체 연료에는 큰 그린 프리미엄이 붙는다. 이 그린 프리미엄을 낮출 수 있는 방법에는 어떤 것들이 있을까?

그린 프리미엄을 낮추는 방법

승용차의 그린 프리미엄은 꾸준하게 내려가고 있으며 언젠가는 제로가 될 것이다. 주행거리가 긴 자동차와 전기차가 기존 자동차를 대체함에 따라 휘발유세로 거두는 조세 수입은 줄어들 것이다. 그러면 빌딩과 도로를 유지, 보수하는 데 필요한 재정 역시 줄어들 수 있다. 주 정부는 자동차 번호판을 갱신할 때 전기차 소유자에게 추가 요금을 부과하여 잃어버린 수익을 어느 정도 만회할 수 있다(이 글을 쓰고 있는 현재 기준 19개 주가 이 제도를 운영하고 있다). 다만 이 제도를 실시할 경우 전기차가 휘발유차 수준으로 저렴해지기까지는 1~2년이 더 걸릴 것이다.

전기차에게는 또 다른 어려움이 있다. 바로 대형 트럭에 대한 미국인들의 사랑이다. 2021년에 미국인들은 300만 대 이상의 승용차와 1,200만 대의 트럭과 SUV를 샀다.[20] 이 중 97퍼센트는 휘발유차다.

상황을 반전시키려면 창의적인 정부 정책이 필요하다. 우리는 전기차 구매를 장려하는 정책을 도입해야 한다. 그리고 전기차가 현실적인 선택지가 될 수 있도록 충전소를 구축해 전기차로의 전환을 가속화해야 한다. 국가 차원에서 전기차 공급을 늘려 값을 낮출 수도 있다. 중국, 인도, 몇몇 유럽 국가들은 앞으로 수십 년 동안 화석연료 자동차(대부분이 승용차다)를 단계적으로 퇴출하겠다고 발표했다. 캘리포니아 주정부는 2029년부터는 전기버스만 구매하고, 2035년까지는 휘발유차 판매를 금지하겠다

빌 게이츠, 기후재앙을 피하는 법

고 발표했다.

그다음, 우리가 원하는 만큼의 전기차를 실제로 도로 위에서 달릴 수 있게 하려면 우리는 상당한 양의 깨끗한 전기가 필요하다. 4장에서 언급했듯이 재생에너지를 도입하고 발전 및 저장 기술의 혁신을 추구하는 것이 중요한 또 다른 이유다.

또한 핵연료로 움직이는 컨테이너선도 고려해야 한다. 핵연료 컨테이너선과 관련된 리스크는 현실적이다(예를 들어 배가 침몰한다고 해도 핵연료가 새지 않아야 한다). 하지만 이미 많은 기술적 난제들이 해결되었다. 이미 군용 잠수함과 항공모함은 핵연료로 움직이지 않는가?

마지막으로 우리는 차세대 바이오연료와 값싼 전자연료를 만드는 데 엄청난 노력을 쏟아야 한다. 많은 기업과 과학자들이 다양한 방법을 연구하고 있다. 예를 들어 전기로 수소를 만드는 새로운 방법이나 태양에너지를 활용하는 방법도 있다. 아니면 자연적으로 수소를 생성하는 미생물을 사용할 수도 있다. 더 많은 방법을 실험할수록 혁신의 기회는 많아진다.

이토록 복잡한 문제에 대한 해결책을 한 문장으로 압축할 수는 없다. 하지만 교통 및 운송과 관련된 제로 탄소 미래는 이렇게 요약할 수 있다. 할 수 있는 한 모든 자동차를 전기화하라. 그리고 나머지 교통 및 운송 수단에 대해서는 저렴한 대체 연료를 마련하라.

첫 번째 그룹에는 승용차와 트럭, 소형 트럭과 중형 트럭, 버스가 있다. 두 번째 그룹에는 장거리용 트럭, 기차, 비행기, 컨테이너선이 있다. 비용 면에서 전기차는 휘발유차보다 더 비싸지 않게 될 것이다. 이건 좋은 뉴스다. 하지만 대체 연료는 여전히 꽤 비싸다. 좋은 뉴스는 아니다. 우리는 이 가격을 더 낮출 수 있는 혁신이 필요하다.

이 장에서는 사람과 물건을 옮기는 교통 및 운송 시스템을 다뤘다. 다음 장에서는 우리가 살고 머무는 곳, 즉 집, 사무실, 학교를 다룰 것이다. 그리고 더 뜨거워진 지구에서 이런 장소들을 살 만한 곳으로 만들기 위해 무엇이 필요한지 살펴볼 것이다.

8

냉방과 난방
연간 배출량 520억 톤의 7퍼센트
How We Keep Cool and Stay Warm

내가 말라리아에 대해 긍정적인 말을 하게 될 줄이야. 말라리아는 매년 40만 명의 사람을 죽이는데, 희생자의 대부분은 아이들이다. 게이츠 재단은 말라리아를 근절하기 위한 세계적 노력에 동참하고 있다. 그래서 얼마 전 말라리아에 좋은 점이 있다는 사실을 알게 되었을 때 나는 매우 놀랐다. 말라리아가 에어컨 발명에 기여했던 것이다.

인간은 수천 년 동안 더위를 극복하고자 노력해왔다. 고대 페르시아인들은 건축물에 '배드거르스badgirs'라고 불리는 윈드캐처wind catcher(자연적으로 환기를 가능하게 하는 페르시아 전통 건축 방식—옮긴이)를 설치하여 공기를 환기하고 온도를 시원하게 유지했다.[1] 하지만 시원한 공기를 만드는 최초의 기계는 1840년대에 존 고리John Gorrie라는 플로리다 의사가 만들었다. 그는 말라리아 환자들이 온도가 시원할 때 더 잘 회복할 수 있을 거라고 생각했다.[2]

당시만 해도 말라리아는 지금 우리가 아는 것처럼 기생충이 아니라 뜨거운 공기로 인해 발생한다고 여겨졌다. 존 고리는 병동 천장에 큰 얼음 덩어리를 달고 그 주변으로 공기를 움직이게

빌 게이츠, 기후재앙을 피하는 법

만드는 장치를 만들었다. 하지만 그 비싼 얼음(당시 얼음은 북쪽에서 운송되어야 했기 때문에 비쌌다)은 빨리 녹는다는 단점이 있었다. 따라서 고리는 공기를 차갑게 하는 기계를 스스로 만들기로 결심했다. 그는 마침내 자신이 만든 제빙기로 특허를 받은 후 사업을 하려고 의료계를 떠났지만, 불행히도 그의 사업은 실패로 끝났다. 몇 번의 불운이 겹쳐 고리는 결국 1855년에 빈털터리로 세상을 떠났다.

그래도 고리의 아이디어는 이어졌다. 냉방 기술은 1902년 윌리스 캐리어Willis Carrier라는 엔지니어에 의해 크게 발전하게 되었다. 인쇄소에서 종이가 출력되면서 구겨지는 현상을 해결하는 과정에서였다. 인쇄소의 높은 습도 때문에 종이가 구겨진다는 사실을 알게 된 캐리어는 습도와 온도를 낮추는 기계를 만들었다. 그렇게 그는 에어컨의 아버지가 되었다.

최초의 에어컨이 개인 주택에 설치된 지 한 세기가 지난 지금 미국 가정의 90퍼센트는 에어컨을 사용하고 있다.[3] 만약 지붕이 있는 돔경기장에서 운동 경기나 콘서트를 즐긴 경험이 있다면 에어컨에게 감사해야 한다. 그리고 에어컨이 없었다면 플로리다와 애리조나가 은퇴자들에게 그토록 매력적인 장소가 되지는 않았을 것이다.

에어컨은 더 이상 여름을 견디게 해주는 사치품이 아니다. 현대 경제에 없어서는 안 되는 필수품이다. 예를 들어볼까? 현대 컴퓨팅 기술의 발전을 가능하게 한 서버팜server farm에는 수천 대의 컴퓨터가 밀집되어 있어(당신이 음악과 사진을 저장하는 클라우드 기술도 서버팜이 있기에 가능하다) 엄청난 열기를 내뿜는다. 만약 에어컨이 없어 열을 식힐 수 없다면 서버는 다 녹아내리고 말 것이다.

평균적인 미국 가정에서 에어컨은 다른 것보다도 전기를 가장 많이 잡아먹는다. 에어컨은 전등, 냉장고, 컴퓨터를 합한 것보다도 더 많은 전기를 소비한다.* 나는 이미 4장에서 전기 생산에 따른 배출량을 설명했지만, 냉방은 지금도 미래에도 중요한 온실가스 배출원이기 때문에 여기서도 언급하고자 한다. 또한 에어컨은 많은 **전기**를 필요로 하지만, 미국 가정과 사무실에서 **에너지**를 가장 많이 소비하는 것은 에어컨이 아니다. 에너지를 가장 많이 쓰는 것은 보일러와 온수기다(유럽과 다른 지역에서도 마찬가지다). 공기를 따뜻하게 하는 것과 물을 따뜻하게 하는 것은 이 장의 뒷부분에서 다룰 예정이다.

그렇다고 미국 사람들만 시원한 공기에 이토록 집착하는 것은 아니다. 세계적으로 약 16억 대의 에어컨이 사용되고 있지만,[4] 이 에어컨들이 모두 고르게 분포된 것은 아니다. 미국처럼 부유한 국가에는 90퍼센트가 넘는 가정이 냉방 시설을 보유하고 있지만, 세계에서 가장 더운 나라들에는 전체 가정의 10퍼센트 이하만이 에어컨을 가지고 있다.

이는 인구가 증가하고 부유해지면서, 또 폭염이 심해지고 빈

---

* 냉방에 사용되는 전체 에너지의 99퍼센트는 전기다. 나머지 1퍼센트의 대부분은 천연가스로 작동되는 냉각 장치chiller다. 천연가스식 냉각 장치는 1인 가구 단독주택에 보통 설치되지만, 미국 에너지정보청Energy Information Administration에서 데이터도 수집하지 않을 만큼 시장점유율이 미미하다.

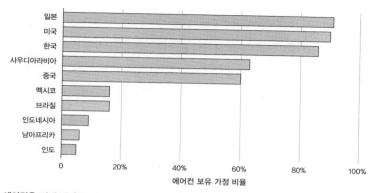

일본
미국
한국
사우디아라비아
중국
멕시코
브라질
인도네시아
남아프리카
인도

0 20% 40% 60% 80% 100%

에어컨 보유 가정 비율

에어컨은 이제 대세다. 어떤 나라에서는 대부분의 가정이 에어컨을 보유하고 있지만 다른 나라에서는 에어컨이 그렇게 흔하지 않다. 하지만 앞으로 이 도표에서 아랫부분에 적힌 나라들이 더 더워지고 더 부유해지면서 더 많은 에어컨을 사용하게 될 것이다. (IEA)[5]

번해짐에 따라 더 많은 곳에서 에어컨이 사용될 것임을 의미한다. 중국은 2007년에서 2017년 사이 3억 5,000만 대의 에어컨을 설치하면서 세계에서 가장 큰 에어컨 시장을 형성했다. 전 세계적으로 2018년도에만 에어컨 매출이 15퍼센트 증가했다. 매출 상승분의 대부분은 브라질, 인도, 인도네시아, 멕시코와 같이 온도가 유난히 높은 네 개의 국가에서 나왔다.[6] 2050년이 되면 50억 대 이상의 에어컨이 전 세계적으로 사용될 것이다.

온난화로 더워지는 세계에서 살아남기 위해 에어컨을 틀수록 기후변화를 악화시킬 수 있다는 것은 아이러니하다. 에어컨을 사용하려면 전기가 필요하고, 더 많은 에어컨을 설치할수록 더 많은 전기가 필요하기 때문이다. 실제로 국제에너지기구는 2050년까지 냉방 장치를 운영하는 데 필요한 전기 수요는 세 배로 증가할 것이라고 전망했다. 그때가 되면 에어컨이 소비하는 전기량은 현재 중국과 인도가 소비하는 전체 전기량과 동일하게 될 것이다.

폭염으로 고통받는 사람들에게는 희소식이지만 기후변화에는 나쁜 소식이다. 전기를 생산하는 과정에서 많은 탄소가 나오기 때문이다. 에어컨은 물론이고 전등과 컴퓨터 등 건물에서 사용되는 모든 전기는 전체 온실가스 배출량의 약 14퍼센트를 차지한다.

이처럼 에어컨은 전기 의존도가 높기 때문에 그린 프리미엄을 쉽게 계산할 수 있다. 에어컨을 탈탄소화하기 위해서는 전력망을 탈탄소화해야 한다. 4장에서 언급했던 것처럼 전기 생산과 저장 기술에 혁신이 필요한 이유다. 이런 혁신이 없다면 집과 사무실을 시원하게 만들기 위해 지구는 더욱 뜨거워지는 악순환에 빠질 것이다.

다행히도 이런 혁신을 기다릴 필요는 없다. 우리는 지금 당장이라도 에어컨 사용에 필요한 전기를 줄여 온실가스 배출량을 줄일 수 있다. 이렇게 하는 데 기술적인 어려움도 없다. 대부분의 사람들은 에너지 효율이 높은 에어컨을 사지 않는다. 국제에너지기구에 의하면 오늘날 시장에서 가장 많이 판매되는 일반적인 에어컨은 시장에서 인기가 덜한 에어컨에 비해 에너지 효율이 절반 수준에 그친다. 그리고 가장 에너지 효율이 높은 에어컨에 비해서는 에너지 효율이 3분의 1에 지나지 않는다.

그러면 소비자들이 에너지 효율이 높은 에어컨 구매를 하지 않는 이유는 무엇일까? 소비자들에게 모든 정보가 주어지지 않기 때문이다. 예를 들어 에너지 효율이 낮은 에어컨의 소매가는 저렴해 보일 수 있지만, 장기적으로 더 많은 전기를 소비하기 때문에 결국 보유비는 더 비싸다고 할 수 있다. 하지만 이런 정보가 명확하게 쓰여 있지 않다면 에어컨을 구매할 때 이런 사실을 알 길이 없을 수도 있다(미국에서는 이런 정보를 의무적으로 표시해야 하지만 그렇지 않은 나라들도 있다). 더욱이 많은 나라들은 에어컨 효율에 대한 최소한의 기준을 정하지 않았다. 국제에너지기구는 이런 문제를 해결할 수 있는 정책을 만들어 시행하는 것만으로도 세계 에어컨의 평균적인 에너지 효율을 두 배 향상시키고, 21세기 중반까지 냉방과 관련된 에너지 수요를 45퍼센트 줄일 수 있다고 지적한다.

불행히도 에어컨이 전기를 이렇게 많이 '먹는' 것만이 문제가 아니다. 에어컨에서는 냉매가 나오는데, 이 냉매(냉매에는 플루오린fluorine이 포함되어 있기 때문에 F가스F-gas라고도 불린다)는 에어컨이 노후화되고 고장 나기 시작하면서 조금씩 새어 나온다. 자동차 냉각수를 교체해본 경험이 있다면 냉매가 뭔지 알 것이다. 냉매는 기후변화에 크게 영향을 미친다. 지난 한 세기 동안 냉매는 같은 양의 이산화탄소에 비해 온난화에 수천 배나 더 악영향을 미쳤다. 그럼에도 냉매가 기후변화를 일으킨다는 말을 들어본 독자는 많지 않을 텐데, 전체 온실가스 배출원 중 냉매의 비율이 작기 때문이다. 미국의 온실가스 배출량 중 냉매는 3퍼센트에 불과하다.[7]

그렇다고 냉매에 대해 아무런 조치가 없었던 것은 아니다. 2016년 197개 국가는 2045년까지 특정 종류의 냉매 생산을 80퍼센트 이상 줄이자고 합의했다. 이 합의가 가능했던 이유는 많은 기업이 냉매보다 덜 위험한 냉각수로 냉방을 할 수 있는 방식을 개발하고 있기 때문이다. 이런 아이디어들은 아직은 초기 단계이고 시장에 나오기까지는 좀 더 시간이 걸릴 것으로 보인다. 그래도 이것이 실현된다면 지구를 더 뜨겁지 않게 만들면서도 집과 사무실을 시원하게 만들 수 있는 혁신의 대표적인 사례가 될 것이다.

이제 난방에 대해 말해보자. 어떻게 보면 지구온난화에 대한 논의에서 난방은 어울리지 않는 주제일 수 있다. 이미 더운데 온도조절기를 왜 켜야 할까? 우선 열은 공기를 따뜻하게 하는 데만 쓰이는 것이 아니다. 샤워, 설거지, 심지어 산업물을 처리할 때에도 물을 데워야 한다. 그러나 '계속되는 겨울'이 이보다 더 중요한 이유일 것이다. 지구의 기온이 전반적으로 올라간다 해도 세계의 몇몇 지역은 여전히 춥고 눈이 내릴 것이다. 특히 재생에너지에 의존하는 사람들에게 겨울은 여전히 견디기 어려운 계절이다. 예를 들어 독일은 겨울에 얻을 수 있는 태양광에너지가 9분의 1 수준으로 줄어들 수 있으며 바람이 불지 않을 때도 있다. 그렇다고 해서 전기가 필요 없는 것은 아니다. 전기가 없다면 사람들은 집에서 얼어 죽고 말 것이다.

보일러와 온수기의 온실가스 배출량을 합하면 전 세계 건물에서 배출되는 온실가스의 3분의 1을 차지한다. 그리고 전등이나 에어컨과는 달리 이들 대부분은 전기가 아니라 화석연료로 작동된다(천연가스, 난방유, 프로판 중 무엇을 사용하는지는 주로 어디에 사는지에 달려 있다). 이 말은 단지 우리가 전력망을 재정비한다고 해서 따뜻한 물과 공기를 탈탄소화할 수는 없다는 의미다. 우리는 가스와 휘발유가 아닌 다른 것으로부터 열을 얻어야 한다.

제로 탄소 난방으로 가는 과정은 어떻게 될까? 우선 할 수 있는 한 최대한 전기화하고 천연가스로 작동되는 보일러와 온수기를 폐기하는 것이다. 그다음에는 나머지 과정을 위한 청정 연료를 개발해야 한다. 이런 점에서 제로 탄소 난방으로 가는 길은 전기차가 나아가야 할 길과 흡사하다.

좋은 소식이 있다. 첫 번째 단계인 전기화의 그린 프리미엄은 마이너스가 될 수 있다는 것이다. 전기차는 휘발유차보다 더 비싸지만, 전기식 냉방·난방 시스템은 돈을 절약해주기 때문이다. 건물을 아예 새로 짓든, 아니면 기존의 건물을 개조하든 상관없다. 대부분의 지역에서 에어컨과 가스(또는 석유) 보일러를 전기식 열펌프로 교체하면 돈을 더 아낄 수 있을 것이다.

열펌프를 처음 듣는 사람은 고개를 갸우뚱할 수 있다. 물을 퍼 올릴 수는 있겠지만 열을 어떻게 퍼 올린다는 말인가?

열펌프는 기체와 액체가 수축하고 팽창하는 과정에서 온도가 변하는 현상을 이용해 작동한다. 꽉 막힌 파이프에 냉각수를 흘려 보낸 다음, 압축기와 특수 밸브를 사용해 냉각수에 압력을 가한다. 그러면 냉각수는 파이프의 어느 지점에서 열을 흡수하고 다른 곳에서 열을 방출하는 식으로 온도를 조절한다. 이런 방식으로 겨울에 사람들은 집 밖의 열을 집 안으로 들여오고 (극심하게 추운 날만 아니면 가능하다), 여름에는 반대로 집 안의 열을 집 밖으로 내보낸다.

열펌프의 작동 원리는 그렇게 불가사의한 것은 아니다. 당신의 집에는 이미 열펌프가 있을 것이고 아마 지금도 작동하고 있을 것이다. 이 열펌프는 냉장고라고 불린다. 냉장고 바닥에서 나오는 따뜻한 공기는 음식의 열을 냉장고 밖으로 빼낸 것이다. 이렇게 음식은 시원하게 유지된다.

전기식 열펌프는 돈을 얼마나 절약해줄까? 도시마다 다르다. 도시마다 겨울 날씨가 다르고 전깃값과 천연가스값이 다르기 때문이다. 다음은 미국의 도시별로 새집에서 다양한 난방 시스템을 설치한 다음 15년 동안 사용한다고 가정할 때의 비용을 비교한 표다. 돈이 얼마나 절약되는지를 볼 수 있다.

미국 도시에 공기열원 열펌프를 설치하는 데 따르는 그린 프리미엄[8]

도시	천연가스, 보일러, 전기식 에어컨의 비용	공기열원 열펌프의 비용	그린 프리미엄
프로비던스(로드아일랜드)	12,667달러	9,912달러	**−22%**
시카고(일리노이)	12,583달러	10,527달러	**−16%**
휴스턴(텍사스)	11,075달러	8,074달러	**−27%**
오클랜드(캘리포니아)	10,660달러	8,240달러	**−23%**

기존 주택을 개조하는 것이라면 크게 절약하지는 못할 것이다. 그래도 전기식 열펌프는 대부분의 도시에서 여전히 조금이

빌 게이츠, 기후재앙을 피하는 법

나마 저렴하다. 예를 들어 휴스턴에서 전기식 열펌프로 전환하면 17퍼센트나 절약할 수 있다. 천연가스가 유별나게 싼 시카고에서는 비용이 실제로 6퍼센트 오를 수 있다. 그리고 일부 오래된 가정에서는 새 장비를 설치할 장소가 마땅치 않을 수 있다. 이 경우 업그레이드 자체를 못할 수도 있다.

이런 마이너스 그린 프리미엄은 다음 질문으로 이어진다. 전기식 열펌프가 이토록 중요하다면, 왜 미국 전체 가정의 11퍼센트에만 열펌프가 설치되어 있는 것일까?[9]

부분적으로는 우리가 보일러를 10년 정도마다 교체하기 때문이다. 그리고 대부분의 사람들은 보일러를 전기식 열펌프로 교체할 만큼 충분한 현금을 가지고 있지도 않다.

하지만 다른 이유도 있다. 바로 시대착오적인 정부 정책이다. 1970년대 에너지 위기 이후 우리는 에너지 사용량을 줄이려고 노력했고 주 정부는 효율성이 떨어지는 전기 보일러나 온수기 대신 더 '효율적인' 천연가스로 작동되는 보일러와 온수기를 사용하도록 권장했다. 일부 주 정부는 심지어 주택 소유자들이 가스 기기를 전기 기기로 바꾸기 어렵도록 건축법을 수정하기도 했다. 이 가운데 아직도 많은 정책들은 법에 명시되어 있어 가스식 보일러를 전기식 열펌프로 대체하기 어렵게 만든다. 심지어 돈을 절약할 수 있더라도 말이다.

규제가 어쩌면 이리도 '바보'스러울 수 있는지, 절망스러울 정도다. 하지만 어찌 보면 좋은 소식이기도 하다. 이 분야에서 온실가스 배출량을 줄이기 위해서는 전력망을 탈탄소화하는 것

외에는 기술 혁신이 필요 없다는 말이기 때문이다. 전기식 열펌 프라는 옵션은 이미 존재할 뿐만 아니라 널리 사용되고 있다. 그리고 가격 경쟁력이 있는 정도가 아니라 실제로도 더 싸다. 단지 현 시대에 맞게 정부 정책을 바꿀 필요가 있는 것이다.

전기화를 통해 난방으로 배출되는 온실가스를 제로화하는 것은 기술적으로 **가능하지만** 안타깝게도 빠른 시일 내에 이뤄질 것 같지는 않다. 내가 위에서 언급한 시대착오적 규제를 손본다 해도, 가스식 보일러와 온수기를 하룻밤 사이에 전기식으로 교체하기란 현실적이지 않다. 마치 전 세계의 승용차를 순식간에 전기차로 바꿀 수 없듯이 말이다. 보일러의 수명을 고려할 때, 2050년까지 모든 가스식 보일러를 교체하려면 늦어도 2035년까지는 판매를 중단해야 한다. 하지만 오늘날 미국에서 판매되는 보일러의 절반 정도는 가스식이다. 세계적으로 화석연료는 전기보다 난방에 여섯 배나 더 많이 사용된다.

바로 이것이 7장에서 소개한 차세대 바이오연료와 전자연료가 필요한 이유다. 지금의 보일러와 온수기에도 사용할 수 있고 탄소를 배출하지도 않기 때문이다. 하지만 현재 두 선택지에는 모두 높은 그린 프리미엄이 따른다.

이 그린 프리미엄이 일반적인 미국인 가정에 어떤 의미가 있는지 확인해보자. 연료유fuel oil를 사용하는 가정은 차세대 바이오연료로 교체하면 매 겨울마다 1,300달러를 더 지불해야 하고, 전자연료를 선택하면 매 겨울마다 3,200달러를 더 지불해야 한다. 만약 어떤 가정이 천연가스 대신 차세대 바이오연료로 난

난방 연료를 제로 탄소 대체재로 교체하는 데 따르는 그린 프리미엄[10]

연료 종류	현재 소매가	제로 탄소 대체재	그린 프리미엄
난방유 (1갤런)	2.71달러	5.50달러 (차세대 바이오연료)	103%
난방유 (1갤런)	2.71달러	9.05달러 (전자연료)	234%
천연가스 (1섬therm[가스 측정 단위])	1.01달러	2.45달러 (차세대 바이오연료)	142%
천연가스 (1섬)	1.01달러	5.30달러 (전자연료)	425%

방을 한다면 매 겨울마다 840달러가 난방비에 추가될 것이다.[11] 전자연료로 교체한다면 매 겨울마다 2,600달러를 더 내야 한다.

7장에서 이미 주장했지만, 이런 대체 연료들의 값은 내려가야 한다. 하지만 가격 조정 외에도 우리의 난방 시스템을 탈탄소화할 수 있는 방법은 있다.

할 수 있는 만큼 전기화하라. 가스식 보일러와 온수기를 모두 전기식 열펌프로 교체하라. 이런 교체가 이뤄지려면, 몇몇 지역에서는 정부 차원에서 정책을 변경해 이런 변화를 권장해야 한다.

전력망을 탈탄소화하라. 가능한 한 많은 곳에 청정에너지 기술을 도입 및 적용하고 전력의 생산, 저장, 전송 기술에 투자해야 한다.

전기를 보다 효율적으로 사용하라. 모순처럼 들릴 수 있다. 왜냐하면 앞에서 배출량 저감보다는 효율성만을 따진 정부 정책을 비판했기 때문이다. 하지만 사실은 둘 다 필요하다.

세계는 엄청난 건설 붐을 겪고 있다. 늘어나는 도시 인구를 감당하기 위해서 우리는 2060년까지 2,300억 제곱미터의 빌딩이 필요한데, 이는 내가 2장에서 언급한 것처럼 향후 40년 동안 매달 뉴욕시 규모의 도시를 새로 만드는 것과 같다. 하지만 새롭게 만들어질 많은 건물들은 에너지 효율을 고려하여 설계되지 않을 것이고, 이렇게 만들어진 건물들은 몇십 년 동안 에너지를 비효율적으로 소비하게 될 것이다.

좋은 소식은 우리가 친환경 빌딩 짓는 방법을 알고 있다는 것이다. 그린 프리미엄을 기꺼이 지불할 용의만 있다면 말이다. 극단적인 예는 세계에서 가장 친환경적인 상업용 건물로 알려진 시애틀의 불릿 센터Bullitt Center[12]다. 불릿 센터는 자연적으로 겨울에는 따뜻하고 여름에는 시원하도록 설계되어 계절에 따라 인위적인 난방이나 냉방을 할 필요가 없다. 그 외에도 초효율적 엘리베이터와 같은 다양한 에너지 절약 기술도 갖추고 있다. 불릿 센터는 종종 지붕 위에 설치된 태양광 패널을 사용해 소비하는 에너지보다 60퍼센트나 많은 에너지를 생산하기도 한다. 다만 이 태양광 패널은 시애틀의 전력망에 연결되어 밤이나 특히 구름이 잔뜩 낀 날에 도시 전력망으로부터 전기를 수급받기도 한다.

불릿 센터에서 사용되는 많은 기술은 널리 사용되기에는 아직까지 너무 비싸다(그렇기에 건물이 완공된 지 7년이 지난 지금까지 세계에서 가장 친환경적인 상업용 건물인 것이다). 그래도 우리는 건축가들이 '엔벨로프envelope(건축 봉투라고도 부른다—옮긴이)'라고 부르는 건물용 외피로 건물 안팎의 공기 흐름을 차단해 온도를 유

시애틀의 불릿 센터는 세계에서 가장 친환경적인 상업용 건물이다.[13]

지하고, 좋은 단열재와 3중 유리창, 효율성이 높은 문을 통해 적은 비용으로 집과 사무실의 에너지 효율을 지금보다 높일 수 있다. 나는 방을 시원하게 할 때는 유리창이 자동으로 어두워지고, 반대로 방을 따뜻하게 할 때는 유리창이 더 투명해지는 이른바 스마트 글라스에 흥미를 느꼈다. 새로운 건축법이 제정되면 이같은 에너지 절약 아이디어를 홍보하는 데 도움이 될 수 있으며, 관련 시장을 확대하고 비용을 줄이는 데도 기여할 수 있을 것이다. 비록 불릿 센터만큼은 아니더라도 지금보다 더 많은 건물의 에너지 효율을 높일 수 있다.

이제 우리는 전기 생산, 제조, 사육, 이동, 그리고 냉방과 난방이라는 다섯 가지 온실가스 배출원을 모두 다뤘다. 아래 세

가지는 독자들이 확실히 이해했을 거라고 생각한다.

1. 이 문제는 인간의 모든 활동과 연관될 정도로 매우 복잡하다.
2. 방출량을 줄이기 위해서는 이미 보유한 몇몇 기술을 사용
   해야 한다.
3. 하지만 필요한 모든 기술을 갖춘 것은 아니다. 모든 분야
   에서 그런 프리미엄을 더 낮춰야 한다. 아직 우리는 더 많
   은 기술 혁신을 해야 한다는 말이다.

10장부터 12장까지는 필요한 기술을 개발하고 적용할 수 있
는 가장 좋은 방법을 구체적으로 설명할 예정이다. 하지만 그
전에 나로 하여금 밤잠을 설치게 만드는 고민거리를 먼저 다룰
예정이다. 지금까지 이 책은 온실가스 배출량을 줄여 지구 온도
가 견딜 수 없는 수준까지 가지 않게 하려면 어떻게 해야 하는
지에 대해서만 다뤘다. 그러면 이미 진행된 기후변화에 대해서
는 어떻게 해야 할까? 기후변화에는 영향을 미친 바가 없지만
가장 피해를 많이 볼 가난한 사람들은 어떻게 도울 수 있을까?

9

더워진 지구에 적응하기
Adapting to a Warmer World

온실가스 배출량을 제로로 만든다는 목적을 달성하려면 많은 혁신이 필요하다는 것이 지금까지의 내 주장이었다. 하지만 혁신은 하룻밤 사이에 이루어지지 않는다. 내가 지금까지 소개한 친환경 혁신들이 실제로 유의미한 차이를 만들어내기까지는 앞으로 수십 년이 걸릴 것이다.

그러는 동안 소득 수준에 상관없이 세계의 모든 사람은 이미 이런저런 방식으로 기후변화의 영향을 받고 있다. 대부분의 사람들은 더 따뜻한 세상에 적응해야만 한다. 해수면이 상승하고 홍수가 빈번해지면서 우리는 집을 어디에 짓고 사무실을 어디에 차려야 할지에 대해 더 많이 고민해야 한다. 전력망, 항만, 다리를 더욱 튼튼하게 만들어야 한다. 맹그로브 나무를 더 많이 심어야 하며(맹그로브 나무는 곧 설명할 예정이다), 폭풍 조기 경보 시스템을 개선해야 한다.

상세한 내용은 이 장의 뒷부분에서 설명할 예정이다. 지금은 기후재앙으로 가장 큰 고통을 받고 더 뜨거워진 세상에 적응하는 데 가장 많은 도움이 필요한 사람들에 대해 이야기를 나누고

빌 게이츠, 기후재앙을 피하는 법

자 한다. 이들은 내가 세계 보건 및 개발에 관한 업무를 하면서 종종 만나는 저소득층 사람들이며, 기후변화는 이들에게 최악의 결과를 가져올 수 있다. 이들의 이야기는 빈곤과 기후변화에 동시에 대응하는 일이 얼마나 복잡한지를 보여준다.

2009년, 소자작농의 삶이 어떤지를 확인하기 위해 케냐에 갔을 때 나는 탈람 씨네 가족을 만났다. 라반 탈람Laban Talam과 미리암 탈람Miriam Talam 부부와 세 아이들로 구성된 탈람 씨 가족은 케냐에서 가장 빠르게 성장하던 도시인 엘도레트Eldoret에서 불과 몇 킬로미터 떨어진 곳에 살고 있었다. 그들은 풍족하지 않았다. 진흙으로 지은 초가지붕 오두막 두어 개, 가축우리, 그리고 야구장보다도 작은 2에이커 크기의 작은 농장이 전부였다. 하지만 먼 지역에 사는 수백 명의 농부들은 탈람 부부가 이 작은 땅에서 무엇을 하는지 배우기 위해 직접 찾아오는 수고를 아끼지 않는다.

라반과 미리암은 농장에서 나를 반갑게 맞이한 뒤 그들의 이야기를 풀어놓았다. 2년 전만 해도 그들은 소자작농으로 주변의 이웃들과 마찬가지로 매우 가난했다. 그들은 옥수수와 다른 채소를 재배해 일부는 가족의 먹거리로 남겼고 나머지는 시장에 팔았다. 라반은 먹고살기 위해 이런저런 일을 했다. 더 많은 수입을 얻기 위해 그는 소 한 마리를 사서 아내와 함께 하루에 두 번 우유를 짰다. 아침에 짠 우유는 시장에 팔아 소소한 추가 소득을 올렸고, 저녁에 짠 우유는 아이들과 함께 마셨다. 어찌 되었든 소는 하루에 3리터의 우유를 생산했다. 다시 말해 하루에

나는 2009년 미리암 탈람과 라반 탈람의 농장을 방문했다. 이들의 성공 스토리는 놀라웠지만, 나는 기후변화로 인해 그들의 성공이 무위로 돌아갈 수도 있다는 것을 깨달았다.[1]

1갤런이 안 되는 우유를 일부는 팔고 나머지는 다섯 가족이 나눠 마셨던 것이다.

내가 방문했을 때는 탈람 씨 가족의 상황이 극적으로 좋아졌을 때였다. 당시 그들은 소 네 마리에서 매일 26리터의 우유를 얻었다. 그중 20리터는 시장에 팔았고 나머지 6리터는 가족끼리 나눠 마셨다. 탈람 씨 가족은 우유로만 하루에 4달러를 벌었는데, 이 정도만 해도 그들이 살던 동네에서는 집을 새로 짓고, 수출용 파인애플을 기르고, 아이들을 학교에 보내기에 충분했다.

빌 게이츠, 기후재앙을 피하는 법

그들은 집 인근에 우유 냉각 공장이 세워진 것이 결정적이었다고 말했다. 탈람 씨 가족을 비롯해 인근 농부들이 가공되지 않은 생우유를 우유 냉각 공장으로 가져가면, 공장은 그 우유를 시원하게 만들어 케냐 전국에 팔았다. 그러면 마을 시장에 팔 때보다 더 많은 수익을 올릴 수 있었다. 게다가 이 공장은 일종의 '훈련소' 역할도 담당했다. 마을 낙농업자들은 공장에서 더 건강하고 생산적인 가축을 기르는 방법을 배우고 소들을 위한 백신을 얻을 수 있었다. 심지어 우유에 오염 물질이 섞였는지 여부도 확인할 수 있었다. 오염 물질이 섞여 있으면 좋은 값을 받지 못하기 때문이다. 농부들은 우유 품질을 높이는 비결도 배울 수 있었다.

탈람 씨 가족이 사는 케냐에서는 전체 인구의 약 3분의 1이 농업에 종사한다. 세계적으로 소자작농은 5억 명에 달한다. 그리고 빈곤선 아래에 놓여 있는 인구의 3분의 2는 농업에 종사한다.[2] 절대적인 수는 이렇게 많지만 이들은 놀랄 정도로 온실가스를 적게 배출한다. 그들은 화석연료를 사용하는 많은 농업 제품과 관련 서비스를 사용할 여유가 없기 때문이다. 평균적인 케냐인들은 미국인들보다 55배나 적은 이산화탄소를 배출한다.[3] 그리고 탈람 씨 가족과 같은 시골 농부들은 심지어 이보다 더 적은 이산화탄소를 배출한다.

하지만 6장에서 이미 언급했듯이 소를 기르는 데에는 딜레마가 뒤따른다. 탈람 씨 가족은 형편이 나아지자 소를 더 많이 샀는데, 소는 다른 가축보다 기후변화에 크게 영향을 끼친다.

이런 관점에서 탈람 씨 가족이 특이했던 것은 아니다. 가난한 농부들이 돈을 벌게 되면 고부가가치 자산에 투자할 수 있게 된다. 농부들에게 고부가가치 자산이란 닭, 염소, 소다. 농부들은 이런 동물들로부터 단백질을 얻고 우유와 계란 판매로 추가 소득도 얻는다. 빈곤 퇴치에 관심 있는 사람이라면 누구도 그렇게 하지 말라고 말할 수 없을 정도로 합리적인 선택이다. 그래서 딜레마가 더욱 어려워진다. 소득이 올라갈수록 사람들은 온실가스를 배출하는 활동을 더 많이 하게 된다. 그렇기에 혁신이 필요한 것이다. 가난한 사람들이 기후변화를 악화시키지 않으면서 삶의 질을 개선할 수 있는 혁신 말이다.

이게 다가 아니다. 실질적으로 가난한 사람들은 기후변화에 전혀 영향을 끼치지 않았음에도 불구하고 그들은 기후변화의 가장 큰 피해자다. 실로 '불편한 진실'이 아닐 수 없다. 기후변화는 상대적으로 형편이 더 좋은 미국과 유럽의 농부들에게도 문제이지만, 소득 수준이 낮은 아프리카와 아시아의 농부들에게는 치명적일 수 있다.

기후가 따뜻해질수록 농부들은 가뭄을 더 자주 겪게 될 것이고 그들의 수확물을 파괴할 수 있는 홍수도 더 자주 경험하게 될 것이다. 그러면 가축들이 먹을 식량이 줄어들어 고기와 우유 생산량도 감소할 것이다. 공기와 토양도 수분을 잃어 식물들이 흡수할 수 있는 수분 역시 줄어들 것이다. 남아시아와 사하라사막 이남에 있는 수천만 에이커의 광활한 농지는 지금보다 더 건조해질 것이다. 농작물을 먹는 해충은 살기 좋은 지역을 찾아

빌 게이츠, 기후재앙을 피하는 법

이리저리 돌아다니면서 이미 많은 땅을 황폐화시키고 있다. 식물이 성장하는 기간도 더 짧아질 것이다. 지구 온도가 섭씨 4도 올라가면 사하라사막 이남의 대부분 지역에서 식물의 성장기는 20퍼센트 줄어들 것이다.

하지만 하루하루 연명하는 사람들에게 이런 변화들은 말 그대로 재앙이 될 수 있다. 여유 자금이 없는 상황에서 작물이 죽는다면 씨앗을 더 살 수 없는데, 엎친 데 덮친 격으로 식량 가격이 올라 최소한의 식량으로 겨우 생계를 이어가는 사람들은 더 큰 어려움에 빠질 것이다. 이미 수입의 절반 이상을 식비로 지출하는 수억 명의 사람들은 기후변화 때문에 식비가 더욱 치솟는 경험을 하게 될 것이다.

식량 부족은 가뜩이나 심각한 빈부 격차를 더욱 악화시킨다. 오늘날 차드Chad(아프리카 대륙 중간에 있는 국가—옮긴이)에서 태어난 아이는 핀란드에서 태어난 아이에 비해 다섯 번째 생일을 맞기 전에 사망할 가능성이 50배나 더 높다. 식량 부족이 악화됨에 따라 더 많은 아이들이 필요한 만큼의 영양분을 섭취하지 못하게 되어 몸이 약해지고 설사, 말라리아, 또는 폐렴으로 사망할 가능성이 훨씬 높아지기 때문이다. 한 연구에 의하면 열熱로 인한 사망은 21세기 말이 되면 1,000만 명에 이를 수 있다(이 수치는 오늘날 모든 전염병으로 죽는 사람들만큼 많은 것이다). 이렇게 죽는 사람들의 대부분은 가난한 나라에서 태어난 사람들이다. 그리고 용케 사망하지 않은 아이들은 성장에 어려움을 겪게 될 가능성이 훨씬 높다.

어찌 되었든, 기후변화는 가난한 나라에서 태어난 사람들의 건강을 해친다. 즉, 영양실조 발생률과 사망률을 높이는 것이다. 따라서 우리는 가난한 사람들이 건강을 개선하도록 도와야 한다. 여기에는 두 가지 방법이 있다.

하나는 영양실조에 걸린 아이들의 생존 확률을 높이는 것이다. 1차 보건관리 시스템을 개선하고 말라리아 예방을 더욱 철저하게 하며, 설사와 폐렴에 걸린 아이들에게 백신을 계속 제공해야 한다. 코로나19 팬데믹은 확실히 이 모든 것을 더 어렵게 만들고 있지만, 우리는 이미 어떻게 하는지 잘 알고 있다. GAVI로 알려진 백신 프로그램은 2000년 이후 1,300만 명의 목숨을 구하면서⁴ 인류의 위대한 성과 중 하나로 평가받았다(이 사업에 기여한 것은 게이츠 재단의 자랑스러운 업적 중 하나다). 기후변화가 이 모든 업적을 무위로 돌리게 내버려둘 수는 없다. 우리는 에이즈, 말라리아, 결핵 등 다른 질병에 대한 백신을 개발하고 이를 필요로 하는 모든 사람에게 제공해야 한다.

이처럼 영양실조에 걸린 아이들을 살리는 것도 중요하지만, 일단은 영양실조에 걸린 아이들의 수 자체를 줄여야 한다. 하지만 인구 증가에 따라 빈곤층이 살고 있는 지역 대부분에서 식량 수요는 두 배 또는 세 배로 증가할 것이다. 따라서 우리는 가난한 농부들이 가뭄이나 홍수가 발생해도 더 많은 식량을 재배할 수 있도록 도움을 주어야 한다. 이 장의 다음 부분에서 더 자세히 설명하겠다.

나는 부유한 나라에서 해외 원조 예산을 감독하는 사람들과 많은 시간을 함께 보낸다. 이들 중 선의를 가진 사람들조차 이렇게 말한다. "우리는 백신 개발에 자금 지원을 충분히 했어요. 이제 원조 예산을 기후에 밀접한 부분에 써야 합니다." 이 말은 아프리카의 온실가스 배출 저감을 돕겠다는 말이다.

이런 말을 들을 때면 나는 이렇게 대답한다. "백신에 쓰일 돈을 전기차에 투입하면 안 됩니다. 아프리카는 세계 온실가스 배출의 2퍼센트밖에 차지하지 않습니다. 우리가 투자해야 할 부분은 **적응**입니다. 가난한 사람들이 기후변화에 적응하도록 도울 수 있는 최선의 방법은 이들이 생존할 수 있도록 건강을 챙겨주는 것입니다. 그리고 기후변화 속에서도 이들이 성장할 수 있게 돕는 것입니다."

아마도 많은 독자들은 CGIAR(국제농업연구협의그룹)*에 대해 들어본 적이 없을 것이다. 나도 약 10여 년 전 가난한 나라의 농부들이 직면한 문제들에 대해 공부하기 전까지는 들어본 적이 없었다. 하지만 가난한 가족들이 영양가 있는 음식을 섭취하는 데 CGIAR보다 도움을 많이 준 기관은 없을 것이다. 그리고 가난한 농부들이 기후변화에 적응하도록 돕는 일을 CGIAR보다 더 잘할 수 있는 조직도 없을 것이다.

CGIAR는 세계에서 가장 큰 농업 전문 연구 기관이다. 쉽게

---

* CGIAR는 국제농업연구회International Agricultural Research의 협의체Consultative Group로 시작되었다. 그래서 이름이 CGIAR다.

말해서 더 나은 식물과 더 나은 동물 유전자를 만드는 데 도움을 주는 기관이다. 6장에서 언급한 노먼 볼로그를 기억하는가? 볼로그가 밀 품종을 개량해 녹색혁명이 시작된 곳도 바로 멕시코에 있었던 CGIAR 실험실이었다. 볼로그의 성공에 영감을 받은 CGIAR의 다른 연구자들도 그의 발자취를 따라 수확량이 더 많고 질병에도 강한 쌀알을 개발했다. 그 후에도 CGIAR는 가축, 감자, 옥수수의 품질을 개량해 빈곤을 줄이고 가난한 사람들의 영양 상태를 개선하는 데 기여했다.

많은 사람이 CGIAR를 모른다는 것은 놀랄 일도 아니다. 어떤 사람들은 CGIAR를 시가cigar와 혼동해 담배 산업을 위한 연구 기관이라고 생각한다. 물론 담배 산업과는 전혀 연관이 없다. 참고로 CGIAR는 하나의 기관이 아니라 15개의 연구 센터로 이루어진 네트워크다. 센터들의 이름은 대부분 혼란스러운 약자로 되어 있다. CIFOR, ICARDA, CIAT, ICRISAT, IFPRI, IITA, ILRI, CIMMYT, CIP, IRRI, IWMI, ICRAF 등이다.

헷갈리는 이름에도 불구하고, CGIAR는 가난한 농부들을 위해 기후변화에 적합한 농작물과 가축을 새로 만들고 기르는 데 없어서는 안 되는 조직이다. CGIAR가 진행한 연구 중 내가 가장 좋아하는 것은 가뭄에 강한 옥수수 연구다.

사하라사막 이남 지역의 옥수수 수확량은 세계의 다른 지역보다 더 낮은데도 불구하고 이 지역 2억 개의 가정은 여전히 옥수수에 생계가 달려 있는 상황이다. 게다가 날씨가 더욱 변덕스러워지면서 옥수수 수확량이 줄어들 위험은 더 커졌다. 어느 때는 수확이 전혀 없을 때도 있다.

그래서 CGIAR의 전문가들은 가뭄에 강한 새로운 옥수수 품종을 여러 개 개발했다. 각 품종은 아프리카의 특정 지역에서도 잘 자랄 수 있도록 적응력을 갖추었다. 처음에는 많은 소자작농들이 새로운 옥수수 품종을 도입하기를 매우 꺼렸는데, 이는 충분히 그럴 만하다. 근근이 버티면서 살아가고 있는 사람들은 가뜩이나 어려운 사정에 한 번도 써본 적이 없는 새로운 품종을 사용하는 위험을 감수하고 싶지 않을 것이다. 만약 새로 시도한 씨앗이 죽으면 아무것도 남는 게 없기 때문이다. 그러나 전문가들은 지역 농부들, 종자 판매상들과 함께 일하면서 새로운 품종의 장점을 설명했고, 마음을 연 농부들은 새로운 품종을 받아들이기 시작했다.

그 결과 많은 사람의 삶이 변했다. 예를 들어 짐바브웨의 경우, 가뭄이 빈번한 지역에 사는 농부들 중 가뭄에 강한 새로운 품종의 옥수수를 파종한 농부들은 기존 옥수수를 파종한 농부들보다 농지 1헥타르당 최대 600킬로그램이나 더 많은 옥수수를 얻을 수 있었다(이는 에이커당 500파운드를 더 많이 수확한 것으로, 6인 가족을 아홉 달이나 먹여 살릴 수 있는 정도다). 이 정도 수확량이면 아이들을 학교에 보내고 가족에게 필요한 물품을 충분히 살 돈이 되었다. 이 성공에 고무된 CGIAR의 전문가들은 척박한 땅에서도 잘 자랄 수 있는 옥수수 품종을 개발하기 시작했다. 각종 질병과 해충에 강하고 수확량이 최대 30퍼센트나 개선된 품종이었다. 이 옥수수는 가난한 사람들의 영양 상태를 향상시키는 데 도움이 되었다.

옥수수만 있는 것이 아니다. CGIAR의 노력 덕분에, 기후변화의 영향으로 우기에도 건조한 날들이 이어지던 인도에서는 가뭄에 강한 새로운 품종의 쌀이 급속도로 확산되고 있다. 그들은 또한 2주 동안 물속에서 생존할 수 있는 쌀도 개발했다(이 쌀은 '스쿠버 쌀'이라고 불린다). 일반적으로 홍수가 나면 벼는 물에서 벗어나기 위해 잎사귀를 쭉 뻗는다. 만약 물속에 오랜 시간 잠긴다면 벼는 물에서 벗어나는 데 모든 에너지를 쏟아 결국에는 지쳐 죽는다. 스쿠버 쌀은 이런 문제를 겪지 않는다. 스쿠버 쌀에는 SBU1이라는 내수성 유전자가 이식되어 물에 잠겨도 견딜 수 있는 것이다.

CGIAR는 새로운 품종을 내놓는 것에서 그치지 않는다. CGIAR의 과학자들은 농부들이 스마트폰 카메라를 사용해 아프리카에서 중요한 환금작물인 카사바를 공격하는 해충과 질병을 식별할 수 있는 스마트폰 앱을 개발했다. 또한 드론과 지상 센서를 사용해 농부들이 작물에 필요한 물과 비료의 양을 결정하는 데 도움을 주는 프로그램도 만들었다.

가난한 농부들에게는 이와 같은 최첨단 기술이 더 필요하다. 이런 기술을 농부들에게 제공하기 위해서는 CGIAR를 비롯한 많은 과학자들에게 더 많은 돈이 필요하지만, 농업 관련 연구비는 만성적으로 부족한 실정이다. 사실 더 많은 농민들에게 도움을 줄 수 있도록 CGIAR의 자금을 두 배 증액하는 것은 내가 반기문 전 UN사무총장, 크리스탈리나 게오르기에바Kristalina

스쿠버 쌀은 한 번에 2주 정도 물속에서 견딜 수 있다. 홍수가 더욱 빈번해지면서
스쿠버 쌀은 더욱 중요해질 것이다.[5]

Georgieva 전 세계은행 총재와 함께 이끌고 있는 세계적응위원회
Global Commission on Adaptation의 주요 권고 사항 중 하나다.*[6] 나는 우
리가 가진 돈을 현명하게 썼다고 자부한다. CGIAR의 연구에

투자한 돈은 1달러당 6달러 정도의 결과물을 만들어낸다. 워런 버핏마저도 투자금의 여섯 배 수익을 내면서 동시에 생명을 구한 이 투자에 '엄지 척'을 했을 것이다.

소자작농들이 수확량을 늘릴 수 있게 돕는 것 외에도 우리 위원회는 농업과 관련하여 다음과 같은 세 가지 안을 권고한다.

농부들이 예측 불가능한 날씨에 대처할 수 있도록 도와라. 예를 들어 정부는 농부들이 더 많은 종류의 작물과 가축을 키우도록 도와 단 한 번의 실패로 모든 것을 잃는 불운을 없애는 데 앞장서야 한다. 또한 피해를 입은 농부들을 위해 정부는 사회안전망을 강화해야 하고, 날씨 기반의 농업보험을 정비해야 한다.

가장 취약한 사람들에게 집중하라. 여성들은 유일한 취약계층은 아니지만 가장 큰 취약계층이라 할 수 있다. 문화적·정치적·경제적 이유를 비롯한 수많은 이유로 여성 농부들은 남성 농부들보다 더 큰 어려움을 겪는다. 예를 들어 여성 농부들은 토지 권리를 확보하지 못하고, 식수와 비료를 사기 위한 자금 지원도 받지 못하며, 심지어 일기예보조차 받지 못하는 경우도 있다. 따라서 우리는 여성의 재산권을 증진하고 그들에게 기술적 조언을 해야 한다. 결과는 극적일 수 있다. UN의 한 연구에 따르면, 만약 여성 농부들에게 남성 농부들과 같은 수준의 자원

• 이 위원회는 정부, 기업, 비영리 단체, 과학계의 리더들을 포함한 34명의 위원들과 세계 각 지역을 대표하는 19개 회원국들로 이루어져 있으며, 수많은 연구진과 자문단으로 구성된 글로벌 네트워크의 도움도 받는다. 세계기후변화적응센터Global Center on Adaptation와 세계자원연구소World Resources Institute가 공동으로 관리한다.

빌 게이츠, 기후재앙을 피하는 법

이 주어진다면 여성 농부들의 수확량은 20~30퍼센트 증가하고 끼니를 굶는 사람들의 수가 12~17퍼센트 줄어들 것이다.[7]

기후변화를 정책 결정에 반영하라. 농부들의 적응을 돕는 데 할당된 자금은 매우 적다. 2014년부터 2016년까지 정부가 농업에 지출한 5,000억 달러 가운데 기후변화로부터 가난한 사람들을 보호하는 데 쓰인 돈은 아주 작은 부분에 불과하다. 농부들이 온실가스 배출량을 줄이면서 동시에 식량을 기를 수 있도록 정부는 정책과 장려책을 개발해야 한다.

요약하자면, 기후변화는 상류층과 중산층이 일으킨 것이다. 가장 가난한 사람들은 이들보다 기후변화의 원인을 적게 제공했음에도 불구하고 기후변화의 피해를 가장 많이 입는다. 이들은 전 세계인의 도움이 필요하다. 지금 받고 있는 도움보다 더 큰 도움 말이다.

나는 지난 20년 동안 세계 빈곤 퇴치 운동을 하면서 농부들의 어려움과 기후변화가 이들에게 끼칠 영향을 뼈저리게 느꼈다. 그래서 나는 이 문제에 열정적이었다. 식물의 품종을 개량해 어려움에 처한 농부들을 도울 수 있다는 사실에 매료되었기 때문이다(식물육종plant breeding이라고 부른다).

하지만 최근까지도 나는 적응에 대해 이 외에 더 깊은 고민은 하지 않았다. 예컨대 도시가 무엇을 해야 하는지, 또는 생태계가 어떻게 영향을 받을 것인지에 대해 말이다. 하지만 최근에 적응위원회에서 일을 시작하면서 좀 더 깊게 생각하게 되었다.

이제 위원회에서 과학, 공공정책학, 산업 및 기타 분야의 전문가들과 함께 일하면서 배운 내용을 독자들과 공유하고자 한다. 따뜻해진 기후에 적응하기 위해서 식물육종 외에 무엇이 더 필요할까?

적응에는 3단계가 있다. 첫째는 어떤 기후에서도 잘 버티는 전천후 빌딩climate proofing building 같은 인프라를 구축하고, 홍수를 방지하는 차원에서 습지대를 보호하며, 더 이상 거주가 어렵다고 판단되는 지역에서 사람들을 영구히 이주시킴으로써 기후변화에 의한 위험을 줄이는 것이다.

다음은 위기에 대비하고 대응하는 것이다. 우리는 폭풍에 대한 정보를 얻기 위해 일기예보와 조기 경보 시스템을 계속해서 개선해야 한다. 재난이 실제로 닥쳤을 때 모든 장비가 잘 갖추어져 있고 훈련을 잘 받은 대응팀과 시스템이 있어야 한다.

마지막으로 재난이 수습된 이후에는 회복 기간이 필요하다. 집을 잃은 사람들을 위한 (보건과 교육 같은) 서비스 계획이 필요할 뿐 아니라 모든 소득 수준의 사람들을 도와줄 수 있는 보험도 필요하다. 이런 도움으로 다시 짓는 건물들은 이전보다 기후에 잘 버틸 수 있게 지어야 한다.

적응과 관련해서는 다음과 같은 네 가지 논제가 있다.

도시들은 성장 방식을 바꿔야 한다. 지구 인구의 약 절반은 도시에 살고 있으며 이 비율은 시간이 지나면서 계속 올라갈 것이다. 그리고 도시들은 세계 경제의 4분의 3을 차지한다. 빠르게 성장하는 세계의 많은 도시들은 폭풍우로 상승한 물을 흡수

빌 게이츠, 기후재앙을 피하는 법

하거나 가뭄 동안 저수지로 활용될 수 있는 범람원, 숲, 습지를 더 많이 구축해야 한다.

모든 도시들은 기후변화의 영향을 받을 것이다. 그중 해안가 도시들은 가장 어려운 문제를 겪게 될 것이다. 해수면이 올라가고 폭풍해일이 심해지면 수억 명의 사람이 집에서 강제로 쫓겨날 수 있다. 21세기 중반이 되면 기후변화로 인해 해안 도시들이 입게 될 피해 금액은 1조 달러를 초과할 것이다. 그것도 매년. 이로 인해 빈곤, 노숙자, 보건, 교육 등 도시들이 이미 겪고 있는 많은 문제들이 '악화'된다고 말하는 것은 어찌 보면 절제된 표현이라고 할 수 있겠다.

기후변화에 잘 버티는 전천후 도시는 어떤 모습일까? 일단 도시계획 전문가들은 기후 리스크에 대한 최신 데이터와 기후변화의 영향을 예측하는 컴퓨터 프로그래밍을 필요로 한다(오늘날 개발도상국의 많은 도시 지도자들은 홍수에 취약한 마을을 보여주는 기본적인 지도조차 가지고 있지 않다). 최신 정보로 무장된 전문가들은 마을과 산업단지를 어떻게 만들 것인지, 방조벽을 새로 세울 것인지 아니면 기존의 것을 더 늘릴지, 계속 거세지는 폭풍으로부터 어떻게 사람들을 보호할지, 배수 시스템을 어떻게 개선할지, 계속 상승하는 해수면에 대응하기 위해 부두를 어떻게 높일지에 대해 더 나은 의사 결정을 할 수 있을 것이다.

좀 더 구체적으로 들어가보자. 만약 당신이 인근 강을 가로지르는 다리를 짓는다고 생각해보자. 그 다리의 높이는 3.7미터가 되어야 할까 아니면 5.5미터가 되어야 할까? 단기적으로 보면 5.5미터 다리를 짓는 데 더 많은 돈이 들겠지만, 만약 10년 내에 엄청난 홍수가 발생할 가능성이 높다고 생각하면 5.5미터 다리는 현명한 선택이 될 것이다. 비싼 다리를 한 번 짓는 것이 싼 다리를 두 번 짓는 것보다 낫기 때문이다.

이미 도시에 깔려 있는 인프라를 개선하는 것만이 능사가 아니다. 기후변화로 우리는 완전히 새로운 니즈를 깨닫게 될 것이다. 예를 들어 날씨가 매우 덥고 에어컨을 살 여유가 없는 거주민이 많은 도시들은 주민들이 더위를 피할 수 있는 냉방 센터를 만들어야 할 것이다. 하지만 더 많은 에어컨을 사용한다는 것은 더 많은 온실가스를 배출한다는 것과 같은 의미다. 8장에서도 언급한 냉방 기술의 혁신이 필요한 이유다.

자연의 회복력을 강화해야 한다. 숲은 물을 저장하고 조절한다. 습지는 홍수를 방지하면서 농부들과 도시에 물을 제공한다. 산호초는 해안의 지역사회가 식용으로 필요로 하는 물고기의 고향이나 다름없다. 하지만 기후변화에 대항할 수 있는 모든 자연의 회복력은 빠르게 사라지고 있다. 2018년 한 해에만 900만 에이커의 노경림(50~80년 이상 된 나무들로 이루어진 산림—옮긴이)이 파괴되었다. 그리고 지구 온도가 섭씨 2도 올라가면(그럴 가능성이 높다) 전 세계 산호초의 대부분이 사라질 것으로 보인다.

생태계 복원에는 엄청난 보상이 따른다. 예컨대 세계에서 가장 큰 도시들이 수도 시설을 정비해 숲과 분수계分水界가 복원되면 매년 8억 9,000만 달러를 절약할 수 있을 것이다. 이미 많은 나라들이 생태계 복원에 앞장서고 있다. 니제르Niger(아프리카 중

서부에 위치한 나라—옮긴이)에서는 농부들이 이끈 재식림reforestation 운동이 농작물 수확량을 증가시켰고, 여성들이 장작을 모으는 데 걸리는 시간을 세 시간에서 30분으로 크게 단축시켰다. 중국 은 국토 면적의 약 4분의 1을 중요 자연 자산critical natural asset으로 지정하여 환경보호와 생태계 보존을 최우선 과제로 삼았다. 멕 시코는 4,500만 명의 사람들에게 식수를 계속 공급하기 위해 전 체 유역流域의 3분의 1을 보호하고 있다.

이런 사례들을 참고해 생태계 보호의 중요성에 대한 인식을 확산시키고 더 많은 나라의 참여를 이끌어낼 수 있다면, 기후변 화에 대응하는 데 자연 회복력의 혜택을 톡톡히 볼 것이다.

이보다 쉬운 방법도 있다. 바로 맹그로브 숲이다. 맹그로브 나무는 해안가에서 주로 자라고 바닷물에 적응한 키 작은 나무 다. 맹그로브 나무는 폭풍해일을 줄이고, 해안 지역의 홍수를 방 지하며, 어류 서식지를 보호한다. 모두 합해서 맹그로브 나무 는 매년 홍수로 인해 발생하는 800억 달러의 피해를 방지하는 데 도움을 주며, 그 외에도 다른 방면으로 수십 억 달러를 절약 하는 데 기여한다. 맹그로브 나무를 심는 것은 방파제를 만드는 것보다 저렴할 뿐만 아니라 수질 개선에도 도움을 준다. 이쯤 되면 썩 괜찮은 투자처라고 할 수 있다.

공급 가능한 양보다 더 많은 식수가 필요하다. 호수와 대수 층(지하수가 있는 지층. 상당한 양의 물을 산출할 수 있다—옮긴이)이 줄 어들거나 오염되면서 모든 사람에게 식수를 공급하기가 점점 더 어려워지고 있다. 세계의 대도시들 대부분은 이미 심각한 식

맹그로브 나무는 훌륭한 투자처다. 이 나무들은 매년 홍수로 인해 발생하는 800억 달러의 피해를 예방하는 데 도움을 준다.[8]

수 부족을 겪고 있으며, 21세기 중반이 되면 적어도 한 달에 한 번 깨끗한 식수를 얻을 수 없는 사람이 30퍼센트가량 증가해 50억 명 이상이 될 것으로 예상된다.

우리는 기술에 희망을 걸 수 있다. 우리는 이미 바닷물에서 소금을 제거해 식수로 만드는 방법을 알고 있지만, 바닷물을 담수화 시설(물에서 소금을 제거하는 시설—옮긴이)로 옮겨 소금을 제거한 식수를 필요한 사람에게 전달하는 과정에서 너무나 많은 에너지가 소모된다. (다른 많은 문제들과 마찬가지로 식수 문제도 궁극적으로 에너지 문제라는 뜻이다. 보다 저렴하고 깨끗한 에너지를 사용할 수 있다면 우리는 필요한 만큼의 식수를 만들 수 있다.)

나는 한 가지 기발한 아이디어를 관심 있게 지켜보고 있다. 바로 공기에서 물을 추출하는 것이다. 이 기계는 차세대 필터링 시스템을 갖춘 태양열 제습기라고 생각할 수 있는데, 이 필터링 시스템 덕분에 오염 없는 깨끗한 식수를 추출할 수 있다. 다만 이 글을 쓰는 현재 이 시스템은 개발이 완료되었지만 수천 달러에 육박해 식수 부족에 시달리는 가난한 사람들이 감당하기에는 너무 비싸다.

이런 아이디어들이 가격 면에서 부담 없는 정도가 될 때까지 우리는 물 수요를 줄이고 공급을 늘릴 장려책 등 현실적인 방안을 계속 모색해야 한다. 여기에는 물 사용량을 크게 줄이면서 농부들의 생산량을 증가시켜주는 폐수 재생부터 적시관개適時灌漑까지 포함된다.

'적응 프로젝트'에 더 많은 자금을 지원하기 위해 새로운 돈을 풀어야 한다. 개발도상국에 대한 대외 원조를 말하는 것이 아니다. 물론 대외 원조가 필요하기는 하겠지만, 더 중요한 것은 적응 프로젝트를 위해 민간 투자자를 끌어오는 일이다.

우리는 적응을 위한 비용을 '지금' 지불하지만 그 투자에 대한 경제적 보상은 수년 동안 이루어지지 않을 수 있다. 이것이 우리가 해결해야 할 문제다. 예를 들어 당신이 홍수에 대비해 '방수형' 사무실을 만들었다고 가정해보자. 그 이후에 10년이나 20년 동안 홍수가 발생하지 않으면 방수형 사무실은 의미가 없다. 게다가 방수형 사무실은 현금 흐름을 발생시키지 않는다. 즉, 빗물이 지하실로 흘러가지 않는 방수형 사무실을 만들었다고 해서 소비자들이 당신의 제품을 추가 비용을 들여 구매하지는 않는다. 따라서 은행은 방수형 사무실을 만드는 데 필요한 대출에 머뭇거리거나, 대출을 해준다 해도 더 높은 이자를 요구할 수 있다. 어찌 되었든 방수형 사무실을 만드는 데 필요한 비용은 사업자가 스스로 충당해야 하는데, 자금에 부담을 느낄 경우 아예 시작조차 안 할 수도 있다.

이런 '적응 프로젝트'가 하나가 아니라 도시 곳곳에, 또는 주나 국가 전체에서 일어난다고 생각해보자. 그러면 적응 프로젝트를 위한 자금 조달에 왜 공공 부문이 역할을 맡아야 하는지, 그리고 민간 부문이 왜 참여해야 하는지를 깨닫게 될 것이다. 그러기 위해서는 적응 프로젝트에 대한 투자를 매력적으로 만들어야 한다.

공공 부문과 민간 부문의 참여를 유도하려면 이들이 사업을 할 때 기후변화라는 변수를 고려하고, 기후변화가 초래할 각각의 리스크에 가격을 매길 수 있는 방법을 찾아야 한다. 이미 몇몇 정부와 기업들은 기후변화 리스크와 관련된 프로젝트를 검토하고 있다. 하지만 이제는 모두가 그래야 한다. 정부는 적응 프로젝트에 더 많은 자원을 투입해 시간에 따라 얼마를 투자할지 목표를 설정하고, 민간 투자자들이 입을 수 있는 피해를 예방할 현명한 정책을 도입할 수 있다. 성공적인 적응 프로젝트에 따른 보상이 확실할수록 민간 투자는 증가할 것이다.

이 모든 비용이 얼마나 될까? 기후변화에 적응하기 위해 우리가 해야 하는 모든 일들에 가격표를 매길 수는 없지 않은가? 하지만 내가 속한 위원회는 다섯 개의 주요 분야(조기 경보 시스템 구축, 기후 회복력이 뛰어난 인프라 구축, 농작물 생산량 증대, 물 관리,

맹그로브 나무 보호)에서 발생한 지출을 분석한 결과, 2020년에서 2030년 사이에 1조 8,000억 달러를 투자하면 7조 달러 이상의 이익을 얻을 수 있다는 사실을 밝혀냈다. 이 금액을 10년에 걸쳐 투자한다고 생각하면, 세계 GDP의 0.2퍼센트를 투자해 거의 네 배에 가까운 수익금을 얻는 셈이다.

이 투자의 '수익'은 '예방된 나쁜 일'들로 측정할 수 있다. 물 부족으로 인한 내전(시리아 내전의 여러 이유 중 하나는 물 부족이었다—옮긴이), 가뭄이나 홍수로 인한 농작물 파괴, 허리케인으로 인한 도시 파괴, 기후재앙으로 인한 피난민 발생이 일어나지 않았다면, 이 모든 것들을 '수익'이라고 할 수 있다. 아니면 **좋은 일**로도 측정할 수 있다. 충분한 영양소를 섭취하고 자라는 어린이들, 빈곤에서 벗어나 세계 중산층에 진입한 가정들, 날씨가 계속 뜨거워져도 성장하는 기업, 도시, 국가들로 말이다.

어떻게 생각하든 경제적으로나 도덕적으로나 우리가 이 일을 왜 해야 하는지는 명확하다. 비록 코로나19로 인해 지금까지 우리가 이룬 많은 성과가 훼손되기는 했어도, 극심한 빈곤을 겪는 인구는 1990년 세계 인구의 36퍼센트에서 2015년 10퍼센트로 지난 25년 사이 급격하게 감소했다.[9] 하지만 기후변화는 이런 발전을 훨씬 더 많이 지워버릴 수 있고 극심한 빈곤을 겪는 인구의 비율을 13퍼센트까지 높일 수 있다.

기후변화에 가장 많이 영향을 끼친 사람들은 세계의 나머지 사람들이 살아남을 수 있도록 도와야 한다. 우리는 그들에게 많은 빚을 졌다.

적응에 대해 우리가 고려해야 할 또 다른 측면이 있다. 최악의 시나리오에 대비해야 한다는 것이다.

기후 과학자들은 기후변화가 일어나는 속도를 급격하게 증가시킬 수 있는 많은 티핑 포인트tipping point(임계점—옮긴이)를 분석했다. 이런 티핑 포인트에는 해저가 불안정해지면서 해저에 묻힌 메탄가스가 새어 나오는 경우도 있다. 자연재해는 생각보다 빠르게 세계를 강타해 기후변화에 대비하려는 우리의 시도를 무산시킬 수 있다. 온도가 높아질수록 이 티핑 포인트에 도달할 가능성이 높아진다.

만약 우리가 이런 티핑 포인트 중 하나를 향해 나아가는 게 확실시된다면, 우리는 '지구공학'이라고 불리는 대담한 아이디어(몇몇 사람들은 미친 아이디어라고 할 수도 있다)에 대해 더 많은 말을 듣기 시작할 것이다. 지구공학이 제시하는 이런 접근 방식은 입증된 것도 아니며 까다로운 윤리적 문제를 제기한다. 그럼에도 아직 시간이 남아 있을 때 계속 공부하고 연구해야 할 가치는 있다.

지구공학의 기본적인 아이디어는 지구의 대양과 대기에 일시적인 변화를 가해 지구 온도를 낮추는 것이다. 쉽게 말해 '비상시'를 위한 최첨단 기술이라고 생각할 수 있다. 이것이 성공한다고 해서 온실가스 저감이라는 우리의 책임이 면피되는 것은 아니지만, 그래도 제대로 된 행동을 할 수 있을 때까지 시간을 벌어줄 수는 있다.

지난 몇 년 동안 나는 몇몇 지구공학 연구에 자금을 지원했

빌 게이츠, 기후재앙을 피하는 법

다(하지만 내가 '완화'와 '적응'에 대한 연구에 지원하는 자금에 비하면 아주 적은 편이다). 대부분의 지구공학 연구자들은 대기로 배출된 온실가스가 초래한 온난화를 완화하기 위해서는 지구에 도달하는 햇빛의 양을 약 1퍼센트 줄여야 한다고 생각한다.*

이렇게 할 수 있는 방법에는 여러 가지가 있다. 하나는 각각의 지름이 몇백만 분의 1센티미터 정도로 작은 극도로 미세한 입자를 대기의 상층에 살포하는 것이다. 과학자들은 이런 입자들이 햇빛을 분산시키면 지구를 식힐 수 있다는 것을 알고 있다. 이미 경험해본 적이 있기 때문이다. 특히 강력한 화산이 폭발하면 비슷한 미세 입자를 분출해 지구의 온도를 유의미하게 낮춘다.

지구공학에서 활용하는 또 다른 방법은 구름 표백cloud brightening이다. 구름의 윗부분은 햇빛을 반사하는데(흰색은 빛을 반사한다—옮긴이), 그렇다면 염수salt spray로 구름을 인공적으로 더 희게 만들면 더 많은 햇빛이 반사될 것이고 지구는 더 시원해질 것이다. 그렇다고 엄청나게 많은 구름을 표백할 필요는 없다. 지구 표면의 10퍼센트를 덮고 있는 구름의 밝기를 10퍼센트만 높여도 지구에 도달하는 햇빛 1퍼센트가 줄어든다.

이 외에도 지구공학에는 여러 방법이 있지만, 이 모든 방법

---

* 수학적 근거는 다음과 같다. 햇빛은 제곱미터당 약 240와트가 지면에 흡수된다. 현재 대기 중의 탄소는 제곱미터당 평균 2와트의 열을 흡수한다. 따라서 우리는 햇빛을 지금의 약 2/240, 또는 0.83퍼센트 정도 낮춰야 한다. 하지만 구름은 태양 지구공학solar geoengineering에 적응할 수 있기 때문에 이보다 더 높은 수준인 약 1퍼센트 정도 낮춰야 한다. 만약 대기 중의 탄소가 두 배 증가한다면 제곱미터당 약 4와트의 열이 흡수되기 때문에 우리는 햇빛을 약 2퍼센트 줄여야 할 것이다.

에는 세 가지 공통점이 있다. 첫째, 지구공학이 해결하고자 하는 문제의 크기에 비해 지구공학이 제시하는 해결책의 비용은 100억 달러 이하이면서 운영비도 최소한일 정도로 비교적 저렴하다. 둘째, 구름에 끼치는 영향은 일주일 정도 지속되기 때문에 필요한 만큼만 사용하고 멈출 수 있다. 그럴 경우 장기적인 영향은 없을 것이다. 마지막으로 이 아이디어들이 어떤 기술적인 문제들에 직면하든지 간에 언젠가는 직면하게 될 정치적 장애물들에 비하면 아무것도 아니다.

지구공학은 지구를 대상으로 한 대규모 실험이라는 비판도 있지만, 이미 우리는 엄청난 양의 온실가스를 배출함으로써 지구를 대상으로 거대한 실험을 하는 중이지 않은가?

하지만 지구공학 실험을 실제 세계에서 대규모로 시행하기 전에 지구공학이 지역적 수준에 끼칠 수 있는 잠재적 영향을 더 깊이 연구하고 파악할 필요가 있다. 기후변화는 말 그대로 모든 국가가 참여해야 할 세계적 의제이므로 한 국가가 단독으로 지리공학 실험을 단행할 수도 없다. 더 많은 세계적 합의가 이뤄져야 한다.

지금으로서는 전 세계 국가들이 지구의 온도를 인위적으로 낮추는 것에 동의하리라고는 상상하기 어렵다. 하지만 지구공학은 수년 또는 수십 년 내에 경제를 망가뜨리지 않고 지구 온도를 낮출 수 있는 유일한 방법으로 알려져 있다. 선택의 여지가 없는 날이 언젠가는 올 수도 있다. 지금부터 준비하는 것이 최선의 선택이다.

10

정부 정책은 얼마나 중요할까?
Why Government Policies Matter

제2차 세계대전이 한창인 1943년의 어느 날, LA 시내에 짙은 안개가 드리워졌다. 곧 이어 LA 주민들의 눈은 따끔거리기 시작했고 코에서는 콧물이 흐르기 시작했다. 심지어 운전을 할 때도 세 블록 앞을 볼 수 없어 운전을 하지 못했다고 전해진다. 몇몇 주민들은 일본이 화학무기로 LA를 공격했다고 생각할 정도였다. 안개는 그 정도로 독했다.

물론 일본군이 LA를 공격한 것은 아니었다. 심각해진 대기 오염과 악화된 기후 조건이 결합해 빚어낸 스모그였다.

그로부터 9년이 지난 1952년 12월, 런던은 무려 5일 동안 스모그에 갇혔다. 버스와 구급차는 운행을 멈춰야 했다. 스모그가 영화관 안으로 스며들어와 영사기를 가리는 바람에 영화 상영이 취소될 정도로 상황은 심각했다. 경찰 역시 몇 미터 앞을 볼 수 없었기 때문에 많은 상품점이 약탈당했다(넷플릭스 시리즈 〈더 크라운The Crown〉에는 이 끔찍한 사건을 배경으로 한 에피소드가 있다). 오늘날 런던 스모그 사건Great Smog of London이라고 알려진 이 스모그로 최소 4,000여 명이 죽었다.

이 경찰관은 1952년 런던 스모그 사건 기간 중 교통정리를 하기 위해 횃불을 사용해야 했다.[1]

    1950년대와 1960년대에 이런 사건들이 연달아 일어나자 미국과 유럽은 본격적으로 대기오염을 중요한 공공 정책 의제로 삼기 시작했다. 정책 입안자들은 재빠르게 움직였다. 1955년 미국 의회는 대기오염을 본격적으로 연구하고 해결책을 찾기 위해 정부 재정을 투입했다. 이듬해인 1956년에 영국 정부는 대기오염방지법Clean Air Act을 제정해 도심 지역에 무연 연료cleaner-burning fuel만 사용할 수 있는 무연 지구를 지정했다. 7년 후 미국의 대기청정법Clean Air Act은 대기오염 통제를 위한 규제 체계를 확립했다. 아직도 미국의 대기청정법은 대기오염을 규제하는 법 중에서 가장 포괄적이면서 영향력 있는 법으로 평가된다. 1970년 닉슨 대통령은 미국 환경보호국Environmental Protection Agency을 설립했다.

미국의 대기청정법에 따라 만들어진 규제들은 '공기를 해독하자get poisonous gases out of the air'라는 목표에 충실했다. 1990년 이후 미국의 아산화질소 배출량은 56퍼센트 줄었다. 같은 기간 일산화탄소 배출량은 77퍼센트 줄었고, 이산화황은 88퍼센트나 줄었다. 납은 거의 사라졌다. 경제와 인구가 성장하는 와중에도 온실가스는 오히려 줄었다.

하지만 환경문제를 해결하는 데 똑똑한 정책이 어떤 역할을 했는지를 살펴보기 위해 굳이 역사책까지 들춰 볼 필요도 없다. 현재 진행 중이기 때문이다. 2014년 중국은 도심 지역에서 계속 악화되는 스모그와 위험 대기오염물질의 급증에 대응하기 위해 여러 프로그램을 실시했다. 정부는 대기오염 저감 목표를 새로 만들었고, 대기오염이 심한 도시 인근에 석탄화력발전소 건설을 금지했으며, 대도시에서 전기차가 아닌 일반 자동차 운행 대수를 제한했다. 몇 년 지나지 않아 베이징에서는 대기오염 수준이 35퍼센트 하락한 것으로 보고되었고, 1,100만 명이 사는 도시인 바오딩에서는 38퍼센트 하락한 것으로 보고되었다.

대기오염은 매년 700만 명의 목숨을 앗아 갈 정도로 여전히 질병과 사망의 주요 원인이지만, '똑똑한' 정책 덕에 사망자 수가 더 많아지지 않은 것은 확실하다.* (본래의 목적은 아니었지만 이런 정책들은 온실가스 배출량을 다소 줄이는 데에도 도움이 되었다.) 지금

---

* 2020년 미국 서부를 휩쓴 산불은 대기오염은 아니지만 이와 관련되어 있다. 2020년 발생한 산불의 연기로 인해 수백만 명에게 야외활동은 위험한 일이 된 것이다.

빌 게이츠, 기후재앙을 피하는 법

까지 살펴본 정부 정책들은 기후재앙을 피하는 데 정부가 어떤 역할을 해야 하는지를 보여준다.

'정책'이라는 단어처럼 모호하면서도 매력 없는 단어도 드물 것이다. 새로운 배터리 개발을 이끈 정부 정책보다는 새롭게 개발된 최신 배터리가 '섹시'하게 인식된다. 하지만 정부가 세금을 투입해 배터리 연구를 지원하지 않았더라면, 연구실에서 나온 연구 결과를 시장화할 수 있게 도와준 정책이 없었다면, 그리고 새로운 시장을 만들고 새로운 제품을 대규모로 팔 수 있게 도와준 규제가 없었더라면 새로운 배터리는 존재하지 못했을 것이다.

이 책에서 나는 새로운 전기 저장 기술이나 새로운 강철 제조법 등 제로 탄소 달성에 필요한 혁신과 발명품들을 강조해왔다. 하지만 혁신은 단순히 새로운 장치를 만드는 것만이 아니다. 새로운 혁신을 최대한 빠르게 시장에 내놓을 수 있게 해주는 새로운 정책도 혁신이다.

다행히도 정책 개발은 무에서 유를 창조하는 과정이 아니다. 우리는 이미 에너지 산업 규제에 대한 **많은** 경험을 축적했다. 실제로 에너지 산업은 모든 산업 중에서 가장 규제가 많은 산업이다. 똑똑한 에너지 정책은 깨끗한 공기 외에도 우리에게 많은 것을 선물했다. 대표적으로 다음과 같은 것들이 있다.

전기 보급. 1910년만 해도 집에서 전기를 사용하는 미국인은 12퍼센트에 불과했다. 하지만 수력 발전에 대한 연방자금 지원, 에너지 산업 규제를 위한 정부 기관 설립, 그리고 시골 지역에 전기를 공급하기 위한 대규모 정부 프로젝트 덕분에 1950년에 이 수치는 90퍼센트까지 상승했다.

에너지 안보. 1970년대 오일쇼크 이후 다양한 에너지원을 국내에서 생산하기로 결심한 미국은 1974년 대규모 연구 개발 프로젝트를 시작했다. 1975년에는 자동차 연비 기준을 포함한 에너지 절약과 관련된 주요 법률이 제정되었고, 2년 후인 1977년에는 미국 에너지부Department of Energy가 창설되었다. 1980년대 유가가 하락하자 이런 시도들은 흐지부지되었지만, 2000년대 유가가 다시 상승하자 새로운 투자가 이뤄지고 규제가 만들어졌다. 이렇게 많은 노력 끝에 미국은 2019년 거의 70년 만에 처음으로 에너지 수출량이 에너지 수입량을 추월했다.[2]

경제 회복. 2008년 글로벌 금융위기 이후 많은 나라는 재생에너지, 에너지 효율성, 전기 인프라 및 철도에 돈을 투자해 새로운 일자리를 창출했고 민간 부문의 투자를 유도했다. 2008년 중국은 5,840억 달러 규모의 경기부양책을 발표했는데, 그중 상당 부분은 다양한 그린 프로젝트에 투입되었다. 2009년 미국은 경기부양법American Recovery and Reinvestment Act을 통해 세액 공제, 연방보조금, 대출 담보, 그리고 연구 개발에 대한 지원을 단행해 경제를 부양하고 배출량을 줄이고자 했다. 이는 미국 역사상 청정에너지와 에너지 효율에 대한 최대 규모의 투자였지만, 지속적인 변화를 위한 꾸준한 투자로 이어지지 못하고 단지 일회성 투자로만 그쳤다.

이제 우리는 '온실가스 제로 배출'이라는 당면 과제를 해결하는 데 지금까지의 정책 경험을 활용해야 한다.

국가 리더들은 세계 경제를 제로 탄소 경제로 전환하는 데 분명한 비전을 가져야 한다. 이런 비전은 사람들과 기업들의 행동 변화를 이끌 수 있기 때문이다. 예를 들면 정부는 발전소, 자동차, 공장들이 배출할 수 있는 이산화탄소 총량에 대한 규제를 만들 수 있다. 또한 민간과 공공 부문이 기후변화의 비용을 명확하게 반영하도록 이끌어 금융시장에 영향을 줄 수 있는 규제도 만들 수 있다. 정부는 과학 연구 투자의 '큰손'이 될 수도 있고, 새로운 제품이 얼마나 빠르게 시장에 출품될 수 있는지를 결정하는 규제도 만들 수 있다. 그리고 탄소를 배출하는 제품이 환경과 인간에 부과하는 '보이지 않는 비용'과 같은 시장이 해결할 수 없는 문제들을 해결할 수 있다.

이런 의사 결정의 많은 부분은 중앙정부 차원에서 결정된다. 하지만 지방정부와 지역사회도 큰 역할을 할 수 있다. 이미 많은 나라에서는 지방정부가 전기 시장을 규제하고 빌딩의 에너지 사용 기준을 정하기도 한다. 지방정부는 댐, 교통 체계, 다리와 도로 등 대규모 건설 프로젝트를 계획한다. 어떤 자재를 사용해서 어디에 지을지도 결정한다. 또한 학교 급식을 관리하고 경찰차와 소방차, 전등도 구매할 수 있다. 각각의 단계에서 누군가는 친환경 대안을 선택할지 말지를 최종적으로 결정해야 한다.

어쩌면 정부가 더 큰 역할을 맡아야 한다는 내 주장은 아이러니하게 들릴 수 있다. 마이크로소프트를 창업한 뒤 사업을 확장할 때 나는 워싱턴 DC의 정책 입안자들과 거리를 두었다. 그들이 나와 동료들에게 도움이 안 된다고 생각했기 때문이다.

그러다 1990년대 말 미국 정부가 마이크로소프트를 상대로 제기한 반독점 소송을 통해 나는 정책 입안자들과 더 가깝게 지냈어야 했다는 것을 깨달았다. 국가 고속도로 건설, 어린이들에 대한 예방접종, 또는 세계 경제의 탈탄소화와 같은 대규모 사업을 하기 위해서 올바른 장려책을 만들고 전체적인 시스템이 모두에게 효과가 있도록 하는 데에는 정부의 역할이 중요하다는 것을 알게 됐다.

물론, 기업과 개인도 각자의 자리에서 자신의 역할에 충실해야 한다. 11장과 12장에서 나는 제로를 달성하기 위해 정부, 기업, 개인이 실행할 수 있는 구체적인 방안을 제시할 예정이다. 하지만 무엇보다도 정부의 역할이 중요하다. 따라서 나는 먼저 정부가 추구해야 할 높은 수준의 목표 일곱 가지를 제시하고자 한다.

1. 투자 갭을 메꿔라

1955년에 출시된 세계 최초의 전자레인지는 지금 달러로 1만 2,000달러에 살 수 있었다. 하지만 지금은 50달러로 충분히 좋은 전자레인지를 살 수 있다.

전자레인지는 왜 이렇게 저렴해졌을까? 전자레인지는 과거의 오븐보다 훨씬 더 빠르게 음식을 덥힐 수 있는데, 바로 이 사실이 많은 사람의 구매 욕구를 불러일으켰기 때문이다. 전자레인지 판매량이 빠르게 증가해 경쟁을 촉발했고 치열해진 경쟁 덕에 더 값싼 전자레인지가 등장할 수 있었다.

에너지 시장도 같은 방식으로 운영되었으면 좋았을 터. 하지만 전기는 전자레인지와는 다르다. 전자레인지 시장에서는 품질이 가장 좋은 제품이 경쟁에서 승리한다. 하지만 거실 불을 밝히는 데에는 '깨끗한' 전자電子와 '더러운' 전자가 모두 쓰인다. 그 결과, 탄소 배출량만큼의 비용을 부과하거나 또는 일정량의 제로 탄소 전자를 제공해야 한다는 표준을 만드는 등의 정책 개입 없이는 깨끗한 전자만을 취급하는 회사가 더 많은 돈을 벌게 될 것이라는 보장이 없다. 더욱이 매우 규제가 많고 자본 집약적인 에너지 산업의 특성으로 인해 실패의 리스크도 그만큼 크다.

바로 이것이 민간 에너지 기업이 연구 개발 비용을 줄이는 이유다. 에너지 기업들은 평균적으로 전체 매출의 0.3퍼센트만 연구 개발 비용으로 쓴다. 반면 전자회사나 제약회사들은 평균적으로 각각 10퍼센트와 13퍼센트를 연구 개발 비용에 투자한다.

이런 격차를 줄이기 위해 정부의 정책과 지원이 필요하다. 특히 새로운 제로 탄소 기술 개발에 대한 지원이 필요하다. 초기 단계의 아이디어, 즉 성공 여부가 불투명하고 은행이나 투자자가 원하는 것보다 더 오래 묵혀야 하는 아이디어는 정부의 정책 지원과 투자가 있어야 온전하게 개발될 수 있을 것이다. 많은 아이디어들은 대부분 '도'가 되지만 그중 소수는 '모'가 될 수도 있기에 명백한 실패가 다소 예견되더라도 어느 정도는 감내해야 한다.

수익성이 담보되지 않아 민간 부문이 투자를 꺼리는 연구 개발에 투자하는 것이 정부의 일반적인 역할이다. 그러다 수익성이 담보되기 시작하면 민간 부문이 연구 개발을 주도할 것이다. 이렇게 우리는 인터넷, 의약품, 그리고 스마트폰에서 사용되는 GPS를 비롯해 우리가 매일 사용하는 제품들을 얻게 된 것이다. 미국 정부가 더 작고 더 빠른 마이크로프로세서에 대한 투자를 집행하지 않았더라면 마이크로소프트를 비롯한 개인 컴퓨터 산업은 지금 누리는 성공을 누리지 못했을 것이다.

이렇게 투자 주체가 정부에서 기업으로 이동하는 과정은 다른 산업보다 IT 산업에서 더 빠르게 일어난다. 반면 청정에너지 산업은 다른 산업보다 더 오랜 시간과 더 많은 정부 지원이 필요하다. 개발하는 데 오랜 시간이 소요되는 높은 수준의 과학 및 공학 기술이 필요하기 때문이다.

연구에 대한 투자는 또 다른 혜택으로도 이어진다. 새로운 비즈니스가 생겨나고 새로운 제품을 다른 나라에 수출할 수 있기 때문이다. 예를 들어 A국가가 저렴한 전자연료를 개발하면 B국가에 수출할 수도 있다. 이 경우 B국가는 온실가스 배출량에 민감하지 않아도 A국가가 개발한 성능 좋고 저렴한 전자연료를 사용하면 온실가스 배출량을 줄일 수 있게 된다.

연구 개발은 그 자체로도 중요하다. 하지만 실제 수요를 불러일으킬 때 가장 효과적이다. 매출을 일으킬 수 있다는 확신이 없다면, 시장에 출시된 지 얼마 안 되어 아직은 비쌀 때 실험실 아이디어를 제품으로 개발 및 생산할 기업은 없을 것이다.

빌 게이츠, 기후재앙을 피하는 법

2. 온실가스 배출을 비싸게 만들어라

내가 계속해서, 그리고 지겹도록 주장했듯이 우리는 그린 프리미엄을 제로가 될 때까지 줄여야 한다. 나는 이미 4장에서 8장까지 그린 프리미엄을 제로화하는 몇 가지 혁신을 설명했다. 예를 들면 제로 탄소 강철을 더 싸게 생산하는 것 말이다. 화석연료로 인한 피해를 가격에 반영함으로써 화석연료의 사용 비용을 높이는 것도 한 가지 방법이 될 수 있다.

오늘날 기업의 생산 비용이나 소비자들의 구매 비용에는 탄소 배출이 반영되지 않는다. 탄소를 많이 배출하는 제품에도 말이다. 기업이나 개개인이 이런 비용을 분담하지 않아 사회가 부담해야 하는 비용을 경제학자들은 외부성externality이라고 부른다. 탄소세와 배출권 거래제를 비롯해 최소한 이러한 외부성의 일정 부분은 책임이 있는 사람들이 지불할 수 있게 하는 여러 장치가 존재한다.

짧게 말해 우리는 (기술 혁신을 통해) 제로 탄소 제품들을 더 싸게 만들거나, 또는 (정책 혁신을 통해) 탄소 집약적인 제품을 더 비싸게 만들어 그린 프리미엄을 낮출 수 있다. 물론 이 두 가지를 동시에 추진할 수도 있다. 우리의 목적은 온실가스 배출에 따라 사람들을 처벌하는 것이 아니라, 경쟁력 있는 제로 탄소 대안을 만들 동기를 부여하는 것이다. 탄소 집약적인 제품의 가격을 서서히 올림으로써, 정부는 생산자와 소비자가 보다 바람직한 의사 결정을 하도록 유도하고 그린 프리미엄을 낮출 수 있는 혁신을 권장할 수 있다. 인위적으로 값을 낮춘 휘발유 때문에 전자연료를 울며 겨자 먹기 식으로 저가에 팔지 않아도 된다면 전자연료를 만들려는 이들이 더 많아질 것이다.

3. 불필요한 장벽을 허물어라

주택 소유자들은 왜 화석연료식 보일러를 탄소 배출량이 적은 전기식 보일러로 바꾸는 데 주저하는 것일까? 전기식 보일러라는 대체재가 있다는 사실을 모르거나, 전기식 보일러를 판매하고 설치할 수 있는 업체와 전문가들이 충분하지 않기 때문이다. 심지어 몇몇 지역에서는 불법이다.

그렇다면 집주인이나 건물주들은 왜 집과 건물을 에너지 효율을 높이는 쪽으로 리모델링하지 않는 것일까? 에너지 사용료는 집주인이나 건물주가 아니라 세입자들이 지불하는데, 세입자들은 집을 빌리는 것이기 때문에 집이나 건물을 리모델링할 수 없다. 게다가 리모델링을 해도 세입자들은 높은 에너지 효율의 혜택을 충분히 누릴 만큼 오래 거주하지 않는다.

눈치 빠른 독자들은 이미 알아차렸겠지만, 이런 장벽들은 비용이나 경제성과는 관계없는 장벽들이다. 이런 장벽이 존재하는 이유는 정보의 부재나 훈련받은 인력의 부재나 장려책의 부재에 있다. 올바른 정부 정책이 있다면 큰 차이를 만들 수 있다.

빌 게이츠, 기후재앙을 피하는 법

4. 뒤처지지 마라

소비자 인식이나 왜곡된 시장이 문제가 아닐 때가 있다. 때로는 정부 정책 스스로가 탈탄소화의 발목을 잡기도 한다.

예를 들어 당신이 콘크리트로 빌딩을 짓는다고 가정해보자. 건축기준법은 콘크리트가 얼마나 단단해야 하는지, 얼마만큼의 무게를 견뎌야 하는지 등 당신이 사용할 콘크리트의 '성능'을 매우 상세하게 규제한다. 어쩌면 당신이 사용해야만 하는 콘크리트의 정확한 화학적 조성까지 규제할 수도 있다. 종종 이런 기준 때문에 온실가스 배출이 적은 시멘트를 사용하지 못하는 경우도 생긴다.

콘크리트 결함으로 빌딩과 다리가 무너지는 것을 보고 싶어 하는 사람은 없을 것이다. 하지만 이런 세밀한 기준에 최신 기술과 제로 탄소화의 시급성을 반영할 수는 있다.

5. 공정한 경제구조의 전환을 계획하라

탄소 없는 경제로의 전환은 승자와 패자를 낳기 마련이다. 예를 들어 텍사스와 노스다코타와 같이 화석연료에 크게 의존하는 지역은 사라지는 일자리만큼 새로운 일자리를 만들어야 한다. 이런 곳에서는 학교, 도로 등 필수 인프라를 구축하려면 조세 시스템도 새로 마련해야 한다. 네브라스카와 같이 소고기 생산에 의존하는 지역도 마찬가지다. 인공 고기가 '진짜' 고기를 대체할 수 있기 때문이다. 더욱이 이미 소득의 상당 부분을 에너지 사용료로 지출하고 있는 저소득층은 다른 사람들보다 그린 프리미엄에 대한 부담을 더 많이 느낄 것이다.

문제가 어려운데 해결책이 간단할 리가 없다. 몇몇 지역사회에서는 고임금의 화석연료 일자리가 자연스럽게 태양광 산업 등 신재생 일자리로 대체될 것이다. 하지만 이제 우리 모두 이런 전환기를 견뎌 궁극적으로는 화석연료 일자리가 아닌 일자리로 삶을 이어가야 한다. 각각의 지방정부가 만들 해결책은 서로 다를 수밖에 없다. 하지만 제로 탄소 달성 계획을 전체적으로 주관하는 중앙정부는 기술 조언과 자금 지원을 통해 여러 지역사회가 적절한 해결책을 서로 공유할 수 있도록 해야 한다.

마지막으로 석탄과 천연가스에 크게 의존하는 지역의 주민들은 이러한 전환기를 거치는 과정에서 생계가 더 어려워질 수 있다. 이들의 걱정은 충분히 이해할 만하며 이들이 변화에 반대한다고 해서 기후변화 자체를 부정한다고 비판할 수는 없다. 제로 탄소 사회를 꿈꾼다 하더라도, 화석연료에 생계가 걸린 사람들과 지역사회를 비판하는 대신 이들을 진심으로 걱정하고 이해하는 태도를 가져야 한다. 그러면 제로 탄소를 주장하는 정치인이라도 어느 정도의 지지는 얻을 수 있을 것이다.

6. 쉬운 일만 하지 마라

기후변화에 대한 대부분의 공론은 전기차 운전이나 태양 및 풍력에너지 등 온실가스 배출량을 줄이는 상대적으로 쉬운 방법에 초점을 맞춘다. 이해하지 못하는 것은 아니다. 왜냐하면 첨단기술이 초기 단계임에도 충분히 성공하고 있다고 보여줌으로써 더 많은 사람이 제로 탄소 경제에 뛰어들게 할 수 있기 때문이다. 이처럼 쉬운 방법에 집중하는 것은 중요하다. 더구나 우리는 아직 이런 쉬운 일도 충분히 하고 있지 않다. 아직 하지 않은 쉬운 일들이 많다는 것은 좋게 말하면 큰 발전을 이룰 수 있는 기회가 있다는 말이다.

그렇다고 쉬운 일만 해서는 안 된다. 기후변화에 대응하자는 목소리가 커져감에 따라 우리는 전기 저장 기술, 청정연료, 시멘트, 철강, 비료 등 어려운 일에도 관심을 가져야 한다. 이런 어려운 일은 새로운 정책 결정 방식을 요구할 것이다. 이미 개발된 기술을 충분히 활용하는 것은 물론이고, 새로운 연구 개발에도 더 많은 투자를 해야 하며(이런 연구 개발은 도로와 빌딩 같은 물리적 인프라에 매우 중요하기 때문이다), 혁신이 창출되고 시장에 진입할 수 있도록 정책을 마련해야 한다.

7. 기술, 정책, 시장을 모두 잡는 일석삼조를 노려라

기술과 정책 말고도 우리가 고려해야 할 세 번째 요소가 있다. 새로운 발명품을 만들고 이런 발명품을 소비자에게 판매하는 기업들, 그리고 이런 기업들을 도와주는 투자자들과 금융기관들이 내가 말하는 세 번째 요소다. 나는 세 번째 요소를 단순히 '시장'이라 부르겠다.

기술, 정책, 그리고 시장은 화석연료로부터 벗어나기 위해 필요한 세 가지 도구다. 우리는 이런 도구들을 동시에, 그리고 같은 방향으로 사용해야 한다.

자동차 배기가스 저감 기준과 같은 정책을 도입하는 것만으로는 충분하지 않다. 특히 탄소 저감 기술이 없거나, 있더라도 이런 자동차를 기꺼이 생산하려는 기업이 없다면 정책은 무용지물이다. 다른 한편으로 석탄발전소에서 배출되는 탄소를 포집하는 기술이 있어도 전력회사들이 이 기술을 본격적으로 도입할 만한 충분한 금전적 혜택이 없다면 문제다. 더군다나 경쟁업체들이 화석연료로 만든 제품을 값싸게 파는 상황에서 제로 탄소 기술에 미래를 거는 모험을 할 기업은 별로 없을 것이다.

바로 이것이 기술, 정책, 시장이 서로 보완하면서 움직여야하는 이유다. 연구 개발에 대한 투자와 같은 정책적 지원은 새로운 기술 개발을 촉진하면서 거대한 시장을 만들 수 있다. 하지만 그 반대도 마찬가지다. 정부 정책 역시 기술 개발과 궤를 같이해야 한다. 예를 들어 우리가 혁신적인 액체연료 기술을 개발했

빌 게이츠, 기후재앙을 피하는 법

다고 가정해보자. 이 경우 정부 정책은 새로운 에너지 저장 기술의 개발이 아니라, 이미 개발된 액체연료 기술을 세계 시장에 팔 수 있는 투자와 자금 조달 전략에 초점을 맞춰야 한다.

앞으로 이 세 요소가 상호 보완적으로 작동하는 사례와 그렇지 않은 사례를 살펴보도록 하자.

기술과 발을 맞추지 못하는 정책의 대표적인 예는 원자력 산업이다. 원자력은 거의 모든 곳에서, 매일 24시간 동안 사용할 수 있는 유일한 무탄소 에너지원이다. 테라파워를 포함한 몇몇 회사는 지금 우리가 흔히 볼 수 있는 50년도 더 된 원자로 문제를 해결하기 위해 차세대 원자로 디자인을 연구하고 있다. 이런 회사들이 새로 개발하는 원자로는 더 안전하고 더 저렴하다. 그리고 폐기물도 덜 생산한다. 하지만 올바른 정책이 부재하고 적절한 시장이 형성되어 있지 않으면 이런 차세대 원자로 기술과 과학은 무용지물이 될 것이다.

차세대 원자로 디자인이 승인되지 않는다면, 공급망이 구축되지 않는다면, 새로운 기술을 증명할 수 있는 시범 운영이 이뤄지지 않는다면 그 어떤 차세대 원자력발전소도 지어지지 않을 것이다. 정부가 차세대 원자력 기업에 직접 지원할 수 있는 중국과 러시아 같은 소수의 나라를 제외하면, 불행히도 대부분의 나라들에서 이런 일은 실행 가능하지 않다. 차세대 원자력발전소 디자인과 기술을 시범 운영 하는 데 정부가 공동 투자를 한다면 분명 도움이 될 것이다. 내가 차세대 원자력 회사를 보유하고 있다는 점에서 어찌 보면 이 주장은 '자기 잇속만 챙기는 말'처럼 들릴 수 있겠지만, 이것은 원자력이 기후변화를 완화할 수 있는 유일한 방법이다.

우리는 문제가 무엇인지 확실하게 파악하고, 그에 따라 정부 정책을 적절하게 조정해야 한다. 바이오연료가 가장 대표적인 사례다.

유가가 상승하는 가운데 원유 수입량을 줄이기 위해 미국 의회는 2005년 신재생연료기준법Renewable Fuel Standard을 통과시켰다. 신재생연료기준법은 미국에서 판매되는 휘발유에 바이오연료를 일정 비율 이상 혼합하도록 의무화했다. 이 법이 통과된 후 당시 많이 사용됐던 바이오연료인 옥수수 기반 에탄올corn-based ethanol에 많은 투자가 이뤄진 것에서 볼 수 있듯이, 이 법은 교통 및 운송업계에 강력한 신호가 되었다. 상승하는 유가와 지난 몇 십 년 동안 이어진 세금 감면으로 혜택을 많이 받은 옥수수 에탄올은 휘발유에 비해 분명 경쟁력이 있었다.

이 정책은 성공적이었다. 에탄올 생산량은 애초에 의회가 생각했던 목표치를 빠르게 초과했다. 오늘날 미국에서 판매되는 휘발유 1갤런에는 최대 10퍼센트의 에탄올이 혼합되어 있다.

그리고 2007년, 미국 의회는 바이오연료를 사용해 다른 문제를 해결하기로 결심했다. 이번에는 단순히 유가 상승이 아니라 기후변화에 관심을 두었다. 미국 정부는 바이오연료 생산 목표치를 높인 것도 모자라 미국에서 판매되는 모든 바이오연료의 60퍼센트는 옥수수가 아닌 다른 전분澱粉으로 만들도록 의무화했다(이런 차세대 바이오연료가 배출하는 탄소량은 기존 바이오연료에

　　　　　　　　　　　　　빌 게이츠, 기후재앙을 피하는 법

비해 3분의 1 수준이다). 과거에 생산업체들은 옥수수로 만든 바이오연료 생산 목표치를 빠르게 달성했지만, 차세대 바이오연료 생산량은 목표를 달성하지 못했다.

왜 그럴까? 차세대 바이오연료를 개발하려면 매우 높은 수준의 과학기술이 필요한 것도 한 가지 이유다. 그리고 이 시기에는 유가도 낮았기 때문에 비싼 차세대 바이오연료 투자는 쉽게 정당화되지 못했다. 하지만 이보다 더 큰 이유는 바이오연료를 생산하는 기업들과 이런 기업들을 도와줄 수 있는 투자자들이 아직 이 시장에 확신을 가지지 못했던 것이다.

그러자 차세대 바이오연료 공급량이 줄 것으로 예상한 미국 행정부는 목표치를 낮췄다. 2017년에는 차세대 바이오연료 생산 목표치를 기존 55억 갤런(약 209억 리터)에서 3억 1,100만 갤런(약 12억 리터)으로 낮췄다. 게다가 새로운 목표치는 종종 너무 늦게 발표되었기 때문에 생산자들은 매년 얼마나 팔아야 할지를 가늠할 수 없었다. 악순환이 생긴 것이다. 정부는 차세대 바이오연료 생산량이 줄 것으로 예상해 목표치를 낮췄는데, 기업 입장에서는 정부의 목표치가 낮아졌기 때문에 생산량을 줄이게 된 것이다.

여기서 우리가 배워야 할 교훈은 무엇일까? 정책 입안자들은 달성하고자 하는 목표를 명확하게 해야 하고, 현재의 기술을 정확하게 알아야 한다는 것이다. 이미 옥수수 에탄올이라는 기술이 있는 상황에서 바이오연료 생산을 늘리는 것은 원유 수입량을 줄이는 훌륭한 방법이었다. 따라서 이 정책은 혁신을 장려했고, 시장 규모를 키워 목표를 달성했다. 하지만 이산화탄소 배출량을 줄이는 데 효과적인 차세대 바이오연료 기술력이 아직 초기 단계라는 점을 정책 입안자들이 간과했기 때문에, 차세대 바이오연료 생산 목표는 이산화탄소 배출량을 줄이는 데 효과적이지 않게 되었다. 게다가 시장이 대규모 투자를 해서라도 이 기술력을 높일 수 있도록 확신을 주지도 않았다.

이제 정책, 기술, 시장이 상호 작용하여 성공한 사례를 살펴보자. 1970년대에 일본, 미국, 유럽연합은 태양광으로 전기를 생산하는 연구 프로젝트를 지원하기 시작했다. 1990년대 초반이 되자 기업들이 태양광 패널 생산을 시작할 만큼 태양광 기술은 발전했지만, 태양광은 아직 광범위하게 도입되지 않고 있었다.

독일은 패널 설치에 저금리 대출을 제공하고 태양광 전력을 초과 생산 하는 모든 기업에게 발전차액지원제도feed-in tariff(신재생에너지로 생산한 전력과 기존 방식으로 생산한 전력의 생산 단가 차이만큼 정부가 보상하는 제도)를 통해 비용을 지급함으로써 시장을 활성화했다.[3] 그리고 2011년 미국은 대출 보증 프로그램을 확대하여 미국에서 가장 큰 태양광 회사 다섯 곳에 자금을 원활하게 조달했다.[4] 중국은 태양광 패널을 보다 저렴하게 만들 수 있는 혁신을 자체적으로 진행해왔다. 이런 혁신 덕에 태양광으로 만든 전깃값은 2009년에 비해 90퍼센트나 하락했다.

풍력도 좋은 예다. 지난 10년 동안 풍력발전량은 매년 평균 20퍼센트 증가해 이제 세계 전기의 5퍼센트를 제공하기에 이르렀다. 풍력발전이 계속 증가하는 이유는 저렴하기 때문이다. 세계 풍력발전 산업에서 큰 부분을 차지하는 중국은 육상풍력발

덴마크는 풍력발전의 경제성을 향상시켰다. 이 터빈들은 덴마크 삼쇠Samsø섬에 위치해 있다.[5]

전 프로젝트에 대한 보조금을 곧 중단할 것이라고 밝혔는데, 이는 육상풍력발전으로 생산하는 전기가 이미 기존 방식으로 생산되는 전기만큼 저렴해졌기 때문이다.

우리가 어떻게 여기까지 올 수 있었을까? 이 질문에 대한 해답은 덴마크를 보면 알 수 있다. 1970년대 오일쇼크가 한창이었을 때 덴마크 정부는 석유 수입을 줄이기 위해 풍력에너지 산업을 촉진할 수 있는 많은 정책을 수립했다. 그 정책의 일환으로 덴마크 정부는 신재생에너지와 관련된 연구 개발에 많은 돈을 투입했다. 물론 덴마크가 신재생에너지에 많은 돈을 투자한 유일한 국가는 아니지만(당시 미국도 오하이오에서 대규모 풍력 터빈을 개발하기 시작했다), 덴마크는 한 단계 더 나아갔다. 그들은 연구 개발에 대한 지원을 발전차액지원제도와 연계했고, 나중에는 탄소세와도 연계했던 것이다.

스페인과 같은 나라들이 뒤를 따르면서 풍력발전 산업에서는 학습이 이뤄졌다. 기업들은 이제 각각의 터빈들이 더 많은 전력을 생산할 수 있도록 더 큰 로터rotor와 대용량 기계를 개발할 동기를 얻었고, 더 많은 터빈을 판매하기 시작했다. 시간이 흐를수록 풍력 터빈 생산 비용은 급격하게 낮아졌다. 풍력으로 생산된 전깃값도 떨어졌다. 1987년과 2001년 사이 덴마크에서 풍력으로 생산된 전기의 값은 절반 수준으로 떨어졌다. 현재 전체 전기의 절반을 해상 및 육상풍력발전소에서 얻는 덴마크는 세계에서 가장 큰 풍력 터빈 수출국이다.

명확하게 말하자면, 태양광발전과 풍력발전이 우리의 모든 전기 수요에 대한 해답은 아니다(우리의 전기 수요에 대한 '두 가지' 해답일 뿐이다. 4장을 참고하기 바란다). 요점은 우리가 기술, 정책, 시장이라는 세 요소에 동시에 초점을 맞출 때 비로소 혁신을 장려하고, 새로운 기업들을 자극하며, 새로운 제품들을 빠르게 시장에 출시할 수 있다는 것이다.

기후변화와 관련한 모든 계획은 이 세 요소가 어떻게 상호작용할 수 있는지를 바탕으로 만들어져야 한다. 다음 장에서 조금 더 자세히 설명하겠다.

11

제로로 가는 길
A Plan for Getting to Zero

2015년 UN 기후변화협약회의에 참석하기 위해 프랑스 파리에 방문했을 때였다. 당시 나는 '정말 우리가 기후변화에 대응할 수 있을까?'라는 생각을 떨쳐버릴 수 없었다.

수많은 국가 수장들이 한 자리에 모여 온실가스 감축이라는 목표에 합의하고 공식 발표하는 모습은 누가 봐도 고무적이었다. 그럼에도 많은 나라의 정부 정책에서 기후변화 정책은 여전히 주변부에 머물러 있다는 것을 보여주는 조사 결과가 잇따르자, 인류는 결코 이 문제를 해결할 의지가 없다는 생각이 들기 시작했다.

하지만 지난 몇 년 동안 기후변화에 대한 관심과 담론은 더 건설적인 방향으로 괄목할 만한 성장을 이뤘다. 기후변화에 대한 대중의 관심이 내가 생각했던 것보다 더 높아진 것이다. 전 세계 유권자들이 행동을 요구하고, 온실가스 감축이라는 국가 차원의 목표를 달성하기 위해 많은 도시와 주들이 독자적인 감축 목표를 설정하는 등 정치적 의지는 모든 단계에서 강해지고 있다.

이제 우리는 목표 달성을 위한 구체적인 실행 방안을 만들어야 한다. 마이크로소프트 창립 직후 폴 앨런과 내가 목표를 설정하고, 그 후 10년 동안 목표 달성을 위해 계획을 수립하고 실행한 것처럼 말이다(당시 우리의 목표는 '모든 가정과 책상 위에 컴퓨터를 놓는다'였다). 사람들은 우리의 꿈을 듣고는 우리가 제대로 미쳤다고 생각했다. 당시 우리가 했던 도전은 기후변화에 대응한다는 도전에 비교하면 아무것도 아니었다. 기후변화 대응이야말로 전 세계 모든 사람과 모든 기관이 함께해야 할 대규모 프로젝트이기 때문이다.

10장에서 나는 이런 목표를 달성하기 위해 정부가 맡아야 할 역할을 설명했다. 11장에서 나는 정부 리더들과 정책을 만드는 사람들이 실행해야 하는 구체적인 방안들에 집중하면서 기후재앙을 피하는 방법을 설명할 것이다(각각에 대한 더 자세한 내용은 breakthroughenergy.org에서 확인할 수 있다). 12장에서는 이 계획을 위해 개인으로서 우리 모두가 무엇을 해야 하는지 설명할 생각이다.

우리는 얼마나 빠르게 제로를 달성해야 할까? 과학자들에 따르면 기후재앙을 피하려면 부자 나라들은 2050년까지 순 제로를 달성해야 한다. 어쩌면 당신은 이보다 더 빠른 2030년까지 탈탄소화가 가능하다는 말을 들었을 수도 있다.

하지만 2030년은 현실적인 목표가 아니다. 나는 그 이유를 이 책에서 계속 설명해왔다. 화석연료가 우리 삶에 얼마나 중요한지를 생각하면 10년 안에 우리가 화석연료 사용을 멈출 수 있는 방법은 없다.

앞으로 10년 동안 우리가 할 수 있는 일은, 그리고 **해야만** 하는 일은 2050년까지 대폭적인 탈탄소화 정책을 도입하는 것이다.

'2030년까지 온실가스 배출량 감축'과 '2050년까지 제로 달성'은 비슷하게 들리지만 굉장히 다르다. '2030년까지 온실가스 배출량 감축'은 '2050년까지 제로 달성'을 위한 중간 단계의 목표가 아니다. 직감적이지는 않지만 굉장히 결정적인 차이가 존재한다. 잘못된 방식으로 2030년까지 온실가스를 감축하면 자칫 2050년까지 제로 달성을 **못하게** 될 수 있기 때문이다.

왜 그럴까? 2030년까지 온실가스를 감축하기 위해 해야 할 일들은 2050년까지 제로를 달성하기 위해 해야 할 일들과는 근본적으로 다르기 때문이다. 이 두 가지 목표는 서로 다른 성공의 척도를 가지고 있다. 우리는 이 둘 사이에서 하나를 선택해야 한다.

만약 목표가 '2030년까지 온실가스 감축'이라면 우리는 이 목표를 위한 수단에만 집중할 것이다. 설령 이런 방식이 제로 달성이라는 궁극적인 목표 달성을 더 어렵게 하거나, 아니면 불가능하게 만들어도 말이다.

예를 들어 '2030년까지 온실가스 배출량 감축'이 목적이라면 우리는 석탄화력발전소 대신 탄소포집 장치가 설치된 가스화력발전소를 건설할 것이다. 이산화탄소 배출량을 줄일 수 있기 때문이다. 하지만 지금 짓는 가스화력발전소는 2050년에도 여전히 운영될 것이다(발전소는 건설 비용을 회수하려면 몇십 년은 운영되어야 한다). 그러는 사이에 발전소는 계속 온실가스를 배출한다. 우리는 '2030년까지 온실가스 감축'이라는 목표는 달성할지 몰라도 '2050년까지 제로 달성'은 요원해질 것이다.

반면 '2050년까지 제로 달성'이 목표라면 석탄화력발전소를 가스화력발전소로 대체하는 데 돈과 시간을 투자하지 않게 된다. 대신 우리는 투 트랙 전략을 구사하게 될 것이다. 투 트랙 전략이란 첫째로 제로 탄소 전기를 저렴하고 안정적으로 제공하는 데 '올인'하고, 둘째로 화석연료에 의존적인 지역을 포함해 자동차부터 열펌프에 이르기까지 가능한 범위 내에서 전기화하는 전략이다.

'2030년 감축파'가 보기에 2030년까지 감축 효과가 제한적일 수밖에 없는 위 방식은 실패가 될 것이다. 하지만 장기적으로 보면 성공으로 가는 길이다. 깨끗한 전기를 만들고 저장하고 전달하는 기술의 급격한 발전과 함께 우리는 제로 달성에 한 걸음 더 가까워질 것이다.

따라서 어떤 나라가 기후변화에 제대로 대응하는지, 어떤 나라가 기후변화 대응에 미숙한지를 알아볼 때 단순히 온실가스 배출량 감축만 봐서는 안 된다. 기후변화에 잘 대응하는 나라는 스스로 제로 달성을 목표로 삼은 나라들이다. 지금 이들의 배출량은 다른 나라들과 크게 차이가 나지 않을 수 있다. 하지만 이들은 올바른 길을 걷고 있다는 점에서는 다른 국가의 모범이 될 수 있다.

나는 기후변화 대응이 매우 시급한 일이라는 점에 대해서는

'2030년 감축파'에 동의한다. 오늘날 우리가 기후변화를 대하는 태도는 팬데믹을 대한 몇 년 전의 모습과 같다. 보건 전문가들은 대규모 전염병은 사실상 불가피하다고 경고해왔다. 하지만 이런 경고에도 불구하고 우리는 충분히 준비하지 못했다. 그리고 지금 우리는 잃어버린 시간을 만회하기 위해 허둥지둥하고 있다. 기후변화와 관련해서는 똑같은 실수를 저질러서는 안 된다. 2050년 전까지 혁신이 필요하고, 새로운 에너지원을 개발하고 도입하는 데 오랜 시간이 걸린다는 것을 고려한다면, 우리는 지금 당장 시작해야 한다. 만약 우리가 과학과 혁신을 통해 가장 힘든 사람들을 도울 수 있는 솔루션 개발을 지금 시작한다면, 우리가 팬데믹과 관련해 저질렀던 실수를 기후변화에 대해서는 반복하지 않을 것이다. 여기서 설명할 계획은 우리를 그 길로 안내할 것이다.

혁신, 그리고 수요와 공급의 법칙

나는 지금까지 기후변화 대응은 많은 분야의 다양한 전문성이 한데 어우러진 종합 계획이어야 한다고 계속 주장했다. 기후 과학은 왜 우리가 기후변화라는 문제에 대응해야 하는지 **이유**를 설명하지만, 이 문제에 **어떻게** 대응해야 하는지는 설명하지 않기 때문이다. 따라서 기후변화에 어떻게 대응할지를 고민하기 위해서 우리는 생물학, 화학, 물리학, 정치학, 경제학, 공학 등 많

빌 게이츠, 기후재앙을 피하는 법

은 전문 분야가 필요하다. 모든 사람이 모든 분야를 전부 이해하할 필요는 없다. 나와 폴이 마이크로소프트를 창업했을 때 마케팅, 기업 제휴 업무, 또는 대관 업무를 전부 이해하지 못했던 것처럼 말이다. 마이크로소프트에 필요했던 것은, 그리고 기후변화에 대응하기 위해 지금 우리에게 필요한 것은 다양한 전문성을 활용해서 올바른 방향으로 나아가는 접근 방식이다.

에너지와 소프트웨어를 비롯해 모든 산업에서 혁신을 오로지 기술의 관점으로만 바라보면 안 된다. 혁신은 단순히 새로운 기계나 새로운 절차를 만드는 것만이 아니다. 새로운 비즈니스 모델, 공급망, 마케팅, 그리고 새로운 제품이 시장에 출시되고 세계 소비자들이 소비할 수 있게 도와주는 정책도 혁신이 될 수 있기 때문이다. 이처럼 혁신은 새로운 물건일 수도 있고 새로운 '일하는 방식'이 될 수도 있다.

생각이 여기까지 도달하자 나는 기후변화 대응 계획을 두 측면에서 바라보기 시작했다. 경제학 원론 수업을 들은 독자라면 매우 익숙하게 들릴 것이다. 하나는 혁신의 **공급**, 즉 새로운 아이디어의 수를 늘리는 것이다. 그리고 다른 하나는 혁신의 **수요**를 늘리는 것이다. 이 둘은 서로 끌어주고 밀어주면서 손에 손을 잡고 움직인다. 혁신에 대한 수요가 없다면 발명가들과 정책을 만드는 사람들은 새로운 아이디어를 만들고 시장에 내놓을 동기가 없을 것이다. 반면 혁신이 꾸준하게 이뤄지지 않아 공급이 부족하면 우리는 제로를 달성하기 위한 친환경 제품을 얻지 못할 것이다.

이 말은 경영학 이론처럼 들리겠지만 현실 세계에서 실제로 매우 중요하다. 가난한 사람의 삶을 개선한다는 목표로 설립된 게이츠 재단은 혁신을 추진하고 동시에 혁신의 수요를 늘린다는 전략을 토대로 운영된다. 그리고 마이크로소프트에서 나는 혁신의 공급을 늘리는 일 외에는 아무것도 하지 않는 대규모 조직을 구성했다. 나는 이런 조직을 구성했다는 것을 지금까지도 매우 자랑스럽게 생각한다. 또한 마이크로소프트는 고객들의 이야기를 듣는 데 많은 시간을 할애하는데, 그들은 우리가 만든 소프트웨어에 바라는 점을 알려주기 때문이다. 바로 이것이 혁신의 수요 측면으로, 회사의 연구 개발팀이 집중해야 할 중요한 정보다.

혁신의 공급 확대하기

혁신의 공급을 확대하는 가장 중요한 과제는 연구 개발이다. 이미 우리에게는 탄소 배출량을 줄이면서 가격 경쟁력도 있는 기술들이 있다. 하지만 제로를 달성하기 위해서는 더 많은 기술이 필요하다. 나는 4장에서 9장까지 우리에게 부족한 기술들을 언급했다. 목록으로 정리하면 다음과 같다(각각의 기술 옆에 '중간소득 국가가 충분히 살 수 있을 정도로 저렴한'을 써도 된다).

빌 게이츠, 기후재앙을 피하는 법

필요한 기술들

탄소 배출 없이 생산된 수소	핵융합
한 계절을 버틸 수 있는 그리드 스케일 전기 저장 장치	탄소포집(직접공기포집 및 포인트 캡처)
전자연료	지하 송전선
차세대 바이오연료	제로 탄소 플라스틱
제로 탄소 시멘트	지열에너지
제로 탄소 철강	양수발전
인공 고기	축열
제로 탄소 비료	가뭄과 홍수에 강한 식용 작물
차세대 핵분열	탄소를 배출하지 않는 팜유 대체재
	냉매(플루오린 또는 F가스)가 없는 냉각수

진정한 변화를 일으키기 위해 이런 기술들을 빠른 시일 내에 도입하려면 정부는 무엇을 해야 하는지 알아보자.

1. 10년 내 청정에너지 및 기후변화 관련 연구 개발비 다섯 배 증액. 연구 개발에 대한 직접적인 공적자금 투자는 기후변화 대응을 위한 중요한 요소 중 하나다. 하지만 대부분의 나라는 신기술 개발에 충분한 돈을 쓰지 않는다. 전체적으로 청정에너지 연구 개발에 대한 정부 지출은 매년 220억 달러에 이르는데, 이는 세계 경제의 0.02퍼센트 수준에 불과하다. 미국인들은 한 달에 휘발유에만 이것보다 더 많은 돈을 쓴다. 세계에서 청정에너지 연구에 가장 돈을 많이 투자하는 미국은 매년 약 70억 달러만을 투자한다.

우리는 얼마나 투자해야 할까? 미국 국립보건원National Institutes of Health은 좋은 비교 대상이 될 수 있다. 매년 370억 달러 예산으로 운영되는 미국 국립보건원은 미국인들을 비롯해 세계의 많은 사람들이 매일같이 사용하는 의약품과 치료법을 개발해왔다. 국립보건원은 기후변화 대응이라는 우리의 목표를 위한 홀륭한 모델이자 모범 답안이 될 수 있다. 물론 연구 개발비의 다섯 배 증액은 과격하게 들릴 수 있다. 하지만 기후변화라는 문제의 크기에 비하면, 미국이 청정에너지 연구 개발비를 다섯 배 증액해도 충분하지 않다고 생각한다. 무엇보다 연구 개발비의 급격한 증액은 정부가 이 문제를 얼마나 진지하게 생각하는지를 선포하는 강력한 지표가 될 수 있다.

2. 고위험-고보상high-risk, high-reward **연구 개발에 투자.** 정부가 얼마나 투자하는지도 중요하지만, 어디에 투자하는지도 중요하다.

정부는 청정에너지 사업에 투자했다가 사업이 실패로 돌아가면서 곤욕을 치른 적이 있다. 게다가 정치인들은 자신들이 유권자의 세금을 낭비한다는 인상을 주고 싶어 하지 않는다. 이런 실패에 대한 두려움 때문에 정부의 투자금은 민간 부문이 충분히 자금을 조달할 수 있는 안전한 분야에 집중되는 경향이 있다. 실로 근시안적 투자라고 할 수 있다. 연구 개발에 있어 정부의 진정한 리더십은 당장 성과를 내기 어려울 수 있는 담대한 아이디어에 투자할 때 가치를 발한다. 특히 10장에서 내가 언급했던 이유로 민간 부문이 직접 투자를 하기에는 리스크가 큰 산업에 대해서는 더욱 그렇다.

정부가 리더십을 발휘해 대규모 투자를 단행한 대표적인 사례는 인간 게놈 프로젝트다. 인간 유전자의 전체적인 지도를 그리려는 목적의 이 프로젝트는 미국 에너지부와 국립보건원이 주도한 대규모 연구 프로젝트로 영국, 프랑스, 독일, 일본, 중국의 유관 기관들과 협력하여 진행됐다. 이 프로젝트는 13년 동안 수십억 달러의 자금이 투입되었지만 유전성 대장암, 알츠하이머병, 유전성 유방암을 포함한 수십 가지 유전적 질환에 대한 새로운 검사와 치료의 길을 텄다.[1] 한 연구에 따르면, 인간 게놈 프로젝트에 1달러가 투자될 때마다 미국 경제에는 141달러의 가치가 창출됐다.[2]

이처럼 정부는 수억 달러에서 수십억 달러에 이르는 엄청난 규모의 프로젝트에 투자할 필요가 있다. 이런 대규모 프로젝트는 최첨단 과학 분야의 발전을 이끌 것이다. 그리고 이런 프로젝트에 대한 투자는 오랜 기간 지속되어야 한다. 그래야 과학자들이 오랫동안 자금에 대한 걱정 없이 연구에 전념할 수 있기 때문이다.

3. 연구 개발을 가장 큰 니즈와 연계. 순수한 목적의 순수과학(기초과학이라고도 불린다)과 유용한 무언가를 만드는 것이 목적인 응용과학 사이에는 실질적인 차이가 존재한다. 하지만 일부 순수주의자들이 주장하듯, 상업적인 목적이 결합되면 순수과학이 '오염'된다고 생각해서는 안 된다. 훌륭한 발명품 중 일부는 과학자들이 특정 목표를 설정하고 연구를 시작했을 때 등장했다. 예를 들어 루이 파스퇴르의 미생물학 연구는 백신과 저온살균의 발명으로 이어졌다. 우리는 혁신이 가장 필요한 분야에서 기초과학과 응용과학을 통합할 수 있는 더 많은 정부 프로그램

이 필요하다.

미국 에너지부의 선샷이니셔티브SunShot Initiative는 좋은 사례다. 2011년 선샷이니셔티브의 리더들은 10년 내로 태양광발전 비용을 킬로와트시당 0.06달러로 낮추는 것을 목표로 삼았다. 그들은 초기 단계 연구 개발에 집중했지만, 관료주의의 장벽을 낮추고 태양광 시스템 연구 자금 조달을 보다 용이하게 함으로써 민간 기업, 대학, 국책연구원들이 이 프로젝트에 동참할 수 있도록 유도했다. 이런 통합적인 접근 방식 덕분에 선샷이니셔티브는 예상보다 3년 빠른 2017년에 목표를 달성할 수 있었다.

4. 시작 단계부터 기업과 협업 관계 구축. 초기 단계 연구 개발은 정부가, 그리고 그 후의 연구 개발은 기업이 하는 것이라는 인위적인 구분법은 당연하게 여겨지고 있다. 하지만 연구 개발에서 이런 인위적인 구분법은 현실적이지 않다. 특히 에너지 산업에서 우리가 겪는 까다로운 기술적 문제에 관해서라면 더욱 그렇다. 에너지 산업에서 새로운 기술의 성공 여부는 이 기술이 국가 차원 또는 세계 차원으로 확대, 적용됐는지에 달려 있기 때문이다. 따라서 초기 단계부터 정부와 기업이 함께해야 한다. 정부와 기업은 장벽을 허물고 혁신 사이클을 가속화하기 위해 협력해야 한다. 기업은 새로운 기술이 적용된 시제품을 개발해 시장에 내놓을 수 있다. 그리고 대규모 프로젝트에도 공동 투자를 할 수 있다. 이렇게 개발된 기술을 상용화하는 주체는 기업이니 이들을 시작 단계부터 끌어들이는 것은 어찌 보면 당연한 일이다.

빌 게이츠, 기후재앙을 피하는 법

혁신의 수요 가속화하기

수요 측면은 공급 측면보다 조금 더 복잡하다. 수요 측면은 '증명 단계proof phase'와 '스케일 업 단계scale-up phase'로 나뉜다.

새로운 기술은 실험실에서 시험과 검증을 마친 뒤 시장에서 '증명'되어야 한다. 기술 분야에서 이런 증명 단계는 빠르고 저렴하다. 스마트폰을 예로 들어보면 소비자들이 새로 나온 스마트폰을 얼마나 좋아할지 파악하는 데에는 오랜 시간이 걸리지 않는다. 하지만 에너지 산업에서 이 단계는 어렵고 비싸다.

우선 실험실에서 개발된 새로운 아이디어가 현실 세계에서도 적용될 수 있는지 파악해야 한다. 새로운 기술을 누구보다 먼저 도입하는 데 따르는 비용과 리스크를 최소화해야 하며, 공급망을 구축하고 사업 모델을 검증해야 한다. 그리고 소비자들이 새로운 기술에 익숙해질 수 있도록 해야 한다. 현재 이런 증명 단계에 있는 아이디어에는 저탄소 시멘트, 차세대 핵분열, 탄소포집과 탄소격리, 해상풍력, 셀룰로오스 에탄올(차세대 바이오 연료의 일종), 인공 고기가 있다.

증명 단계에는 스타트업이 수입을 올리지 못해 폐업하면서 많은 아이디어들이 사장死藏되는 '죽음의 계곡'이 있다. 종종 새로운 제품을 검증하고 시장에 출시하는 데 따르는 리스크가 너무 커서 투자자들이 겁을 먹기도 한다. 특히 투자와 제품 개발 과정에서 많은 자본이 투입되고 소비자들의 행동 양식 변화를 이끌어야 하는 저탄소 기술은 더욱 그러하다.

대기업과 마찬가지로 정부 역시 시장에서 '큰손'이기 때문에 에너지 스타트업들이 죽음의 계곡에서 살아남을 수 있게 도와줄 수 있다. 정부가 친환경 에너지 제품을 우선적으로 구매한다면 시장의 불확실성과 비용을 줄여 스타트업이 제품을 더 많이 생산하는 데 도움이 될 것이다.

조달력을 적극 활용하라. 중앙정부와 지방정부 등 모든 정부는 엄청난 양의 연료, 시멘트, 철강을 구매한다. 정부는 비행기, 트럭, 자동차 생산에 영향을 끼치며 전기를 많이 소비한다. 특히 이런 기술들이 개발되고 확대 적용되어 창출될 사회적 혜택까지 고려하면, 구매력이 큰 정부는 새로운 기술이 상대적으로 저렴하게 시장에 출시되게 할 수 있는 최적의 주체다. 국방부는 전투기 및 함선이 쓸 저탄소 액체연료를 구입할 수 있다. 지방정부 역시 건설 사업에 저탄소 시멘트와 강철을 사용할 수 있다. 전력회사들은 더 효율적인 저장 장치에 투자를 할 수 있다.

정부의 조달 정책을 담당하는 모든 공무원들은 10장에서 논의한 친환경 제품의 외부성에 대한 이해를 바탕으로 친환경 제품을 먼저 고려해야 한다.

이 모든 것은 특별히 새로울 것도 없다. 초창기 인터넷이 바로 이렇게 개발되어 성장했다. 물론 공공 부문이 인터넷 연구개발을 지원한 것도 있지만, 한편으로는 미국 정부라는 거대한 구매자도 있었다.

비용을 절감하고 위험을 줄이는 장려책을 만들어라. 제품 구매 외에도 정부는 민간 기업이 친환경적으로 바뀌도록 다양한 혜택을 제공할 수 있다. 세금 공제, 대출 보증처럼 그린 프리미엄을 낮추고 새로운 기술에 대한 수요를 확대하는 여러 수단을 활용할 수 있다. 이런 제품 중 상당수는 앞으로 한동안 비쌀 것이기 때문에 잠재적 구매자에게는 장기적인 금융 지원과 더불어 스마트한 정부 정책에 의한 신뢰감도 필요하다.

정부는 제로 탄소 정책을 도입하고 시장이 이런 프로젝트를 위한 투자금을 유치하는 방식을 개선함으로써 큰 역할을 맡을 수 있다. 물론 여기에는 원칙이 있다. 정부 정책은 **기술 중립적이어야 하며**(특정 기술이 아니라 이산화탄소를 줄이는 모든 기술에 혜택을 줘야 한다), **예측 가능해야 하고**(정책이 일관적으로 집행되어야 한다), **유연해야 한다**(많은 세금을 내는 대기업뿐만 아니라 여러 기업과 투자자들도 혜택을 누릴 수 있어야 한다).

새로운 기술이 시장에 출시될 수 있도록 인프라를 구축하라. 저탄소 기술이 저렴해도 적절한 시장 인프라가 없으면 소비자들의 선택을 받을 수 없다. 따라서 중앙정부와 지방정부는 이런 시장 인프라를 구축해야 한다. 풍력 및 태양광발전을 위한 송전망, 전기차 충전소, 그리고 포집된 이산화탄소와 수소를 위한 파이프라인이 여기에 포함된다.

새로운 기술을 위한 규칙을 만들어라. 인프라 구축 후에는 새로운 기술이 시장에서 경쟁할 수 있도록 새로운 규칙이 필요하다. 20세기 기술을 중심으로 형성된 전기 시장은 21세기 기술에 불리하게 작용한다. 예를 들어 대부분의 시장에서 장기 저장장치long-duration storage에 투자하는 전력회사들은 전력망에 기여하는 가치만큼 적절한 보상을 받지 못한다. 또한 정부 규제 때문에 차세대 바이오연료를 자동차와 트럭에 사용하지 못하는 경우도 있다. 10장에서 언급한 바와 같이 구시대적인 정부 규제로 인해 저탄소 콘크리트 사용이 어려운 경우도 있다.

이번 장에서 나는 지금까지 에너지 혁신의 창출과 도입을 이끌 수 있는 정책과 같은 개발 단계를 주로 다뤘다. 그다음은 규모를 빠르고 크게 확대하는 스케일 업 단계다. 스케일 업 단계는 비용이 충분하게 낮아지고, 공급망과 사업 모델이 어느 정도 안정되고, 소비자들이 제품을 구매할 용의가 있다는 것이 확인되었을 때 가능하다. 육상풍력, 태양광, 전기차는 모두 이런 스케일 업 단계에 있다.

하지만 스케일 업은 쉽지 않다. 우리는 수십년 안에 세 배 이상의 전력이 필요하게 될 텐데, 대부분의 새로운 전기는 태양광과 풍력을 비롯한 청정에너지원에서 나와야 한다. 그리고 빨래 건조기나 컬러 TV가 처음 보급되었을 때처럼 전기 자동차도 빠르게 도입되어야 한다. 우리는 지금처럼 도로와 다리를 만들고 음식을 제공하는 동시에 무언가를 만들고 기르는 방식을 바꿔야 한다.

다행히도 10장에서 언급했듯이 에너지 기술의 스케일 업은 우리에게 완전히 새로운 것이 아니다. 우리는 이미 정부 정책과 기술 혁신을 연계해 시골 지역에 전기를 보급했고, 화석연료의 국내 생산을 촉진한 경험이 있다. 석유회사에 대한 다양한 세제 혜택과 같은 정책들은 화석연료에 대한 보조금으로 생각할 수 있겠지만, 한편으로는 우리가 가치 있다고 생각한 기술을 보급하기 위한 수단이었다. 참고로 1970년대 말 기후변화가 처음으로 공론화됐을 때, 화석연료는 삶의 질을 높이고 경제 발전을 이끄는 최선의 방식으로 여겨졌다. 이제 우리는 화석연료의 사용을 의도적으로 촉진했던 경험을 청정에너지에 적용할 수 있다.

이게 현실에서는 어떤 의미일까?

탄소 가격제. 탄소세든 기업들이 탄소를 배출할 수 있는 권리를 사고 파는 탄소 배출권 거래제든, 탄소 배출에 가격을 매기는 탄소 가격제는 그린 프리미엄을 제거하기 위해 우리가 할 수 있는 중요한 일 중 하나다.

단기적으로 볼 때 탄소 가격제의 진정한 의미는 무엇일까? 바로 화석연료의 사용 비용을 높여 온실가스를 배출하는 제품을 구매하려면 추가 비용을 지불해야 한다는 신호를 시장에 주는 것이다. 이처럼 탄소 가격제의 목적은 추가 비용으로 얻는 수익이 아니라 시장에 보내는 신호다. 많은 경제학자는 이렇게 걷은 수입을 에너지 가격 상승에 따른 피해 보상 차원에서 사회나 기업에 되돌려줄 수 있다고 주장한다. 또는 기후변화 대응을 위한 연구 개발에 투입되어야 한다는 주장도 있다.

장기적으로 우리가 순 제로에 가까워질수록 탄소 가격제는 직접공기포집 비용에 수렴될 수 있고, 여기서 창출되는 수익은 대기 중의 탄소를 포집하는 데 사용될 수 있다.

비록 전통적으로 경제학에서 바라보는 가격과는 거리가 있지만, 탄소 가격제는 학파와 정치적 견해에 상관없이 경제학자들의 폭넓은 지지를 받고 있다. 하지만 미국을 비롯한 많은 나라에서 탄소 가격제를 제대로 실시하기란 기술적으로도, 정치적으로도 어렵다. 과연 사람들이 휘발유를 포함해 온실가스를 배출하는 모든 제품을 더 비싼 돈을 주고 구매할 의사가 있을까? 온실가스를 배출하는 제품들은 우리가 일상생활에서 매일같이 쓰는 제품들이다. 나는 여기서 구체적인 '처방'을 내리려고 하는 것은 아니다. 다만 모든 사람이 온실가스 배출의 진정한 비용을 치러야 한다는 것이 탄소 가격제의 진정한 목적이다.

청정전기 표준clean electricity standards. 미국의 29개 주와 유럽연합은 재생에너지 공급의무화제도Renewable Portfolio Standard를 도입했다. 재생에너지 공급의무화제도의 목적은 전기 발전량의 일정 비율을 재생에너지원로 공급하는 것이다. 사용 가능한 재생에너지가 풍부한 발전사는 그렇지 않은 발전사에게 재생에너지 사용권을 팔 수 있을 만큼 재생에너지 공급의무화제도는 시장 기반의 유연한 메커니즘이다. 하지만 문제가 없는 것은 아니다. 이 제도는 발전사들이 특정 종류의 저탄소 기술(풍력, 태양광, 지열, 그리고 종종 수력까지)만 사용하도록 의무화하며 원자력과 탄소포집과 같은 옵션을 배제한다. 이런 조건은 온실가스 감축의 비용만 높일 뿐이다.

청정전기 표준이 더 나은 방식이 될 수 있다. 이 방법은 재생에너지에만 초점을 맞추기보다 원자력과 탄소포집까지 포함하여 모든 청정에너지 기술의 활용을 허락한다. 이런 관점에서 유연하고 비용 효율적인 방식이라 할 수 있다.

청정연료 표준clean fuel standards. 이런 제도는 자동차, 건물, 발전소에서 나오는 이산화탄소를 줄이기 위해 다른 산업에도 유연하게 적용될 수 있다. 예를 들어 교통 산업에 적용되는 청정연료 표준은 전기차, 차세대 바이오연료, 전자연료, 저탄소 솔루션 도입을 가속화할 수 있다. 청정전기 표준과 마찬가지로 청정연료 표준은 기술 중립적이며, 기업은 배출권을 거래해 소비자 부담을 줄일 수 있다. 캘리포니아주는 저탄소연료표준Low Carbon Fuel Standard이라는 독자적인 기준을 제정했다. 국가 차원에서 미국은 재생에너지 의무혼합제Renewable Fuel Standard와 같은 정책을 운영하면서 내가 10장에서 언급한 어려움을 극복하고 (전기와 전자연료를 포함한) 다른 저탄소 솔루션까지 포함하도록 확대되었다. 이로써 미국의 재생에너지 의무혼합제는 기후변화에 대응하는 하나의 강력한 수단이 될 것이다. 유럽연합의 신재생에너지지침Renewable Energy Directive은 유럽에서 비슷한 기회를 제공한다.

친환경 제품 표준clean product standards. 제품 표준은 저탄소 시멘트, 강철, 플라스틱을 비롯한 저탄소 제품의 확산을 가속화하는 데 기여할 수 있다. 정부는 조달 프로그램의 기준을 정하고, 공급자들이 청정에너지를 얼마나 사용하는지에 대한 정보를 시장에 투명하게 공개함으로써 이 과정을 시작할 수 있다. 그 후에 이 기준을 정부가 구매하는 제품만이 아니라 시장에서 거래되는 모든 제품에 적용할 수도 있다. 물론 수입품에도 이 기준을 적용하여 청정에너지 제품을 개발·생산함으로써 제품이 비싸지고 경쟁에서 불리해질 것이라는 국내 제조업체들의 우려를 불식할 수 있다.

지나간 것은 지나간 대로. 가능한 한 빠르게 새로운 기술을 출시하는 것 외에도 정부는 비효율적인 기술과 화석연료 기술(화력발전소나 휘발유 자동차 등)을 폐기하거나 도태시켜야 한다. 발전소 건설에는 비용이 많이 들기 때문에 발전소 운영 기간 동안 건설 비용을 분산해야 전력을 저렴하게 공급할 수 있다. 따라서 전력회사들과 규제 당국은 '수명'이 많이 남은 '건강한' 발전소의 폐기를 꺼린다. 세금이나 규제 같은 정책 기반 장려책을 통해 이 과정을 가속화할 수 있다.

어느 기관이 먼저 할까?

어떤 정부 부처든 이런 계획들을 단독으로 실행할 수는 없다. 그러기에는 정부의 의사 결정 구조가 너무 분산되어 있다. 이런 계획을 실행에 옮기기 위해서는 지방정부의 교통 부처부터 국가 입법부와 환경 당국에 이르기까지 모든 정부 부처의 조치가 필요하다.

구체적인 내용은 국가마다 다르겠지만, 대부분의 국가에서 공통적으로 적용될 수 있는 몇 가지 내용을 다뤄보겠다.

지방정부는 건물을 어떻게 짓고 어떤 에너지를 사용할지, 버스와 경찰차를 전기 자동차로 교체할지, 전기차 충전소는 어디에 얼마나 설치하고 쓰레기를 어떻게 관리할지 등을 결정한다.

대부분의 주 정부는 전기를 규제하고, 도로 및 다리와 같은 인프라 구축을 계획하고, 건설 프로젝트에 어떤 건축자재를 사용할지 선택하는 데 핵심적인 역할을 한다.

중앙정부는 전력 시장, 오염 규제, 자동차와 연료 표준 등 일반적으로 주 경계나 국경을 넘나드는 모든 활동에 대한 권한을 갖는다. 중앙정부는 또한 막대한 조달력을 보유하고 있으며, 재정적 장려책을 관장할 수 있고, 공공 연구 개발 프로젝트에 주 정부나 지방정부보다 더 많은 돈을 지원할 수 있다.

간단히 말해서 모든 중앙정부는 아래의 세 가지를 해야 한다.

첫째, 부유한 나라라면 2050년까지, 그리고 중간소득 국가라면 2050년 직후 가능한 한 빠르게 제로 탄소를 달성한다는 목표를 설정해야 한다.

둘째, 이 목표를 달성하기 위한 구체적인 계획을 세워야 한다. 2050년까지 제로를 달성하려면 2030년까지 적절한 정책과 시장구조를 만들어야 한다.

마지막으로, 연구를 지원할 수 있는 국가들은 그린 프리미엄을 크게 낮춰 청정에너지를 중간소득 국가들의 제로 달성에 사용할 수 있도록 매우 저렴하게 만들어야 한다.

미국을 예로 들어 한 국가의 중앙정부와 지방정부가 혁신을 가속화하기 위해 어떻게 유기적으로 접근해야 하는지를 설명해 보겠다.

연방정부(중앙정부)

미국은 누구보다 에너지 혁신에 많은 노력을 기울이고 있다. 미국은 에너지 분야 연구 및 기술 개발에 12개의 정부 기관을 참여시킬 만큼 에너지 연구 개발을 가장 적극적으로 하면서 동시에 투자도 가장 많이 한다(이 중 미국 에너지부의 비중이 가장 크다). 연구 보조금, 대출 프로그램, 세금 혜택, 연구 시설, 파일럿 프로그램, 민관 파트너십 등 미국 정부는 에너지 연구 개발의 방향과 속도를 관리할 수 있는 모든 수단과 도구를 갖고 있다.

미국의 연방정부는 친환경 제품 및 정책에 대한 수요를 주도하는 데 핵심적인 역할을 한다. 연방정부는 주 정부와 지방정부가 건설한 도로와 다리에 자금을 지원하며 송전선, 파이프라인, 고속도로와 같이 여러 주에 걸친 인프라를 관리·감독한다. 그리고 여러 주가 공동으로 사용하는 전기와 연료 시장을 관장한다. 주 정부와 지방정부보다 더 많은 조세수입을 올리는 연방정부의 재정적 장려책은 변화를 추진하는 데 가장 효과적인 수단이 될 수 있다.

신기술 스케일 업에 대해서는 연방정부가 그 누구보다 큰 역할을 맡는다. 연방정부는 주간州間 거래를 관장하고 국제무역과 투자 정책에 대한 최우선 권한을 갖기 때문이다. 이 말은 국경과 주州 경계를 넘나드는 온실가스를 규제하고 줄이기 위해서는 연방정부의 정책이 필수라는 의미다. (내가 좋아하는 잡지 중 하나인 〈이코노미스트The Economist〉에 의하면 해외에서 제조되었지만 미국인들이 소비하는 모든 제품들까지 포함하면 미국의 온실가스 배출량은 지금보다 8퍼센트 더 높아진다. 그리고 영국은 무려 40퍼센트 높아진다.) 주정부 차원에서 탄소 가격제, 청정전기 표준, 청정연료 표준, 친환경 제품 표준을 도입할 수는 있지만, 연방정부가 도입하면 더욱 큰 효과를 볼 수 있을 것이다.

따라서 현실적으로 미국 의회는 연구 개발, 정부 조달, 인프라 개발에 자금을 지원해야 한다. 그리고 청정에너지 관련 정책과 제품을 개발할 수 있도록 금전적 장려책을 만들고 확대해야 한다.

한편 행정부의 에너지부는 자체적으로 연구를 진행하면서 외부 프로젝트에도 지원을 하여 연방정부가 청정전기 표준을 도입하는 데 중요한 역할을 수행한다. 환경보호국은 확대된 청정연료 표준 설계와 도입을 담당한다. 각 주 사이의 송전과 전기 도매, 천연가스 수송과 판매, 파이프라인 프로젝트를 규제하는 연방에너지규제위원회The Federal Energy Regulatory Commission는 전체적인 계획의 인프라와 시장 부문을 규제한다.

미국 농무부는 토지 사용과 농업에서의 온실가스 배출에 대한 주요 업무를 수행한다. 미국 국방부는 차세대 저탄소 연료와 자재를 구입한다. 미국 국립과학재단National Science Foundation은 다양한 연구 프로젝트를 지원한다. 미국 운수부는 도로와 다리 건설에 자금을 지원한다.

마지막으로, 제로 달성을 위한 다양한 프로젝트에 자금을 어떻게 조달할 수 있는지도 고민해야 한다. 우리는 장기적으로 제로 달성에 정확하게 어느 정도의 자금이 필요한지 알 수 없다. 혁신의 성공 여부와 속도, 그리고 얼마나 효율적으로 도입하느냐에 따라 달라질 것이다. 하지만 엄청난 규모의 투자가 필요한 것은 확실하다.

미국은 훌륭한 아이디어를 식별하고 개발해 재빠르게 도입, 확산할 수 있을 만큼 성숙하고 창의적인 자본시장을 갖고 있다는 점에서 다행이라고 할 수 있다. 나는 연방정부가 자본시장과 연계하여 새로운 방식으로 민간의 참여를 이끌어내 시장이 올바른 방향으로 움직일 수 있는 방안을 제시했다. 하지만 중국, 인도, 상당수의 유럽 국가들은 미국처럼 탄탄한 시장을 보유하고 있지 않아도 기후변화 대응을 위한 대규모 투자는 충분히 할 수 있다. 그리고 세계은행을 포함해 아시아, 아프리카, 유럽의 개발은행과 같은 다국적 은행들은 더 깊이 개입할 수 있는 기회를 노리고 있다.

두 가지는 확실하다. 첫째, 우리는 제로 달성을 위해 더 많은 돈을 투자하고 기후변화로 인한 피해에 적응하려는 노력을 더 많이, 더 오래 기울여야 한다. 그러려면 정부와 다국적 은행들은 민간 자본을 활용할 수 있는 다양한 방법을 찾아야 한다. 정부와 은행이 단독으로 하기에는 주머니 사정이 충분하지 않기 때문이다.

둘째, 기후 투자는 리스크가 큰 장기전이다. 수년 동안 수익이 생기지 않을 수 있다는 사실을 고려하여 공공 부문은 재정을 활용해서 투자 기간을 늘려 리스크를 줄여야 한다. 이처럼 공공 자금과 민간 자금을 대규모로 혼합해 사용한다는 것에 거부감을 느낄 수도 있지만 반드시 필요한 일이다. 우리는 기후변화를 해결하기 위해 재정적으로 할 수 있는 것은 다 해야 한다.

주 정부

미국의 많은 주들은 기후변화 문제를 심각하게 생각하고 있다. 미국 24개 주와 푸에르토리코는 2050년까지 온실가스를 최소 26퍼센트 줄이자는 파리협정의 목표를 달성하기 위해 미국 기후 동맹U.S. Climate Alliance에 참여하고 있다. 비록 우리가 원하는 만큼 전국적인 온실가스 배출량을 줄이기에는 충분하지 않지만, 결코 헛된 노력은 아니다. 주 정부는 혁신적인 기술과 정책 수립에 중요한 역할을 할 수 있다. 예를 들면 전력망과 건설 프로젝트를 통해 장기 저장 장치 및 저탄소 시멘트와 같은 기술들을 시장에 출시하는 데 기여할 수 있다.

주 정부는 또한 탄소 가격제, 청정전기 표준, 청정연료 표준과 같은 정책이 전국 단위로 도입되기 전에 시험할 수 있다. 캘리포니아가 서부 지역의 주들과 지역 전력망을 공동 운영하는 것이나 동북부 주들이 연합해 이산화탄소 배출량을 줄이기 위한 탄소 거래제를 운영하는 것처럼 지역별 연합체를 구성할 수도 있다. 미국 기후 동맹에 포함된 도시들을 합하면 미국 경제의 60퍼센트 이상을 차지한다. 이는 그들이 시장을 창출하고 새로운 아이디어를 확장할 수 있는 뛰어난 능력을 보유하고 있다는 의미다.

주 의회는 주 차원의 탄소 가격제, 청정에너지 표준, 청정연료 표준을 도입할 책임이 있다. 그들은 또한 주의 여러 기관들, 전력회사의 조달 정책에 차세대 저탄소 기술을 우선시하라는 방향성을 제시할 수도 있다.

주 정부 기관들은 주지사와 주 의회가 내놓은 목표를 달성할 책임이 있다. 이들은 에너지 효율과 건축물 관련 정책을 감독하고 교통 관련 정책과 투자를 관리하며, 오염 표준을 적용하고 농업과 기타 토지 이용을 규제한다.

그럴 일은 거의 없겠지만 혹시라도 누군가가 당신에게 "대중에게는 알려지지 않았지만 기후변화 정책에 큰 영향을 끼칠 수 있는 기관은 무엇인가요?"라고 물으면 "우리 주의 공익사업규제위원회public utility commission" 또는 줄여서 "PUC"라고 대답하면 된다. 대부분의 사람들은 PUC를 들어보지 못했을 것이다. 그래도 이들은 미국에서 전기와 관련된 많은 규제를 관장한다. 예를 들어 PUC는 전력회사의 투자 계획을 승인하고 소비자들이 지불할 전기료를 결정한다. 더 많은 에너지가 전기화됨에 따라 PUC는 시간이 갈수록 더욱 중요해질 것이다.

지방정부

미국과 전 세계의 시장市長들은 온실가스 배출을 줄이려고 노력하고 있다. 미국의 12개 주요 도시들은 2050년까지 탄소 중립을 이룬다는 목표를 세웠다. 그리고 300개가 넘는 도시들은 파리협정의 목표를 달성하겠다고 공표했다.

도시들은 주 정부와 연방정부와는 달리 온실가스 배출에 큰 영향을 끼치지 못하지만, 그렇다고 아무런 힘이 없는 것은 아니다. 도시들은 단독으로 차량 배출 기준을 만들지는 못해도 전기차를 구매할 수 있고, 전기차들을 위한 충전소 설치에 투자할 수도 있다. 토지사용제한법zoning laws을 통해 인구밀도를 높여 직장인들의 출퇴근 거리를 짧게 만들 수도 있다. 그리고 휘발유 자동차를 제한할 수도 있다. 또한 도시들은 친환경 건설 정책을 만들고 시에서 운영하는 차량을 전기차로 교체할 수 있다. 지방자치 단체가 소유·운영하는 건물에 대해 조달 지침 및 성능 표준을 세울 수도 있다.

그리고 시애틀, 내슈빌, 오스틴과 같은 몇몇 도시들은 지역 전력회사를 소유하고 있어 친환경 방식의 전기 생산을 감독할 수 있다. 또한 이런 도시들은 태양광 프로젝트에 투자하고 시 소유 청정에너지 프로젝트를 진행할 수도 있다.

시 의회는 기후 관련 정책에 우선적으로 지원하고 관련 기관에 조치를 취할 것을 요구하는 등 주 의회 및 미국 의회와 비슷한 역할을 맡는다.

지방정부 기관들은 주 정부 기관들 및 중앙정부 기관들과 마찬가지로 다양한 정책적 우선순위를 감독한다. 건설 관련 부처는 건물 효율성 문제를 관장하고, 교통 관련 부처는 전기차 사용을 권장하고 도로와 다리의 건축자재에 영향을 줄 수 있다. 폐기물 관리 부서들은 많은 차량을 관리·감독하면서 매립지에서 배출되는 이산화탄소에 영향을 끼칠 수 있다.

다시 거시적인 관점으로 돌아가 마지막으로 부자 나라들이 어떻게 '무임승차' 문제를 해결할 수 있는지 살펴보자.

제로는 공짜로 달성할 수 없다. 어떤 달콤한 말로도 이 사실을 숨길 수는 없다. 우리는 더 많은 돈을 연구 개발에 투자해야 하며, 온실가스를 배출하는 지금의 기술보다 더 비싸더라도 청정에너지 제품이 충분히 소비될 수 있는 시장을 만들어야 한다.

하지만 더 나은 기후를 위한 대가로 지금 더 많은 비용을 감당하는 것도 쉽지는 않다. 그린 프리미엄은 저소득 국가와 중간 소득 국가들을 포함한 많은 국가들이 온실가스 감축에 저항하는 이유다. 캐나다, 필리핀, 브라질, 호주, 프랑스 등 세계 각국의 시민들은 휘발유와 난방유, 다른 필수품들을 더 비싼 값에 구입할 의사가 없다는 것을 투표를 통해 이미 보여주었다. 그렇다고 이들이 기후가 더 뜨거워지기를 바란다는 것은 아니다. 일반 시민들은 가뜩이나 어려운 경제 사정이 그린 프리미엄으로 더 어려워질 것을 걱정할 뿐이다.

그렇다면 어떻게 '무임승차' 문제를 해결하고 더 많은 나라

빌 게이츠, 기후재앙을 피하는 법

가 온실가스 감축 운동에 동참하도록 유도할 수 있을까?

2015년 파리에서 열린 UN 기후변화협약회의에서 했던 것처럼 우리는 야심 찬 목표를 세우고 그 목표를 달성하기 위한 계획을 세워야 한다. 이런 국제협약에 회의를 느끼는 사람이 많겠지만, 이러한 합의들이야말로 발전이 이루어지는 방식이다. 만약 당신이 오존층이 아직 남아 있어 다행이라고 생각한다면, 이는 몬트리올 의정서Montreal Protocol(1987년에 채택된 오존층 보호를 위한 환경협약—옮긴이) 덕분이다.

이런 목표를 세운 뒤에 참여국들은 기후변화협약회의와 같은 국제회의에 모여 각자의 진척 사항과 경험을 공유한다. 이런 국제회의는 참여국들에게 책임을 다하도록 압력을 주는 메커니즘이 되기도 한다. 전 세계 많은 나라들이 온실가스 배출량을 줄이는 데 합의한 상황에서 "나는 이런 합의는 신경 안 써. 나는 계속 온실가스를 배출할 테야"라고 쉽게 말하지는 못한다. 물론 이런 경우가 아예 없는 것은 아니다.

동참하기를 거부하는 나라들에 대해서는 어떻게 해야 할까? 탄소 배출에 대해 한 국가에게 전적으로 책임을 지게 하는 것은 극히 어렵다. 하지만 불가능한 것도 아니다. 예를 들어 탄소세를 도입한 나라는 특정 제품의 생산 국가(자국이든 해외이든)에 상관없이 탄소를 배출하는 제품에 탄소세를 부과한다. 이것을 국경세 조정border adjustment tax이라고 부른다. 다만 국가의 우선순위가 이산화탄소 감축이 아니라 경제성장인 저소득 국가에 한해서는 예외를 둘 수 있다.

또한 탄소세가 없는 나라라도, 온실가스 감축에 무관심하고 정책적 노력도 하지 않는 나라와는 무역협정과 다자간 파트너십을 맺지 않겠다고 선언할 수 있다(물론, 위에서도 언급했듯이 저소득 국가는 예외로 둘 수 있다). 본질적으로 정부들은 서로에게 "우리와 무역을 하고 싶으면 기후변화를 심각하게 받아들여야 한다"고 말해야 한다.

마지막으로, 내 생각에 가장 중요한 것은 그린 프리미엄을 낮추는 것이다. 그린 프리미엄을 낮추는 것은 중간소득 및 저소득 국가들이 온실가스 배출량을 줄이고 궁극적으로는 제로를 보다 쉽게 달성할 수 있는 유일한 방법이다. 이것은 미국, 일본, 유럽 국가들 같은 부자 나라들이 앞장서야 가능하다. 어찌 되었건 세계의 많은 혁신은 결국 이들 국가에서 일어나지 않는가?

그리고 이것은 정말 중요한 점인데, **그린 프리미엄을 낮추는 것은 자선사업이 아니다.** 청정에너지 연구 개발에 대한 투자를 단지 호의나 자선으로 생각해서는 안 된다. 많은 대기업이 탄생하고 많은 일자리가 만들어지고 동시에 이산화탄소 배출량도 줄일 수 있는 새로운 산업을 위한 기회로 봐야 한다.

미국 국립보건원이 후원하는 연구 활동을 생각해보자. 국립보건원은 세계 과학자들을 위해 자신들의 연구 결과를 발표하지만, 그럼으로써 스타트업 및 대기업들과 공동 연구를 진행하는 미국 대학교의 연구 역량 발전에도 기여한다. 그 결과 미국의 최첨단 의학 전문 지식을 수출함으로써 고임금의 일자리가 창출되었고 세계적으로는 많은 사람의 목숨을 살릴 수 있었다.

국방부의 초기 투자로 인터넷과 마이크로칩이 탄생해 개인용 컴퓨터 혁명이 가능해졌고, 이는 기술 산업의 혁신으로 이어졌다. 청정에너지 산업에서도 비슷한 일이 일어날 수 있다. 제로탄소 시멘트나 철강, 또는 온실가스 배출이 없는 액체연료를 만들 사람을 기다리는 수십억 달러 규모의 시장이 있다. 내가 지금까지 보여주려고 했던 것처럼 이런 돌파구를 마련하고 스케일 업을 하는 것은 물론 어렵다. 하지만 그 보상은 너무 커서 누구보다 빠르게 움직일 만한 가치는 있다. 누군가는 분명 이런 기술을 만들어낼 것이다.

그렇다면 이런 혁신이 더 빨리 일어날 수 있게 개인들이 할 수 있는 일에는 어떤 것들이 있을까? 이 책의 마지막 장인 12장에서 알아보자.

12

우리 각자가 할 수 있는 것
What Each of Us Can do

기후변화와 같이 거대한 문제 앞에서 개인은 쉽게 무력감을 느낀다. 하지만 그럴 필요가 없다. 정치인이나 자선사업가가 아니어도 각 개인들도 변화를 만들 수 있기 때문이다. 개인은 시민으로서, 소비자로서, 그리고 고용주 또는 직장인으로서 변화를 이끌 수 있다.

시민으로서

기후변화에 대응하기 위해 일반 시민은 무엇을 할 수 있을까? 전기차를 운전하거나 고기를 적게 먹는 것을 자연스레 떠올릴 것이다. 물론 이러한 행동들은 시장에 신호를 준다는 점에서 중요하다. 하지만 온실가스 배출량을 줄이려면 전체적인 시스템을 봐야 한다.

예를 들어 아침 식사로 토스트를 먹는다고 생각해보자. 온실가스를 배출하지 않고 토스트를 먹으려면 빵과 함께 토스터기를 움직일 깨끗한 전기가 있어야 한다. 단지 토스트를 먹지 않는다고 해서 기후변화를 해결할 수 있는 것도 아니다.

이런 새로운 에너지 시스템을 구축하려면 정치적 합의가 필요하다. 따라서 정치적 과정에 참여하는 것이 모든 사람이 기후 재앙을 피하는 데 일조할 수 있는 가장 중요한 기반이 된다.

기후변화는 정치인들의 유일한 관심사가 아니다. 정치인들은 교육, 일자리, 의료, 외교를 비롯해 신경 쓸 거리가 많다. 이런 것들은 우리 모두에게 중요하다. 더욱이 이들은 이렇게 많은 일을 동시에 해결할 수 없다. 무엇을 할지, 우선순위를 어떻게 정할지는 유권자들의 목소리에 달려 있다.

유권자들이 한 목소리로 기후변화 정책을 요구할 때 정치인들은 움직인다. 다행히도 세계 각지의 활동가들 덕분에 우리는 더 이상 이런 '수요'를 만들 필요가 없다. 이미 수백만 명의 사람들이 행동을 요구하고 있기 때문이다. 우리가 해야 할 일은 이런 행동을 요구하는 시민들의 목소리를 정치적 압력으로 바꿔 정치인들이 실제로 행동에 옮기도록 하는 것이다. 정치인들을 움직일 수 있는 직접적인 방식은 변화를 위한 목소리를 소리 높여 내면서 투표를 하는 것이다.

전화를 걸고 편지를 쓰고 공개 회의에 참석하라. 기후변화가 장기적으로 일으킬 문제들은 일자리나 교육, 의료만큼 중요하다는 것을 리더들에게 인식시켜야 한다.

옛날 사람처럼 보일 수 있겠지만, 정치인들에게 편지를 쓰거나 전화를 하는 것은 실제로 영향을 줄 수 있다. 상원의원들과

하원의원들은 지역 사무실로부터 유권자들이 무엇을 원하는지에 대한 보고서를 자주 받는다. 그렇다고 단순하게 "기후변화에 대해 무언가를 해주세요"라고 말해서는 안 된다. 그들의 입장을 파악해야 하고, 기후변화는 내가 누구에게 표를 줄 것인지를 결정할 만큼 중요한 일이라는 사실을 분명히 밝혀야 한다. 청정에너지 연구 개발비 증액, 청정에너지 표준, 탄소세 등 11장에서 논의한 정책을 구체적으로 요구해야 한다.

지방정부도 중요하다. 우리 일상에 영향을 끼치는 많은 정책은 주지사, 시장市長, 주의회, 시의회 차원에서 만들어진다. 개별 유권자의 한 표는 중앙정부보다 지방정부에 더 큰 영향력을 행사할 수 있다. 예를 들어 미국 대부분의 주에서 전기는 선출된 공직자들과 임명된 공직자들이 함께 일하는 공익사업규제위원회가 관리한다. 당신 지역구를 대표하는 정치인이 누구인지 파악하고 계속 연락해야 한다.

공직에 출마하라. 미국 국회의원 선거에 출마하라는 것은 무리한 요구일 수 있다. 하지만 국회의원부터 할 필요는 없다. 개인으로서 더 큰 영향력을 발휘할 수 있는 주의원이나 시의원으로 출마할 수도 있다. 우리에게는 얻을 수 있는 모든 지식, 용기, 창의성이 필요하다.

소비자로서

시장은 공급과 수요의 법칙으로 움직인다. 소비자는 수요 측면에 큰 영향을 끼칠 수 있다. 우리가 무언가를 구매하고 사용하는 방식을 바꾼다면, 그리고 이런 변화가 의미 있는 방향으로 움직인다면, 많은 변화가 일어날 것이다. 예를 들어 집에 스마트 온도조절기를 설치하면 집이 비는 동안 에너지 소비량이 감소하고 전기료가 줄어든다. 온실가스도 감축할 수 있다.

하지만 탄소 배출량을 감축하는 것이 소비자가 할 수 있는 가장 영향력 있는 일은 아니다. 소비자는 새로운 대안에 대한 수요가 존재한다는 신호를 시장에 보낼 수도 있다. 당신이 초고효율 전구, 전기차, 열펌프, 또는 인공 고기를 사면 "이런 수요가 있다, 우리가 사겠다"는 신호를 보내는 것이다. 많은 사람들이 같은 신호를 보내면 기업들은 반응한다. 내 경험을 반추해보면 기업들의 반응은 상당히 빠르다. 수요만 확인된다면 기업들은 저탄소 제품 생산에 많은 시간과 돈을 투자할 것이다. 그러면 이런 제품의 가격은 하락해 대규모 도입이 더 쉬워질 것이다. 투자자들은 제로 기술을 만드는 혁신적인 기업에 자신감을 가지고 투자할 것이다.

수요 측면에서 신호가 보이지 않으면 정부와 기업이 투자하는 혁신은 실험실에서 벗어나지 못할 것이다. 아니, 애초에 개발 시도조차 없을 것이다. 개발을 할 경제적 동기가 없기 때문이다.

구체적으로 소비자가 할 수 있는 일에는 어떤 것들이 있을까?

청정전기를 신청하라. 일부 지역에서는 사용자가 추가 비용을 내면 청정에너지원으로 만든 전기를 사용할 수 있다. 미국의 13개 주에서는 전력회사가 이 선택권을 의무적으로 제공해야 한다. 재생에너지를 만드는 비용을 충당하기 위해 이 프로그램을 선택한 소비자들은 프리미엄이 추가된 전기료를 지불한다. 평균적으로 1킬로와트시당 1~2센트 정도의 프리미엄이 붙는데, 이는 평균적인 미국 가정의 경우 매달 9~18달러가 된다. 따라서 이 프로그램을 선택한 소비자들은 기후변화에 대응하기 위해 더 많은 돈을 지불할 용의가 있다는 메시지를 에너지회사에 전하는 셈이다. 시장에는 중요한 신호다.

그러나 이런 프로그램들은 탄소 배출량을 상쇄하거나 신재생에너지 사용량을 유의미하게 높이지는 못한다. 정부 정책과 더 많은 투자만이 할 수 있다.

집 안 배출량을 감축하라. 돈과 시간이 얼마나 있는지에 따라 조금씩 달라지겠지만, 누구나 백열전구를 LED로 교체할 수 있고, 스마트 온도조절기를 설치할 수 있으며, 유리창을 단열 처리 할 수 있고, 에너지 효율이 높은 제품을 사거나 기존의 냉난방 시스템을 열펌프로 교체할 수 있다. 자가가 아닌 경우 전등을 교체하는 것과 같이 일정한 범위 내에서 할 수 있는 일들을 찾아서 하면 된다. 새 주택을 짓거나 오래된 집을 개조하는 경우 재활용 철강을 사용하고 구조용 단열 패널structural insulated panel을 활용해 콘크리트를 단열 처리 할 수 있다.

전기차를 구매하라. 전기차는 비용과 성능 면에서 많은 발전

빌 게이츠, 기후재앙을 피하는 법

을 이뤄냈다. 모든 사람이 전기차를 사용할 수는 없지만(전기차는 장거리 운전에 적합하지 않고 충전이 편한 것도 아니다), 전기차가 점점 저렴해지면서 더 많은 사람이 구입할 수 있게 됐다. 전기차는 소비자 행동이 큰 영향을 끼칠 수 있는 대표적인 시장이다. 사람들이 전기차를 더 많이 구매할수록 기업들은 더 많은 전기차를 생산하게 된다.

인공 고기를 먹어라. 인공 고기가 항상 맛있지는 않다. 하지만 최근에 나온 인공 고기는 지금까지 시중에 나온 인공 고기보다 더 맛있고 진짜 고기와 비슷하다. 인공 고기는 이제 많은 식당, 식료품점, 심지어 패스트푸드점에서도 찾을 수 있다. 인공 고기를 많이 사는 것은 인공 고기에 투자하는 것이 현명한 결정이라는 신호를 시장에 주는 것이다. 더욱이 일주일에 한두 번 인공 고기를 먹으면(또는 아예 고기를 먹지 않으면) 그만큼 이산화탄소 배출량을 감축하는 것과 같다. 유제품도 마찬가지다.

고용주 또는 직장인으로서

일반 직장인도 회사가 더 중요한 일을 하도록 노력할 수 있다. 물론 대기업이 가장 큰 영향을 미치겠지만, 작은 기업들도 많은 일을 할 수 있다. 특히 지역별 상공회의소와 같은 조직을 통해 협력한다면 큰 영향을 끼칠 수 있다.

몇몇 방식은 상대적으로 쉽지만 결코 과소평가되어서는 안 된다. 예를 들어 탄소를 상쇄하기 위해 나무를 심는 것은 환경적으로나 정치적으로나 좋다. 당신이 기후변화에 관심이 있다는 것을 다른 사람들에게 보여줄 수 있는 방식이기 때문이다.

하지만 쉬운 일만 해서는 문제를 해결하지 못한다. 민간 부문은 보다 어려운 방식을 추진해야 한다.

보다 어려운 방식은 더 많은 리스크를 감내하는 것이다. 예를 들면 실패 가능성이 있지만 친환경 혁신을 일으킬 수도 있는 프로젝트에 자금 지원을 할 수 있어야 한다. 그러기 위해서는 주주들과 이사회가 이런 위험을 기꺼이 분담할 수 있어야 한다. 그래야 기업 경영진에게 궁극적으로는 성공하지 못하더라도 스마트한 투자를 할 의지가 있다는 점을 분명히 할 수 있기 때문이다. 그리고 기업과 경영진은 기후변화 문제에서 진전을 이룰 수 있는 모험에 대한 보상을 받아야 한다.

기업들은 또한 기후변화와 관련한 가장 어려운 문제를 찾아내고 해결하기 위해 힘을 합쳐야 한다. 이는 그린 프리미엄이 큰 분야를 찾아내고 그것을 낮추는 것을 뜻한다. 만약 강철과 시멘트 같은 자재를 소비하는 기업 중 세계에서 가장 큰 기업들이 합심해 더 깨끗한 대체재를 요구한다면, 그리고 이를 위해 필요한 인프라에 투자한다면, 관련 연구가 가속화되고 시장은 올바른 방향으로 움직일 수 있을 것이다.

마지막으로, 민간 부문은 이런 어려운 선택이 이뤄질 수 있도록 지원할 수 있다. 예를 들면 이런 시장이 형성되고 발전할 수 있도록 자원을 활용하거나 새로운 기술이 성공할 수 있도록

빌 게이츠, 기후재앙을 피하는 법

규제를 신설하라고 정부에 요구하는 식으로 말이다. 정치인들은 가장 큰 탄소 배출원과 가장 기술적으로 어려운 과제에 집중하고 있는가? 이들은 그리드 스케일의 에너지 저장, 전자연료, 핵융합, 탄소포집, 제로 탄소 시멘트와 강철에 관심을 갖고 있는가? 아니라면 2050년까지 제로 배출이라는 우리의 목표에 큰 도움이 안 될 것이다.

다음은 민간 부문이 취할 수 있는 몇 가지 구체적인 방안이다.

내부적인 탄소세를 도입하라. 몇몇 대기업은 각 본부를 대상으로 탄소세를 도입했다. 이런 기업들은 단순히 립서비스 차원에서 탄소 배출을 줄인다는 것이 아니다. 이런 기업들이 내부적으로 '징수'하는 '조세' 수익은 그린 프리미엄을 낮추는 활동에 사용되거나 청정에너지 제품을 위한 시장 형성에도 기여할 수 있다. 임직원, 투자자, 소비자는 이런 활동을 주도하는 경영진을 응원하면서 기업들의 친환경 행보에 지지를 보낼 수 있다.

저탄소 솔루션 혁신을 우선시하라. 대규모 투자가 많은 기업의 자랑거리일 때가 있었다. 하지만 기업 연구 개발의 영광은 사라졌다. 오늘날 항공우주, 소재, 에너지 분야의 기업들은 평균적으로 매출의 5퍼센트 이하만 연구 개발에 투자한다. 반면 소프트웨어 기업들은 매출의 15퍼센트를 연구 개발에 투자한다. 기업들은 저탄소 혁신을 위한 연구 개발을 우선시해야 한다. 하지만 이 중 상당수는 장기적인 노력이 요구되기 때문에, 정부와 파트너십을 맺으면 기업들의 비즈니스 경험을 연구 개발에 접목할 수 있다.

얼리어댑터가 되어라. 정부처럼 기업도 구매력을 활용해 신기술의 빠른 도입과 확산에 기여할 수 있다. 법인 차량을 전기차로 교체할 수 있고 회사 건물을 짓거나 개조할 때 저탄소 자재를 사용할 수도 있다. 그리고 전기의 일정 부분을 청정전기로 대체할 수도 있다. 마이크로소프트, 구글, 아마존, 디즈니 등 전 세계의 많은 회사들은 이미 재생에너지를 사용하기로 약속했다. 글로벌 선사船社인 머스크Maersk는 2050년까지 탄소 순배출량을 제로로 줄이겠다고 약속했다.

물론 이런 약속들은 지키기 어렵다. 하지만 이런 약속 자체가 제로 탄소 기술을 개발해야 한다는 중요한 신호다. 혁신가들은 이런 수요를 보고 충분한 시장이 만들어졌다고 파악한다.

정책 개발 과정에 참여하라. 기업들은 정부와의 협업을 두려워해서는 안 된다. 물론 정부도 기업과의 협업을 두려워해서는 안 된다. 기업들은 제로 달성을 위한 기초과학과 연구 개발을 선두에서 이끌어야 한다. 지난 몇십 년 동안 기업의 연구 개발 투자가 줄어든 것을 감안하면, 기술 개발에 대한 기업과 정부의 협업은 특히 더 중요하다.

정부 지원 연구와 연계하라. 정부의 기본 연구와 응용 연구를 통해 아이디어가 실제 제품으로 거듭날 수 있도록 기업은 정부의 연구 개발 프로젝트에 적극 참여해야 한다. 어떤 제품이 성공할지 성공하지 못할지는 매일같이 새로운 제품을 만들고 시장에 내놓는 기업이 가장 잘 안다. 정부의 연구 개발 프로그램에 참여하는 손쉬운 방법으로는 산업자문위원회에 들어가 계

빌 게이츠, 기후재앙을 피하는 법

획 수립에 참여하는 것 등이 있다.

이 외에도 기업들은 비용 분담 계약과 공동 연구 프로젝트를 통해 정부의 연구 개발에 도움을 줄 수 있다. 가스 터빈과 차세대 디젤 엔진은 이런 민관 협력을 통해 개발되었다.

혁신가들이 죽음의 계곡에서 탈출할 수 있게 도와라. 많은 과학자들은 유망한 아이디어를 제품으로 전환하는 데 실패한다. 위험 부담이 크고 많은 비용이 필요하기 때문이다. 기업들은 실험실과 각종 데이터를 제공하는 방식으로 도움을 줄 수 있다. 이 외에도 기업들은 혁신가들에게 펠로우십이나 인큐베이션 프로그램을 제공하거나, 신기술에 투자하고 저탄소 혁신에만 집중하는 사업 부서를 만들 수도 있다. 그리고 저탄소 관련 프로젝트에 자금 지원을 할 수도 있다.

마지막으로

불행히도 기후변화에 대한 논의는 불필요하게 양극화되었다. 게다가 상충되는 정보와 혼란스러운 이야기로 논점이 흐려지기도 한다. 우리는 더욱 사려 깊고 건설적인 방식으로 기후변화를 논의해야 하며, 무엇보다 제로를 달성하기 위한 현실적이고 구체적인 방안에 집중해야 한다.

우리에게 이런 논의를 조금 더 건설적으로 할 수 있게 도와주는 마법이 있었으면 좋겠지만, 안타깝게도 이런 마법은 없다.

건설적인 대화는 우리 모두에게 달렸다.

나는 우리가 가족, 친구, 지도자 등 우리가 일상생활에서 만나는 사람들과 사실을 공유하면서 대화를 건설적으로 이어가야 한다고 생각한다. 우리는 '왜 행동해야 하는지'에 대한 사실뿐만 아니라 '무엇을 해야 하는지'에 대한 사실도 공유해야 한다. 이 책이 그 시작점이 되기를 바란다.

나는 또한 사회적 연대를 통해 정치적 분열을 극복하기를 희망한다. 이 말이 그렇게 순진한 말은 아니라고 생각한다. 아직 그 누구도 기후변화 대응을 위한 효과적인 솔루션을 개발해 시장을 독점하지는 못했다. 시장경제를 믿든, 정부 개입을 선호하든, 아니면 그 사이 어디에 있든 간에 자신만의 생각이 있다. 그리고 도저히 지지할 수 없는 아이디어에 대해서는 반대의 목소리를 내야 한다는 강박관념이 있을 수도 있다. 충분히 이해할 만하다. 하지만 나는 당신이 지지하지 않는 아이디어에 반대하기보다 믿는 것을 지지하고 옹호하는 데 더 많은 시간과 에너지를 쓰기를 바란다.

기후변화 때문에 미래에 대한 희망을 찾기 어려울 수도 있다. 하지만 교육자이면서 세계 보건 전문가인 내 친구 한스 로슬링Hans Rosling이 자신의 책 《팩트풀니스Factfulness》에서 말했듯이 "사실에 근거해 세계를 바라보면 세계는 생각만큼 그렇게 나쁘지 않다. 그리고 더 나은 세상을 만들기 위해 우리가 무엇을 해야 하는지도 알 수 있다."[1]

기후변화에 대한 대응을 사실 기반의 관점에서 바라보면 기

　　　　　　　　　　　　빌 게이츠, 기후재앙을 피하는 법

후재앙을 막을 수 있는 몇 가지 도구가 있다는 것을 알 수 있다. 아직 모든 것을 가지지는 못했다. 하지만 우리가 이미 보유한 기술을 더 적극적으로 활용하려면 무엇이 필요한지, 그리고 우리가 혁신을 하려면 무엇을 해야 하는지 정도는 알 수 있다. 이런 장애물들을 극복하기 위해 반드시 해야 할 일들도 알 수 있다.

나는 낙관주의자다. 기술이 무엇을 해결할 수 있는지, 그리고 **사람들**이 무엇을 성취할 수 있는지를 알기 때문이다. 나는 특히 이 문제를 해결하고자 하는 젊은이들의 열정에 깊은 감명을 받았다. 만약 우리가 제로 달성이라는 원대한 목표를 계속 바라보고 그 목표를 달성하기 위해 제대로 된 계획을 세우면 재앙을 피할 수 있을 것이다. 우리는 모두가 즐길 수 있는 기후를 유지해 수억 명의 가난한 사람들이 인생을 가꿀 수 있도록 돕고, 결과적으로 다음 세대를 위해 지구를 보존할 수 있다.

기후변화와 코로나19

이 책은 최근 들어 가장 소란스러웠던 해에 마무리됐다. 내가 이 후기를 쓰는 2020년 11월, 코로나19로 인해 전 세계적으로 140만 명의 사람이 사망했다. 그리고 확진자와 사망자가 속출할 3차 파동에 막 접어들고 있다. 팬데믹은 우리가 일하고, 생활하며, 사람들과 교류하는 방식을 바꾸었다.

동시에 2020년은 기후변화와 관련하여 희망의 이유를 보여주기도 했다. 조 바이든이 대선에서 승리하면서 미국은 글로벌 기후변화 이니셔티브를 주도하는 역할을 다시 맡게 될 것으로 보인다. 중국 역시 2060년까지 탄소 중립을 이루겠다는 야심 찬 목표를 발표했다. UN은 2021년 스코틀랜드에서 기후변화 관련 정상회담을 열 계획이다. 물론 이런 노력들이 진정한 진보를 담보할 수는 없지만, 그래도 기회는 우리 앞에 펼쳐진 것이다.

2021년에 나는 기후변화와 코로나19에 대해 글로벌 리더들과 많은 이야기를 나눌 생각이다. 나는 이들에게 우리가 팬데믹에 대응하면서 배운 교훈들과 그 대응 방식의 원칙 및 가치는 기후변화 대응에도 그대로 적용할 수 있다고 말할 것이다. 이미 책의 앞부분에서도 언급했기 때문에 중복일 수도 있지만, 내 주장을 요약하자면 이렇다.

첫째, 국제 협력이 필요하다. '협력'은 한 귀로 듣고 한 귀로 흘릴 수 있는 진부한 표현일 수 있지만 그래도 그 중요성은 간과할 수 없다. 각국의 정부, 과학자들, 제약회사들이 코로나19에 대응하기 위해 협력한 결과 기록적으로 빠른 시일 내에 백신을 개발하고 시험까지 진행하는 등 세계는 놀랄 만한 발전을 이뤄냈다. 그리고 서로에게 배우지 않고 서로를 '악마화'했을 때, 또는 마스크와 사회적 거리 두기가 바이러스의 확산을 막는다는 것을 받아들이지 않았을 때, 우리는 고통을 연장할 뿐이었다.

이런 논리는 기후변화에도 적용할 수 있다. 만약 부유한 국가들이 자국의 배출량만 감축하고 모두를 위한 청정에너지 기술을 고민하지 않으면 우리는 절대로 제로를 달성하지 못할 것이다. 기후변화 대응에서 남을 돕는 것은 스스로를 돕는 것과 같다. 따라서 우리는 스스로 제로를 달성하고 다른 이들도 도와줘야 한다. 인도에서 탄소 배출량이 감축되지 않으면 텍사스도 계속 더워질 것이다.

둘째, 우리의 노력에는 과학이 뒷받침돼야 한다. 다양한 과학의 도움을 받아야 한다. 코로나19의 경우 생물학과 바이러스학, 약리학의 도움을 받았고 여기에 정치학과 경제학도 기여했다. 백신을 공정하게 배분하는 일은 본질적으로 정치적인 행위이기 때문이다. 역학이 코로나19의 위험성을 알려줘도 어떻게 멈추는지는 알려줄 수 없는 것과 마찬가지로 기후 과학은 기후변화를 막아야 한다는 사실을 알려주지만 어떻게 막는지는 알려줄 수 없다. 따라서 우리는 공학, 물리학, 환경과학, 경제학 등 다양한 학문을 활용해야 한다.

셋째, 해결책은 가장 큰 타격을 입은 사람들이 필요로 하는 것을 충족해야 한다. 코로나19로 가장 큰 고통을 받은 사람들은 가장 선택권이 없는 사람들, 예를 들어 집에서 일하거나 사랑하는 가족을 돌보기 위해 잠시 일을 쉬는 사람들이다. 그리고 이런 사람들 대부분은 저소득 유색인종이다.

미국에서 흑인과 라틴계 사람들은 다른 인종에 비해 코로나 바이러스에 감염돼 사망할 확률이 불균형적으로 높다.[1] 흑인과 라틴계 학생들은 또한 백인 학생들보다 온라인 수업을 들을 확률이 낮다. 노인 의료 보험 제도의 수혜자들 가운데 가난한 사람들은 코로나19에 감염돼 사망할 확률이 다른 수혜자들보다 네 배나 높다.[2] 이러한 격차를 줄이는 것은 미국에서 코로나19를 통제하는 데 중요한 단서가 될 것이다.

전 세계적으로 코로나19로 인해 빈곤과 질병 부문에서 인류가 지난 수십 년 동안 이룩한 발전이 무위로 돌아갔다. 많은 나라들은 예방접종 프로그램을 포함해 다른 우선순위에 배정된 돈과 인력을 팬데믹 대응에 전용해야만 했다. 보건계측 및 평가연구소Institute for Health Metrics and Evaluation에 따르면 2020년 예방접종률은 1990년대 수준으로 떨어졌다.[3] 우리는 불과 25주 만에 25년의 발전을 잃은 것이다.

이미 세계 보건 발전에 크게 기여한 부자 나라들은 이 손실을 만회하기 위해 더욱 관대해질 필요가 있다. 이들이 세계 보건 시스템을 강화하는 데 더 많은 투자를 할수록 우리는 미래의 팬데믹을 더욱 잘 대비할 수 있게 될 것이다.

마찬가지로 우리는 제로 탄소 미래로의 '공정'한 전환을 준비해야 한다. 내가 9장에서 주장했듯이 가난한 나라의 국민들은 따뜻해진 기후에 적응하는 데 도움이 필요하다. 그리고 부유한 나라들은 에너지 전환이 현대식 에너지 시스템에 의존하는 많은 지역사회를 파괴할 수 있다는 사실을 인지해야 한다. 석탄을 채굴하고 시멘트를 만들며, 강철을 제련하거나 자동차를 생산하는 지역 말이다. 또한 이런 산업에 간접적으로 의존하는 직업을 가진 사람들도 많다. 예를 들어 석탄이나 연료가 충분하지 않으면 트럭 운전사나 철도 노동자들은 직업을 잃을 수도 있다. 이처럼 서민경제의 상당 부분이 영향을 받게 될 것이며, 이들을 위한 에너지 전환 계획이 수립돼야 한다.

마지막으로 우리는 코로나19로부터 경제를 구하고 기후재앙도 피할 혁신을 일으킬 수 있는 일들을 해야 한다. 정부는 청정에너지 연구 개발에 투자해 경제 회복을 촉진하고 탄소 배출량을 감축할 수 있다. 비록 연구 개발에 대한 투자는 장기적으로 봤을 때 큰 효과를 내는 것이 사실이지만, 단기적인 효과도 분명 존재한다. 일자리를 창출하기 때문이다. 2018년 미국 정부는 연구 개발 전 분야에 대한 투자로, 직간접적으로 160만 개의 일자리를 창출하고 1,260억 달러의 근로소득, 390억 달러의 연방 및 주 정부 조세수입을 올렸다.[4]

정부 정책이 경제성장과 제로 탄소 혁신으로 이어질 수 있는 또 다른 방법이 있다. 정부는 그린 프리미엄을 낮추는 정책을 도입하여 청정에너지 기반의 제품이 화석연료 기반의 제품과 경쟁할 수 있게 함으로써 청정에너지 기업들이 성장하기 위한 발판을 제공할 수 있다. 또한 코로나19 구호자금을 재생에너지를 확대하거나 통합 전력망을 구축하는 데 사용할 수도 있다.

2020년은 거대하고 비극적인 후퇴의 시기였다. 하지만 2021년에 우리는 코로나19를 통제할 수 있게 될 것이라고 낙관한다. 그리고 기후변화에 대해서도 진정한 발전을 이룰 것이라고 낙관한다. 세계는 그 어느 때보다 이 문제를 해결하려는 의지가 강하기 때문이다.

2008년 세계 경제가 심각한 불황에 빠졌을 때, 기후변화에 대한 대중의 의지는 크게 약해졌다. 당시 우리는 두 위기에 동시에 대응하는 방법을 알지 못했다.

지금은 다르다. 팬데믹이 세계 경제를 어렵게 만들었지만, 기후변화 대응을 촉구하는 목소리는 2019년만큼이나 크다. 우리가 탄소 배출 문제를 본격적으로 해결하기로 마음먹은 이상 탄소 배출은 더 이상 문제가 되지 않을 것이다.

이제 문제는 이것이다. 이 추진력으로 우리는 무엇을 해야 할까? 나에게 이 질문에 대한 답은 명확하다. 앞으로 10년 동안 우리는 2050년까지 온실가스를 없앨 수 있는 기술, 정책, 시장 구조를 만드는 데 주력해야 한다. 향후 10년 동안 이 야심 찬 목표를 위해 전력을 다하는 것이 힘겨웠던 2020년을 보낸 우리에게 할 수 있는 가장 큰 보상이 아닐까.

빌 게이츠, 기후재앙을 피하는 법

서문: 520억에서 0으로

1 사진: James Iroha.

2 이 그래프는 국제 라이선스(CC By 4.0, https://www.creativecommons.org/licenses/by/4.0)를 받은 세계은행의 세계개발지수World Development Indicators의 데이터를 사용하며 https://data.worldbank.org/에서 확인할 수 있다. 여기서의 소득은 2014년 구매력평가지수PPP를 기준으로 1인당 국민소득을 달러로 표시한 것이다. 세계개발지수를 바탕으로 만든 IEA의 데이터를 토대로 2014년 기준으로 1인당 석유 환산 킬로그램(kilograms of oil equivalent)으로 에너지 사용량을 측정한 것이다. All rights reserved; as modified by Gates Ventures, LLC.

3 왼쪽부터 오른쪽으로(직책은 2015년 당시 기준), 완강 과학기술부장(중국), 알리 알-나이미 석유광물자원장관(사우디아라비아), 에르나 솔베르그 총리(노르웨이), 아베 신조 총리(일본), 조코 위도도 대통령(인도네시아), 쥐스탱 트뤼도 총리(캐나다), 빌 게이츠, 버락 오바마 대통령(미국), 프랑수아 올랑드 대통령(프랑스), 나렌드라 모디 총리(인도), 지우마 호세프 대통령(브라질), 미첼 바첼레트 대통령(칠레), 라르스 뢰케 라스무센 총리(덴마크), 마테오 렌치 총리(이탈리아), 엔리케 페냐 니에토 대통령(멕시코), 데이비드 캐머런 총리(영국), 술탄 아메드 알 자베르 국무장관 겸 에너지 및 기후변화 특별대사(UAE). 사진: Langsdon/AFP via Getty Images.

1장 왜 제로인가?

1 왕립 네덜란드 기상 연구소가 접합 대순환 모델Coupled Model Intercomparison Project, CMIP5을 활용하여 계산한 글로벌 평균 기온 변화다. 여기서의 기온

변화는 섭씨로 측정한 것이다.

2   버클리 어스Berkeley Earth, berkeleyearth.org가 1951~1980년의 평균 기온 변화 데이터를 섭씨로 측정한 것이다. 톤으로 측정된 이산화탄소 배출량 데이터는 국제 라이선스(CC BY 4.0, https://www.creativecom mons.org/licenses/by/4.0)를 받아 Le Quéré, Andrew 등이 연구한 Global Carbon Budget 2019 보고서에서 참고했으며 https://essd.copernicus.org / articles/11/1783/2019/에서 확인 가능하다.

3   Solomon M. Hsiang and Amir S. Jina, "Geography, Depreciation, and Growth," *American Economic Review*, May 2015.

4   사진: AFP via Getty Images.

5   Donald Wuebbles, David Fahey, and Kathleen Hibbard, *National Climate Assessment 4: Climate Change Impacts in the United States* (U.S. Global Change Research Program, 2017).

6   R. Warren et al., "The Projected Effect on Insects, Vertebrates, and Plants of Limiting Global Warming to 1.5℃ Rather than 2℃," *Science*, May 18, 2018.

7   전국 옥수수 재배자 협회National Corn Growers Association의 World of Corn 홈페이지, worldofcorn.com.

8   Iowa Corn Promotion Board 홈페이지, www.iowacorn.org.

9   Colin P. Kelley et al., "Climate Change in the Fertile Crescent and Implications of the Recent Syrian Drought," *PNAS*, March 17, 2015.

10   Anouch Missirian and Wolfram Schlenker, "Asylum Applications Respond to Temperature Fluctuations," *Science*, Dec. 22, 2017.

2장 어려울 것이다

1   사진: dem10/E+ via Getty Images and lessydoang/RooM via Getty Images.

2   U.S. Energy Information Administration, https://www.eia.gov.

3   이산화탄소 환산톤(CO_2e)으로 측정된 온실가스 배출량. 이 그래프를 만드는 데 사용된 인구 데이터는 국제 라이선스(CC BY 3.0 IGO)를 받은 UN World Population Prospects 2019(https://creativecommons.org/licenses/by/3.0/igo/)에서 얻은 것이며 https://popu lation.un.org/wpp/Download/

Standard/Population/에서 확인 가능하다.

4 사진: Paul Seibert.

5 사진: ⓒBill & Melinda Gates Foundation/Prashant Panjiar.

6 Vaclav Smil, *Energy Myths and Realities* (Washington, D.C.: AEI Press, 2010), 136~137.

7 같은 책, 138.

8 Vaclav Smil, *Energy Transitions* (2018)

9 현대의 재생에너지에는 풍력, 태양, 현대식 바이오연료가 포함된다. 출처: Vaclav Smil, *Energy Transitions* (2018)

10 Xiaochun Zhang, Nathan P. Myhrvold, and Ken Caldeira, "Key Factors for Assessing Climate Benefits of Natural Gas Versus Coal Electricity Generation," *Environmental Research Letters*, Nov. 26, 2014, iopscience.iop. org.

11 Rhodium Group analysis.

3장 우리가 물어야 할 다섯 가지 질문

1 이 표에 나오는 수치들은 평균 전력 소비량이다. 피크 시즌에는 이보다 더 많은 전력을 소비할 것이다. 미국 에너지 관리청U.S. Energy Administration 웹사이트(www.eia.gov)에서 더 많은 정보를 확인할 수 있다.

2 Taking Stock 2020: The COVID-19 Edition, 로디움 그룹, https://rhg. com.

4장 전기 생산

1 사진: Courtesy Gates family.

2 IEA(2020) 데이터, SDG7: 데이터 및 예측, IEA 2020, www.iea.org/ statistics. All rights reserved; as modified by Gates Ventures, LLC.

3 Nathan P. Myhrvold and Ken Caldeira, "Greenhouse Gases, Climate Change, and the Transition from Coal to LowCarbon Electricity," *Environmental Research Letters*, Feb. 16, 2012, iopscience.iop.org

4 재생에너지는 풍력, 태양광, 지열, 현대 바이오연료를 포함한다. 출처: bp Statistical Review of World Energy 2021, https://www.bp.com.

5   Vaclav Smil, *Energy and Civilization* (Cambridge, Mass.: MIT Press, 2017), 406.

6   미국 에너지부 산하의 과학기술정보국Office of Scientific and Technical Information, "Analysis of Federal Incentives Used to Stimulate Energy Production: An Executive Summary," Feb. 1980, www.osti.gov. 석탄과 천연가스에 대한 보조금은 2019년 달러로 환산했다.

7   Wataru Matsumura and Zakia Adam, "Fossil Fuel Consumption Subsidies Bounced Back Strongly in 2018," IEA commentary, June 13, 2019.

8   사진: Universal Images Group via Getty Images.

9   유일렉트릭Eurelectric 데이터, "Decarbonisation Pathways," May 2018, cdn.eurelectric.org.

10   Fraunhofer ISE, www.energy-charts.de.

11   Zeke Turner, "In Central Europe, Germany's Renewable Revolution Causes Friction," *Wall Street Journal*, Feb. 16, 2017.

12   테라와트시당 사용되는 자재를 톤으로 무게를 측정한 값. 여기서 태양광은 햇빛을 전기로 전환하는 태양광 패널을 의미한다. 출처: 미국 에너지부, *Quadrennial Technology Review: An Assessment of Energy Technologies and Research Opportunities* (2015), https://www.energy.gov.

13   Markandya & Wilkinson 및 Sovacool 외가 조사한 테라와트시당 사망 사건 데이터를 사용했다. 이 데이터는 국제 라이선스(CC BY 4.0, https://www.creativecommons.org/licenses/by/4.0/)를 받았으며, https://ourworldindata.org/grapher/death-rates-from-energy-production-per-twh에서 자료를 확인할 수 있다.

14   미국 에너지부, "Computing America's Offshore Wind Energy Potential," Sept. 9, 2016, www.energy.gov.

15   David J. C. MacKay, *Sustainable Energy — Without the Hot Air* (Cambridge, U.K.: UIT Cambridge, 2009), 98, 109.

16   Consensus Study Report, "Negative Emissions Technologies and Reliable Sequestration: A Research Agenda," National Academies of Science, Engineering, and Medicine, 2019.

5장 제조

1   사진: WSDOT.

2   워싱턴주 운수국, www.wsdot.wa.gov.

3   "Statue Statistics," Statue of Liberty National Monument, New York, National Park Service, www.nps.gov.

4   Vaclav Smil, *Making the Modern World* (Chichester, U.K.: Wiley, 2014), 36.

5   시멘트 생산량을 톤으로 측정. 출처: 미국 내무부, U.S. Geological Survey, T. D. Kelly, and G. R. Matos, comps., 2014, "Historical Statistics for Mineral and Material Commodities in the United States" (2016 version): U.S. Geological Survey Data Series 140, accessed December 6, 2019; USGS Minerals Yearbooks—China (2002, 2007, 2011, 2016), https://www.usgs.gov.

6   미국화학협회, "Plastics and Polymer Composites in Light Vehicles," Aug. 2019, www.automotive plastics.com.

7   사진: REUTERS/Carlos Barria.

8   미국 내무부, U.S. Geological Survey, "Mineral Commodity Summaries 2019."

9   2050년까지: 프리도니아 그룹Freedonia Group, "Global Cement—Demand and Sales Forecasts, Market Share, Market Size, Market Leaders," May 2019, www.freedoniagroup.com.

10 직접 배출량만 측정한 수치로 전기를 생산하는 과정에서의 배출량은 배제. 출처: Rhodium Group.

6장 사육과 재배

1   로디움 그룹 내부 분석 내용

2   Paul Ehrlich, *The Population Bomb* (New York: Ballantine Books, 1968).

3   세계은행World Bank, data.worldbank.org.

4   Derek Thompson, "Cheap Eats: How America Spends Money on Food," *The Atlantic*, March 8, 2013, www.theatlantic.com.

5   소고기, 양고기, 돼지고기, 가금류, 송아지를 포함한 고기 소비량을 톤으로 측정한 수치다. 출처: OECD (2020), OECD-FAO Agricultural Outlook, https://stats.oecd.org (2020년 10월 확인).

6 UN식량농업기구, www.fao.org.

7 UNESCO, "Gastronomic Meal of the French," ich.unesco.org.

8 로디움 그룹이 2020년 9월 실시한 온라인 설문조사 결과.

9 사진: Gates Notes, LLC.

10 헥타르당 옥수수 1,000킬로그램으로 측정. 출처: UN식량농업기구. FAOSTAT. OECD-FAO Agricultural Outlook 2020-2029. Latest update: November 30, 2020. 2020년 11월에 확인. https://stats.oecd.org/Index. aspx?datasetcode=HIGH_AGLINK_2020#.

11 세계은행 개발지수, databank.worldbank.org.

12 Janet Ranganathan et al., "Shifting Diets for a Sustainable Food Future," World Resources Institute, www.wri.org.

13 World Resources Institute, "Forests and Landscapes in Indonesia," www.wri. org.

7장 교통과 운송

1 https://www.oecd-ilibrary.org/.

2 과거의 배출량 정보는 로디움 그룹 데이터를 활용했으며 예상되는 미래 배출량은 IEA(2020)의 데이터(www.iea.org/statistics)를 활용했다. All rights reserved; as modified by Gates Ventures, LLC.

3 출처: 이 그림은 Dale Hall, Nikita Pavlenko 및 Nic Lutsey가 작성한 Beyond road vehicles: Survey of zero-emission technology options across the transport sector 보고서 결과를 토대로 만들었으며 국제 라이선스(CC BY-SA 3.0)를 받았다(https://www.creativecommons.org/licenses/by-sa /3.0/). 이 보고서는 https://theicct.org/sites/default/files/publications/Beyond_Road_ ZEV_Working_Paper_20180718.pdf에서 확인 가능하다

4 International Organization of Motor Vehicle Manufacturers (OICA), www. oica.net.

5 OICA는 매년 6,900만 대의 자동차가 생산되고 4,500만 대의 자동차가 폐차되며, 자동차의 평균 수명은 13년이라고 추정한다.

6 2022년형 쉐보레 말리부와 볼트EV. 출처: https://www.chevrolet.com. Illustrations ©izmocars—All rights reserved.

빌 게이츠, 기후재앙을 피하는 법

7 이 계산은 구매자가 자동차를 시장 평균가로 구매한 뒤 7년 동안 보유하고 매년 1만 2,000마일(약 1만 9,000킬로미터)을 주행했다고 가정해 나온 값이다. 출처: 로디움 그룹

8 로디움 그룹, 이볼브드 에너지연구소Evolved Energy Research 및 국제재생에너지기구IRENA. 소매가는 2015년부터 2018년까지 미국 평균값이다. 제로 탄소 대체재 값은 추정치다.

9 로디움 그룹, 이볼브드에너지연구원, 국제재생에너지기구 및 아고라 에네르기벤데. 소매가는 2015년부터 2018년까지 미국 평균값이다. 제로 탄소 대체재 값은 추정치다.

10 미국 에너지관리청, www.eia.gov.

11 Michael J. Coren, "Buses with Batteries," *Quartz*, Jan. 2, 2018, www.qz.com.

12 사진: Bloomberg via Getty Images.

13 Shashank Sripad and Venkatasubramanian Viswanathan, "Performance Metrics Required of Next-Generation Batteries to Make a Practical Electric Semi Truck," *ACS Energy Letters*, June 27, 2017, pubs.acs.org.

14 로디움 그룹, 이볼브드에너지연구원, 국제재생에너지기구 및 아고라 에네르기벤데. 소매가는 2015년부터 2018년까지 미국 평균값이다. 제로 탄소 대체재 값은 추정치다.

15 Boeing, www.boeing.com.

16 로디움 그룹, 이볼브드에너지연구원, 국제재생에너지기구 및 아고라 에네르기벤데. 소매가는 2015년부터 2018년까지 미국 평균값이다. 제로 탄소 대체재 값은 추정치다.

17 Kyree Leary, "China Has Launched the World's First All-Electric Cargo Ship," Futurism, Dec. 5, 2017, futurism.com; "MSC Receives World's Largest Container Ship MSC Gulsun from SHI," Ship Technology, July 9, 2019, www.ship-technology.com.

18 로디움 그룹, 이볼브드에너지연구원, 국제재생에너지기구 및 아고라 에네르기벤데. 소매가는 2015년부터 2018년까지 미국 평균값이다. 제로 탄소 대체재 값은 추정치다.

19 로디움 그룹, 이볼브드에너지연구원, 국제재생에너지기구 및 아고라 에네

르기벤데. 소매가는 2015년부터 2018년까지 미국 평균값이다. 제로 탄소 대체재 값은 추정치다.

20 S&P Global Market Intelligence, https://www.spglobal.com/ marketintelligence/en/.

8장 냉방과 난방

1 A. A'zami, "Badgir in Traditional Iranian Architecture," Passive and Low Energy Cooling for the Built Environment conference, Santorini, Greece, May 2005.

2 미국 에너지부, "History of Air Conditioning," www.energy.gov. Also "The Invention of Air Conditioning," *Panama City Living*, March 13, 2014, www. panamacityliving.com.

3 국제에너지기구, "The Future of Cooling," www.iea.org.

4 국제에너지기구, www.iea.org.

5 IEA(2018) 데이터 바탕으로 작성, The Future of Cooling, IEA (2018), www. iea.org/statistics. All rights reserved; as modified by Gates Ventures, LLC.

6 위와 동일.

7 미국 환경보호청, www.epa.gov.

8 로디움 그룹. 이 표는 공기열원 열펌프와 천연가스 히터, 전기식 에어컨의 순 현재가치를 비교한다. 비용은 7퍼센트 할인율과 2019년 여름 기준 전기와 천연가스의 현재 값을 사용해 계산되었다. 열펌프의 수명은 15년으로 가정했다.

9 미국 에너지관리청, www.eia.gov.

10 로디움 그룹, 이볼브드에너지연구원, 국제재생에너지기구 및 아고라 에너르기벤데. 소매가는 2015년부터 2018년까지 미국 평균값이다. 제로 탄소 대체재 값은 추정치다.

11 위와 동일.

12 극단적인 예는: Bullitt Center, www.bullittcenter.org.

13 사진: Nic Lehoux.

9장 더워진 지구에 적응하기

1 사진: ©Bill & Melinda Gates Foundation/Frederic Courbet.

2 Max Roser, Our World in Data website, ourworldindata.org.

3 세계은행, www.data.worldbank.org.

4 GAVI, www.gavi.org.

5 사진: 필리핀의 라구나Laguna에 위치한 국제미작연구소International Rice Research Institute가 보유한 사진.

6 세계적응위원회, *Adapt Now: A Global Call for Leadership on Climate Resilience*, World Resources Institute, Sept. 2019, gca.org.

7 UN식량농업기구, *State of Food and Agriculture: Women in Agriculture*, 2010-2011, www.fao.org.

8 사진: Mazur Travel via Shutterstock.

9 세계은행, "Decline of Global Extreme Poverty Continues but Has Slowed," www.worldbank.org.

10장 정부 정책은 얼마나 중요할까?

1 사진: Mirrorpix via Getty Images.

2 미국 에너지관리청, www.eia.gov.

3 국제에너지기구.

4 미국 에너지부, "Renewable Energy and Efficient Energy Loan Guarantees," www.energy.gov.

5 사진: Sirio Magnabosco/EyeEm via Getty Images.

11장 제로로 가는 길

1 인간 게놈 프로젝트 아카이브, "Potential Benefits of HGP Research," web.ornl.gov.

2 Simon Tripp and Martin Grueber, "Economic Impact of the Human Genome Project," Battelle Memorial Institute, www.battelle.org.

12장 우리 각자가 할 수 있는 것

1 한스 로슬링, 《팩트풀니스》, 올라 로슬링, 안나 로슬링 뢴룬드 공저, 이창신

옮김 (김영사, 2019)

후기: 기후변화와 코로나19

1   "Race, Ethnicity, and Age Trends in Persons Who Died from COVID-19 —
     United States, May — August 2020," U.S. Centers for Disease Control
     https://www.cdc.gov.

2   "Preliminary Medicare COVID-19 Data Snapshot," Centers for Medicare
     and Medicaid Services, https://www.cms.gov.

3   "Goalkeepers Report 2020," https://www.gatesfoundation.org.

4   "Impacts of Federal R&D Investment on the U.S. Economy," Breakthrough
     Energy, https://www.breakthroughenergy.org

이 책이 이처럼 세상에 나올 수 있었던 데는 게이츠 벤처스Gates Ventures 직원들의 공이 컸다. 이들에게 감사의 뜻을 전한다.

조시 대니얼Josh Daniel은 나에게 매우 중요한 글쓰기 파트너다. 그는 기후변화와 청정에너지 같은 복잡한 내용을 최대한 단순하고 명확하게 설명할 수 있도록 도움을 주었다. 만약 이 책이 누군가에게 도움이 되었다면, 이는 조시 덕분이라고 할 수 있다.

로빈 밀리칸Robin Milican과 마이크 부츠Mike Boots를 포함한 조나 골드먼Jonah Goldman의 팀은 이 책의 아이디어들이 실제로 영향을 끼칠 수 있도록 나에게 기후변화 정책과 전략에 대한 매우 중요한 조언을 아끼지 않았다.

이언 손더스Ian Saunders는 그만의 독창성을 발휘하여 창의적인 생산 과정을 이끌었다. 아누 호스먼Anu Horsman과 브렌트 크리스토퍼슨Brent Christofferson은 이 책을 출판한 비욘드 워즈Beyond Words의 도움을 받아 이 책에 생명을 불어넣어준 도표를 만들고 사진을 골랐다.

브리짓 아널드Bridgitt Arnold와 앤디 쿡Andy Cook은 홍보를 담당했다. 그리고 래리 코언Larry Cohen은 이 모든 업무를 지혜를 발휘하여 침착하게 진행했다.

트레버 하우저Trevor Houser와 케이트 라슨Kate Larsen이 이끄는 로디움 그룹은 나에게 대단히 큰 도움이 되었다. 그들의 연구와 조언은 이 책 곳곳에 반영되어 있다.

무케시 암바니Mukesh Ambani, 존 아널드John Arnold, 존 도어John Doerr, 로디 귀데로Rodi Guidero, 비노드 코슬라Vinod Khosla, 마윈Jack Ma, 하소 플래트너Hasso Plattner, 카마이클 로버츠Carmichael Roberts, 그리고 에릭 툰Eric Toone을 포함한 획기적 에너지 벤처스Breakthrough Energy Ventures의 모든 분에게도 감사의 뜻을 전한다.

제이브 블루멘털Jabe Blumenthal과 캐런 프라이스Karen Fries는 마이크로소프트에서 함께 일했던 예전 동료들로 2006년 첫 기후변화 수업을 조직했다. 이 수업에서 나는 카네기 과학연구소Carnegie Institution for Science의 켄 칼데이라와 하버드대학교 환경센터Harvard University Center for the Environment의 데이비드 키스David Keith를 소개받았다. 첫 수업 이후 나는 켄과 데이비드와 많은 대화를 나누면서 내 생각을 가꾸어나갔다.

켄과 박사후 과정 동료들인 캔디스 헨리Candise Henry, 레베카 피어Rebecca Peer, 그리고 타일러 러글스Tyler Ruggles는 팩트 체크를 위해 원고를 한 줄씩 검토했다. 이들의 꼼꼼한 업무에 감사함을 느낀다. 이 책에서 발견되는 오류들은 전적으로 내 책임이다.

케임브리지대학교의 고故 데이비드 맥케이 교수는 특유의 재치와 통찰력으로 나에게 영감을 주었다. 에너지와 기후변화를 보다 깊이 있게 배우고 싶은 독자는 맥케이 교수의 경이로운 책인《지속 가능한 에너지 만들기: 뜨거운 공기 없이Sustainable Energy — Without the Hot Air》(국내 미출간―옮긴이)를 읽어보기 바란다.

마니토바대학교의 바츨라프 스밀 교수는 내가 만난 훌륭한 시스템 사상가systems thinker 중 한 명이다. 그는 이 책에서도 자신의 존재감을 드러냈는데, 특히 에너지 전환의 역사에 대한 내용과 내 실수를 바로잡는 데에서 그의 진가가 더욱 돋보였다.

나는 운이 좋게도 지난 몇 년간 박식한 분들을 만나 많이 배울 수 있었다. 러마 알렉산더Lamar Alexander 의원, 조시 볼튼Josh Bolten, 캐럴 브라우너Carol Browner, 스티븐 추Steven Chu, 아룬 마줌다Arun Majumdar, 어니스트 모니즈Ernest Moniz, 리사 머카우스키Lisa Murkowski 의원, 헨리 폴슨Henry Paulson, 그리고 존 포데스타John Podesta 같은 분들께서 나를 위해 시간을 내주신 점에 대해 감사함을 표한다.

네이선 미어볼드Nathan Myhrvold는 이 책의 초안을 읽고 사려 깊은 피드백을 해주었다. 내가 그의 조언을 받아들이지 않을 때에도 자신의 생각을 나에게 말하는 데 주저하지 않았다. 이에 대해 감사를 전한다.

워런 버핏, 실라 굴라티Sheila Gulati, 샬럿 가이먼Charlotte Guyman, 제프 램Geoff Lamb, 브래드 스미스Brad Smith, 마크 세인트 존Marc St. John, 마크 수즈먼Mark Suzman, 그리고 로웰 우드Lowell Wood와 같은 친구와 동료들도 시간을 내어 원고를 읽고 피드백을 해주었다.

또한 메건 베이더Meghan Bader, 줄리 바거Julie Barger, 애덤 반

스Adam Barnes, 파라 베나메드Farah Benahmed, 켄 칼데이라, 사드 초드리Saad Chaudry, 제이 데시Jay Dessy, 게일 이즐리Gail Easley, 벤 가디Ben Gaddy, 애슐리 그로시Ashley Grosh, 존 해그Jon Hagg, 코너 핸드Conor Hand, 알리야 하크Aliya Haq, 빅토리아 헌트Victoria Hunt, 애나 헐리만Anna Hurlimann, 크리즈토프 이그나치욱Krzysztof Ignaciuk, 카밀라 젠킨스Kamilah Jenkins, 크리스티 존스Christie Jones, 케이시 리버Casey Leiber, 이판 리Yifan Li, 댄 리벤굿Dan Livengood, 제니퍼 마에즈Jennifer Maes, 리디야 마코넨Lidya Makonnen, 마리아 마르티네즈Maria Martinez, 앤 메틀러Ann Mettler, 트리샤 밀러Trisha Miller, 카스파르 뮬러Kaspar Mueller, 대니얼 멀드류Daniel Muldrew, 필립 오펜버그Philipp Offenberg, 대니얼 올슨Daniel Olsen, 메리엘 온드레이카Merrielle Ondreicka, 줄리아 레이나우드Julia Reinaud, 벤 루일레 디오르필Ben Rouillé d'Orfeuil, 딜리프 시밤Dhileep Sivam, 짐 밴드푸트Jim VandePutte, 데마리스 웹스터Demaris Webster, 베이난 시아Bainan Xia, 이싱 슈Yixing Xu, 앨리슨 젤먼Allison Zelman 등 브레이크스루 에너지Breakthrough Energy의 팀원들에게도 감사하다는 말을 전하고 싶다.

게이츠 벤처스 팀에게 받은 모든 지원에 감사함을 전하고 싶다. 특히 캐서린 어거스틴Katherine Augustin, 로라 에이어스Laura Ayers, 베키 바틀라인Becky Bartlein, 샤론 버그퀴스트Sharon Bergquist, 리사 비숍Lisa Bishop, 오브리 보그도노비치Aubree Bogdonovich, 니란잔 보스Niranjan Bose, 힐러리 바운즈Hillary Bounds, 브래들리 카스타네다Bradley Castaneda, 퀸 코넬리우스Quinn Cornelius, 제피라 데이비스Zephira Davis, 프라트나 데사이Prathna Desai, 피아 디어킹Pia Dierking,

빌 게이츠, 기후재앙을 피하는 법

그레그 에스케나지Gregg Eskenazi, 세라 포스모Sarah Fosmo, 조시 프리드먼Josh Friedman, 조애나 풀러Joanna Fuller, 메건 그루브Meghan Groob, 로디 귀데로, 롭 구스Rob Guth, 다이앤 헨슨Diane Henson, 토니 호엘셔Tony Hoelscher, 미나 호건Mina Hogan, 마거릿 홀싱어Margaret Holsinger, 제프 휴스턴Jeff Huston, 트리시아 제스터Tricia Jester, 로렌 질로티Lauren Jiloty, 클로이 존슨Chloe Johnson, 고우탐 칸드루Goutham Kandru, 리젤 키엘Liesel Kiel, 메러디스 킴벌Meredith Kimball, 토드 크라엔벌Todd Krahenbuhl, 젠 크라지첵Jen Krajicek, 제프 램, 젠 랭스턴Jen Langston, 조르딘 레룸Jordyn Lerum, 제이컵 라임스톨Jacob Limestall, 애비 루스Abbey Loos, 제니 라이먼Jennie Lyman, 마이크 맥과이어Mike Maguire, 크리스티나 말즈벤더Kristina Malzbender, 그레그 마르티네즈Greg Martinez, 니콜 맥두걸Nicole MacDougall, 킴 맥기Kim McGee, 에마 맥휴Emma McHugh, 케리 맥닐리스Kerry McNellis, 조 마이클스Joe Michaels, 크레이그 밀러Craig Miller, 레이 민츄Ray Minchew, 밸러리아 모론스Valeria Morones, 존 머피John Murphy, 딜런 마이들랜드Dillon Mydland, 카일 네틀블라트Kyle Nettlebladt, 폴 네빈Paul Nevin, 패트릭 오언스Patrick Owens, 해나 팔코Hannah Palko, 묵타 파탁Mukta Phatak, 데이비드 필립스David Phillips, 토니 파운드Tony Pound, 밥 리건Bob Regan, 케이트 레이즈너Kate Reizner, 올리버 로스차일드Oliver Rothschild, 케이티 루프Katie Rupp, 마힌 사후Maheen Sahoo, 얼리샤 샐먼드Alicia Salmond, 브라이언 샌더스Brian Sanders, KJ 셔먼KJ Sherman, 케빈 스몰우드Kevin Smallwood, 재클린 스미스Jacqueline Smith, 스티브 스프링마이어Steve Springmeyer, 레이철 스트레지Rachel Strege, 키오타 테리엔Khiota Therrien, 캐럴라인 틸든Caroline

Tilden, 션 윌리엄스Sean Williams, 선라이즈 스완슨 윌리엄스Sunrise Swanson Williams, 야스민 와지르Yasmin Wazir, 카일린 와이엇Cailin Wyatt, 머라이어 영Mariah Young, 나오미 주코르Naomi Zukor에게 감사드린다.

크노프Knopf의 팀원들에게도 감사드리고 싶다. 밥 고틀리에브Bob Gottlieb, 소니 메타Sonny Mehta, 토니 치리코Tony Chirico, 앤디 휴스Andy Hughes, 캐서린 호리건Katherine Hourigan, 폴 보가즈Paul Bogaards, 크리스 길레스피Chris Gillespie, 리디아 부클러Lydia Buechler, 마이크 콜리카Mike Collica, 존 갈John Gall, 수잰 스미스Suzanne Smith, 세레나 리먼Serena Lehman, 케이트 휴스Kate Hughes, 앤 아첸바움Anne Achenbaum, 엘리자베스 버나드Elizabeth Bernard에게 감사드린다. 그리고 자신의 아버지에게 이 프로젝트를 소개한 리지 고틀리에브Lizzie Gottlieb에게도 감사드린다.

마지막으로 멀린다, 젠Jenn, 로리, 그리고 피비Phoebe, 내 여동생들인 크리스티Kristi와 리비Libby, 그리고 내 아버지 빌 게이츠 시니어Bill Gates Sr.에게 감사드린다. 이같이 사랑스럽고 행복한 가족을 꾸리게 된 것에 대해 감사함을 느낀다.

기후재앙을 피하기 위하여

기후 문제에 대한 관심

나는 2000년대 초반부터 기후변화 이슈에 관심이 많았다. 2002년에 설립된 환경재단에 조찬 강의를 하러 갔다가 인연이 되어 재단 운영위원으로 활동했고, 연이어 설립된 재단법인 기후변화센터에서도 정책위원으로 활동했다. 이제는 지구온난화를 비롯한 기후변화, 기후재앙에 대해 모르는 사람이 거의 없지만 당시만 하더라도 대기 온도가 점차 뜨거워진다는 사실 자체를 의심하는 사람들이 많았다.

2006년에 영국과 독일에 환경 시찰을 갔다가 영국표준협회를 방문하여 이야기를 나눈 적이 있다. 유럽은 세계 어느 지역보다 환경 의식 수준이 높아 환경 표준을 설정하는 데 앞섰고, 기후변화 현상이 악화되면 위도가 높아서 유럽이 입는 피해가 클 것이라 우려를 많이 하고 있었다. 고어 부통령이 대통령 선거에서 패배하고 공화당의 조지 W. 부시 대통령이 집권하던 시절이라 미국은 환경 문제에 별 관심을 두고 있지 않았다. 나는 유럽 견학을 마치고 추가적으로 연구해 2007년에 《글로벌 기업의 지속가능경영》이라는 책을 출간하기도 했다.

2010년대 중반 들어 전 세계가 기후변화의 심각성을 절감하게 되면서 UN 기후변화 회의에서 2015년 12월에 파리협정이 채택되었고, 2016년 11월에 국제법으로 발효되었다. 그런데 트럼프 대통령이 '미국 우선주의America First'를 앞세워 2017년 6월에 파리협정에서 탈퇴하겠다고 선언하여 전 세계를 화들짝 놀라게 했고, 실제로 대통령 임기 막바지인 2020년 11월에 미국은 공식 탈퇴했다. 터무니없는 만용이었다. 다행히도 2021년 1월에 취임한 민주당의 조 바이든 대통령은 취임 즉시 미국이 파리협정에 재가입하도록 하는 행정명령에 서명했다. 2021년은 파리협정에 따라 신기후체제가 드디어 출범하는 원년이다. 제2차 세계대전 종전 직전인 1944년에 체결된 국제통화제도인 브레튼우즈체제 만큼이나 강력하면 좋겠다. 파리협정에 따라 우리나라는 2030년까지 온실가스 배출 예상치BAU의 37퍼센트를 줄여야 하니 앞으로 많은 노력을 경주해야 한다.

기후변화 이슈에 대한 나의 관심이 김영사에 어떻게 전달되었는지는 모르겠으나 2019년 11월에 빌 게이츠가 쓴 이 책을 번역해달라는 의뢰를 받았다. 20여 년 전 SK그룹에 있을 때 사업 제휴를 위해 빌 게이츠 마이크로소프트 회장과 점심 식사를 하며 이야기를 나누었던 때도 생각났다. 2019년 말 받은 원고는 완성되지 않은 상태였고, 당연히 코로나 팬데믹에 대한 언급은 없었다. 그로부터 1년 후인 2020년 12월에 최종 원고를 받아 번

빌 게이츠, 기후재앙을 피하는 법

역을 마무리했다. 이 책은 여러 언어로 번역되어 2021년 2월 16 일에 전 세계 동시 출간된다. 그 사이에 미국 대통령이 기후변 화 대응에 긍정적인 조 바이든으로 바뀌어서 이번 책 출간은 더 욱 시의적절하다고 생각한다.

독자를 배려한 저자의 세심하고도 친절한 설명

이 책을 번역하면서 계속 느꼈던 바인데, 저자는 일반 독자가 책 내용을 쉽게 이해할 수 있도록 세심히 배려했다. 우선, 독자 의 불필요한 혼동을 피하기 위해 아산화질소나 메탄 같은 여러 온실가스를 이산화탄소 배출량으로 모두 환산했다. 이 책에 계 속 나오는 '520억 톤'은 이산화탄소 환산톤(CO_2e)으로 측정한 세계 전체의 연간 배출량이다. 저자는 매년 배출되는 520억 톤 을 제로(0)로 낮추자는 목표를 세우고 기후변화 논의를 전개한 다. 이미 대기에 온실가스가 너무 많아 대기 온도는 계속 올라 가고 있으나 이 이상의 악화는 막자는 취지다. 저자는 그린 프 리미엄 개념도 설명한다. 이는 어떤 활동을 이산화탄소를 배출 하지 않는 방식으로 했을 때 추가적으로 드는 비용을 말한다. 예를 들면 전기의 그린 프리미엄은 풍력, 태양광, 원자력을 포함 해 온실가스를 배출하지 않는 방식으로 전기를 생산할 때 우리 가 추가적으로 지불해야 할 비용을 말한다. 현실적인 비교 방법 이다.

둘째, 저자는 온실가스 배출량이 나오는 분야를 크게 다섯 개로 정리했다. 무언가를 만드는 제조가 가장 많아 전체 배출량의 31퍼센트, 전력 생산도 만만치 않아 27퍼센트나 된다. 동식물 기르기에서도 19퍼센트, 교통과 운송에서 16퍼센트, 냉난방에서 7퍼센트의 온실가스가 나온다. 이렇게 깔끔하게 정리를 해주니 우리가 기후변화에 맞서면서 어느 부분을 어떻게 공략할지가 한눈에 들어온다. 저자는 자신이 정치가가 아니라 엔지니어라는 말을 자주 한다. 다시 말하면, 자신이 기후변화 문제를 해결하는 기술적 돌파구를 마련하는 데 많은 노력을 기울이고 있다는 뜻이다. 그러면서 자신이 기후변화 이슈를 해결하기 위해 어떤 투자 노력을 꾸준히 했는지도 군데군데에서 밝히고 있다.

셋째, 저자는 온실가스 순배출을 제로(0)로 하려면 무엇을 해야 할지를 행위 주체별로 보여준다. 그는 우리가 화석연료로부터 벗어나기 위해 필요한 도구 세 가지로 기술, 정책, 시장을 꼽는다. 기후변화 문제를 해결하려면 혁신의 공급과 수요를 늘려야 하는데, 결국 혁신 공급의 주체는 기업이고, 혁신 수요의 주체는 정부라 보고 있다. 다시 말하면 정부가 적절한 유인책으로 기업이 혁신을 많이 만들어내도록 유도해야 한다는 것이다. 저자는 미국 국립보건원NIH을 이상적인 기관으로 생각하고 있기에, 기후변화 이슈에 대해서도 그런 기관이 세워지기를 바라는 듯하다.

넷째, 이 책의 제목 '빌 게이츠, 기후재앙을 피하는 법'은 효과적인 네이밍이라 생각한다. 언제부터인가 우리는 지구온난

빌 게이츠, 기후재앙을 피하는 법

화global warming 추세를 '기후변화climate change'라는 단어로 바꾸어 부르고 있다. 문제는 이 표현이 너무 객관적이고 중립적이라 기후위기가 강 건너 불처럼 보인다는 것이다. 기온이 지역에 따라 평년보다 높을 수도 낮을 수도 있고, 태풍이 더 빈번해지고 거세지는 등의 현상으로 삶이 위협받기도 하지만 날씨가 따뜻해져서 좋을 수도 있음을, 한편으로는 오히려 새로운 사업 기회가 생겨나기도 한다는 이중적 의미를 담고 있기 때문이다. 그래서 사람들에게 경각심을 고조시키기 위해 기후비상climate emergency, 기후위기climate crisis를 비롯하여 이 책에서처럼 기후재앙climate disaster이라는 표현을 쓰는 사람이 늘고 있다. '기후재앙'이라는 용어를 책 제목에 넣은 것은 매우 적절해 보인다. 'Disaster'라는 단어는 점성술에서 유래했다. 어원을 보면 하늘의 별aster에 문제가 생긴다는 뜻이다. 이는 별이 떨어지거나 아예 사라지는 것처럼 흉조의 상징이 되는 현상을 가리킨다. 기후변화는 이제 점성술이 아니라 과학으로 분명히 입증되는 현상이다. 기후변화가 방치되자 무서운 기후재앙으로 다가오고 있다.

늦었다고 생각한 때가 가장 빠른 때

우리가 매일매일 사는 세상에 미치는 위협들은 점점 더 다양해지고 거세지고 있다. 최근 들어 빙하가 녹는 속도가 빨라져 해수면이 급상승하고 있고, 2020년에 캘리포니아에서는 대규모 산불이 발생해 대혼란이 초래되었으며, 코로나19 팬데믹은 세상의 활력을 완전히 잠재웠다. 조금 더 거슬러올라가 2010년에는 활화산이 120개나 되는 인도네시아에서 대규모로 화산이 폭발했다. 이듬해에는 일본 후쿠시마 원전 사고로 인해 대규모 방사능 오염이 발생해 육지는 물론이고 해양에 이르기까지 지금까지도 전방위로 피해를 끼치고 있다. 전 세계의 재앙들은 결국 우리의 삶에 직간접적으로 영향을 미치고 있다.

우리나라는 2000년대 들어 지금까지 기후변화 대응을 위해 과연 얼마나 노력을 진지하게 기울였을까? 그 나름대로 노력을 했다고는 하나 충분치 않았다. 처음에는 개발도상국에 주어지는 면제 혜택을 받으려고 노력했으나 국제사회에서 제대로 받아들여지지 않았다. 최근에는 그린뉴딜 정책으로 어느 정도 만회하려고 했으나 아직 제대로 정책 효과가 나타나지 않았다. 2022년에 대통령이 바뀌더라도 기후변화 이슈에 있어서는 진정성 있는 정책이 추진되기를 바란다. 코로나19 대응에서 전 세계에 모범을 보여주었듯이, 기후변화 대응에서도 선도적인 모습을 보여주었으면 한다.

솔직히 말하면, 우리 지구인의 기후변화 대응은 너무 늦었다고 나는 생각한다. 이제 와서 기후재앙을 전면적으로 피할 수는 없고 이산화탄소의 추가 배출을 최대한 막아, 피해를 최소한으로 줄이는 방법만 남았다고 생각한다. 위기의식 공유, 국가 간 공조, 신기술 활용도 중요하지만 기본적으로 산업 구조의 대전환이 필요하고, 우리 개개인의 생활습관 변화가 절실하게 요구

빌 게이츠, 기후재앙을 피하는 법

된다. "늦었다고 생각한 때가 가장 빠른 때다"라는 말이 있다. 우리가 현재 직면하고 있는 기후재앙에 딱 맞는 말이다.

2021년 1월

김민주, 이엽

쌀 46, 164~165, 240

ㅇ

아산화질소 34, 163, 169, 178~179

아프리카 107~108, 170, 176, 180, 234~235, 237, 239~240, 246, 300

액체금속 배터리 133

양수발전 134, 285

에너지 정책 73, 259

에너지 효율 218~219, 226~227, 260, 266, 302, 314

에어컨 17, 59~60, 88, 98, 214~219, 221~222, 246

에탄올 198~199, 272, 289

엔벨로프 226

연구 개발 90~91, 260, 263~264, 269~270, 275~276, 284~288, 290, 293, 297~299, 304, 306, 317~319, 325

연료전지 135~136

연료 효율성 209

연방정부 104, 131, 298~300, 303, 325

열펌프 153, 221~225, 281, 313~314

영구동토층 53

영국 16, 130~131, 257, 287, 299

옥수수 45~49, 165, 176~177, 198, 231, 238~240, 272~273

옥수수 에탄올 198~199, 272~273

온난화(지구온난화) 8, 34~36, 39, 51, 109, 163, 169, 174, 179, 183~184, 190, 217, 219~220, 253

온수기 35, 139~140, 216, 220~221, 223~225

온실가스 8~9, 13, 15, 22~23, 30~32, 34~38, 42, 53, 57~59, 61, 63~64, 71, 73~74, 78~83, 87, 92~95, 99~100, 102, 105~106, 111, 124, 137~138, 147, 152~153, 159, 163, 167~171, 173, 178~182, 184~185, 190~192, 194, 199, 208, 216, 218~220, 223~224, 227~228, 230, 233~234, 237, 243, 246, 252~254, 258, 260, 264~265, 267, 269, 278, 280~281, 293~294, 298~299, 301, 303~307, 310, 313, 326

완화 53, 253

원자력(원자력에너지) 70, 86, 106, 121, 123, 125~126, 129, 153, 271~272, 294

월리스, 데이비드 포스터 56~57

유럽/유럽연합(EU) 51, 61, 65, 78~79, 107, 128, 130, 153, 167, 170, 173, 197, 210, 216, 234, 257, 274, 294~295, 300, 306

육상풍력 292

빌 게이츠, 기후재앙을 피하는 법

빌 게이츠 BILL GATES

과학기술 전문가 · 비즈니스 리더 · 자선가. 1975년 어린 시절 친구인 폴 앨런과 마이크로소프트를 창업했다. 현재 빌&멀린다 게이츠 재단Bill & Melinda Gates Foundation의 공동 이사장으로 활동하고 있다. 20년 이상 팬데믹 예방, 질병 퇴치, 물과 위생 문제 등 세계 보건과 개발 문제에 힘써왔다. 세 자녀를 두었다.

gatesnotes.com | gatesfoundation.org
Facebook and Twitter: @BillGates | Instagram: @thisisbillgates

옮긴이 **김민주** | 서울대학교와 미국 시카고대학교에서 경제학을 전공했고, 한국은행, SK그룹을 거쳐 리드앤리더 대표로 있다. 《나는 도서관에서 교양을 읽는다》《김민주의 트렌드로 읽는 세계사》《다크 투어》 등을 쓴 경제경영 분야 베스트셀러 작가이자 번역가로 활동하고 있다. mjkim8966@daum.net

옮긴이 **이엽** | 미국 위스콘신대학교 매디슨에서 경제학, 국제관계학, 동아시아학을 전공했다. 현재 딜로이트 커뮤니케이션전략실에서 근무하고 있다. 옮긴 책으로 《빌 캠벨, 실리콘밸리의 위대한 코치》《클라우스 슈밥의 제4차 산업혁명 The Next》 등이 있다.

Jacket design by John Gall

지구온난화를 멈추고 기후변화가 불러올 최악의 상황을 피하려면 인류는 온실가스 배출을 멈추어야 한다.

이 목표가 어렵게 들리는가? 실제로도 매우 어려운 일이 될 것이다. 아직 세계는 이처럼 큰 규모의 일을 해본 적이 없다. 이 말은 앞으로 모든 나라가 지금까지의 삶의 방식을 바꿔야 한다는 뜻이다. 우리가 하는 모든 행동, 즉 무언가를 기르거나, 만들거나, 이동하는 등의 모든 활동은 온실가스를 배출하기 때문이다.

아무것도 바꾸지 않는다면 우리는 계속 온실가스를 배출할 것이고, 지속된 기후변화는 재앙이 되고 말 것이다.

우리는 변할 수 있다. 이미 우리는 변화에 필요한 기술을 가지고 있다. 아직 갖추어야 할 기술도 많지만, 우리는 혁신을 통해 기후변화가 초래할 재앙을 피할 수 있다. 이것이 내가 기후변화와 대응 기술을 공부하면서 느낀 점이다.

우리가 무엇을 해야 하는지, 우리가 어떻게 할 수 있는지를 이 책에서 밝혔다.

_ 빌 게이츠

값 17,800원
ISBN 978-89-349-9136-6 03